- 安徽省高校人文社科重点研究基地2014年重点招标课题《基于教师教育课程标准的实践性课程资源库建设研究》研究成果
- 安徽省高等教育2013年、2014年振兴计划重大教学改革研究项目《（教师专业标准）框架下的教师教育研究》（2013zdjy131）、《师范院校与中小学"无缝对接"教师教育模式建构与实践》（2014zdjy099）研究成果
- 安徽省高校人文社科重点研究基地合肥师范学院教师教育研究中心2014年规划项目研究成果
- 安徽省质量工程项目《卓越中学化学教师培养计划（专业特色建设项目）》研究成果
- 安徽省教育厅一般教研项目《化学类师范生教学能力培养的学科教学类模块化课程建设》研究成果
- 本书出版得到安徽省基础教育改革与发展协同创新中心资助

U0756714

# 化学课
## 教学设计经典案例研究

主　编　姚如富
副主编　方　璐　江乐霄　周　倩　许俊翠

武汉大学出版社

图书在版编目(CIP)数据

化学课教学设计经典案例研究/姚如富主编. —武汉:武汉大学出版社,2015.6(2023.1 重印)
教师教育资源库丛书
ISBN 978-7-307-15822-1

Ⅰ.化… Ⅱ.姚… Ⅲ.中学化学课—教学设计—案例 Ⅳ.G633.82

中国版本图书馆 CIP 数据核字(2015)第 103152 号

责任编辑:范绪泉　　责任校对:汪欣怡　　版式设计:马　佳

出版发行:**武汉大学出版社**　(430072　武昌　珞珈山)
（电子邮箱:cbs22@whu.edu.cn　网址:www.wdp.com.cn）
印刷:武汉邮科印务有限公司
开本:787×1092　1/16　印张:12　字数:276 千字　插页:1
版次:2015 年 6 月第 1 版　　2023 年 1 月第 2 次印刷
ISBN 978-7-307-15822-1　　　　定价:33.00 元

版权所有,不得翻印;凡购买我社的图书,如有质量问题,请与当地图书销售部门联系调换。

## 教师教育资源库丛书
## 编委会名单

安徽省高校人文社科重点研究基地　　　组编
合肥师范学院教师教育研究中心

顾　问　朱旭东　杨世国

主　任　吴昕春

副主任　宋冬生

主　编　李继秀

副主编　胡　昂　孙晓青

编委会成员（按音序排列）：

　　　　操申斌　郭要红　胡　昂　李继秀
　　　　李友银　卢翠霞　刘晶辉　钱立青
　　　　孙晓青　唐　洁　吴秋芬　杨思锋
　　　　张　峰　赵　杰　殷世东　吴桂翎
　　　　吴忠霞

# 总　序

2012 年，为落实教育规划纲要，构建教师专业标准体系，建设高素质专业化教师队伍，教育部研究制定了《幼儿园教师专业标准（试行）》《小学教师专业标准（试行）》、《中学教师专业标准（试行）》（三者以下都简称《专业标准》）和《教师教育课程标准》。

2014 年教师节前夕，习总书记在同北京师范大学师生座谈时指出，百年大计，教育为本；教育大计，教师为本。努力培养造就一大批一流教师，不断提高教师队伍整体素质，是当前和今后一段时间我国教育事业发展的紧迫任务。一流教师是有理想信念、道德情操、扎实学识、仁爱之心的教师。为了培养造就一流教师，我们要建设高质量、公平、开放、灵活、一体化和专业化的教师教育体系，加大对师范院校支持力度，找准教师资格制度、教师教育课程、师范生实践能力培养等教师教育改革的突破口和着力点，不断提高教师培养培训专业化水平。

面对"以能力培养为导向"的教师教育需求，《教师教育资源库丛书》陆续面世了，丛书是由安徽省高校人文社科重点研究基地合肥师范学院教师教育研究中心组编的，是 2013 年、2014 年安徽省振兴计划重点教研课题、省级研究基地重点招标课题和基地规划课题的研究成果，是教师教育研究中心与校教务处、学科教学论教研室、教师教育学院部分教师通力合作、认真研究的成果，也是学校在教师教育研究中第一次出现的多部门、跨学科协同研究，至此感谢一群志同道合的研究者们。值得欣慰的是，此套丛书的问世或许能够更好地突出学校师范教育悠久的历史和优势，更好地彰显学校的办学定位："师范性、应用型"，更好地服务于在我国即将开始的"全面启动实施卓越教师培养计划"（2014 年 8 月，教育部颁布了《关于实施卓越教师培养计划的意见》[2014] 5 号），更好地服务于职前职后基础教育教师的培养培训。

第一批出版的丛书由 11 本既相对独立又相互关联的分册组成。它们是：姜忞的《语文课教学设计经典案例研究》、张新全的《数学课教学设计经典案例研究》、蒋道华的《英语课教学设计经典案例研究》、王从戎的《物理课教学设计经典案例研究》、姚如富的《化学课教学设计经典案例研究》、傅文茹的《思想品德课教学设计经典案例研究》、梁占歌的《体育与健康课教学设计经典案例研究》、马晴的《美术课教学设计经典案例研究》、汪昌华的《先学后教课堂教学模式典型教学课例研究》、李继秀的《中小学回溯——以成长的故事感悟教师》、翟莉的《优秀教师成长案例及教育故事研究》。有的分册实行双主编制，一部分来自高师院校长期从事学科教学论研究和教育理论研究的教师，另一部分来自基础教育一线的教研员或优秀教师。丛书的立足点是基于教师专业标准、教师教育课程标准、符合基础教育课程改革特质，旨在实现理论与实践的结合、高师院校与基础教育学校的结合，使我们正在培养的未来教师能够最直接、最具体、最真实地感受到基础教育学校经常发生的事，感受教师这个职业所需要的专业理念与师德——职业理解与认识、对待学生的态度与行为、教育教学的态度与行为、个人修养与行为，所需要的专业知识——学生发展知识、学科知识、教育教学知识、通识性知识、教育教学设计知识，以及所需要的专业能力——教学组织与实施能力、激励与评价能力、沟通与整合能力、反思与发展能力。也希望未来的教师们形成理论联系实际的思维和习惯，在离开母校后既能规范熟练地掌握教育教学技能，又能保持对理论的兴趣，穿行于理论与实践之中，形成难能可贵的教师思维，获得持续的专业成长力。

《语文课教学设计经典案例研究》、《数学课教学设计经典案例研究》、《英语课教学设计经典案例研究》、《思想品德课教学设计经典案例研究》、《体育与健康课教学设计经典案例研究》、《美术课教学设计经典案例研究》、《化学课教学设计经典案例研究》、《物理课教学设计经典案例研究》每本书20万字左右，分两部分。第一部分是理论分析。阐释现代学习理论、教学理论指导下的各学科教学设计所必需掌握的中小学课程改革理念、课程标准、教师专业标准、教学设计的要求，为学科教学设计铺垫学理基础。第二部分是经典教学设计案例及点评。每学科选取20个省内外名师和近年来获得省（市）级以上教学大赛一等奖的教学设计经典案例进行分析研究，案例以初中为主，兼顾小学。各学科教学设计在内容上兼顾不同题材的教学案例，如：语文教学是以阅读教学为主，兼顾拼音教学、识字写字教学、写作教学、口语交际教学等。选择的案例以人教版和苏教版为主，案例点评力图以简约的形式对该教学设计的内容、格式、特色等进行梳理，为读者学习、模仿指明路径。之后我们将继续推出生物、历史、地理、音乐学科的教学设计经典案例研究，以覆盖中小学各学科，成为师范类各专业学生教学设计技能培养时的指定教材、必读案例。

《先学后教课堂教学模式典型教学课例研究》一书对中小学课堂教学经典案例进行编写与评析，是一本关于师范院校教学论与学科教学法课程的辅助教材。在对教学模式基本理论进行研究的基础上，在理论研究的导引下，对先学后教（或以学定教）教学模式进行了学科化的实践探索。建立主干学科语文、数学、英语、政治学科主要内容领域的先学后教教学模式典型课例（教案），也就是目前在全省很多学校推行的学案。通过主干学科课堂教学模式的典型课例研究，推进教学改革，建立"减负增效，高效课堂"，实施素质教育，提高教师对基础教育课程改革的适应性。

《中小学回溯——以成长的故事感悟教师》由100多篇短文构成。短文是从我校教师教育学院、中文、英语、数学、物理、化学、生物、体育、美术、音乐等教师教育专业学生作品中精心挑选出来的。文中学生用自己的成长经历，结合所学的教育理论，讲述了自己的故事，感悟教师职业，他们深深体会到"将来我会像我老师那样……"、"将来我不能像我老师那样……"、"教师的一句话、一个点头、一个微笑……终生难忘……改变我的一生……"。其文字朴实，字里行间体现出学生的真情实感。每篇学生的作品都配有教育学、心理学专家的精彩点评。

《优秀教师成长案例及教育故事研究》精选了教师教书育人和自我专业发展过程中具有真实性、典型性和启发性的故事和案例。其中有我校杰出校友的故事和案例4例。教育案例是连接教育理论和教育实践之间的桥梁，能够让师范生在真实生动的教育实践中领悟抽象的教育理论，感悟教育情境、培养教育信念、习得教育智慧，学会像专家型教师那样思考教育问题、规划教师的自我成长。

  书稿也是建立在对教师培养规律研究基础上的。如果把教师发展阶段分为"培养、任用、培训"三个阶段，那么高师学生属于"培养"阶段，这个阶段关于未来教师角色是模糊的印象。庞大、复杂的教育理论对于师范生来说是抽象的，没有同化吸收的"根基"，难以建立起有效的知识体系，更谈不上应用。到了实习阶段，他们开始关注自己的能力，诸如怎样当教师？怎样做班主任？如何走向讲台？教什么？怎么教？甚至直接关注自己未来的职业竞争力，就业应聘能力等问题。此时的师范生进入快速"专业成长期"，整个学习生活发生了重大变化：从只关心专业学科知识到关注中小学教材；从关心教材内容到熟悉课标、把握教材重点、难点；从关注学的方法到关注教的方法；从书本知识到教案的内容；从自己懂到学生懂；从知识技能到过程方法、情感态度价值观；从理论到经验、生活、动手实践；从知识本位到学生本位；从结果到过程；从只关注如何在有限的时间内把知识讲完、是否能控制课堂、是否能被学生接受、受学生欢迎、自己课堂上的表现到关注把内容讲深、讲透、讲活、关注教学情景的创设、教学活动的设计、关注学生的主动主体、参与互动等。虽然这些要求、环节要在"培养、任用、培训"几个阶段有重点地逐步实现，但是对于高师生来说，这个过程来得很快，脚步急促。因为只要走上讲台，只要扮演起教师的角色，就要像个教师的样子，就希望自己成功、有效、优秀。

  《教师教育资源库丛书》将有效地帮助高师学生将"模糊"的教师形象逐渐清晰起来；寻找到教育理论学习的"根基"，建立起理论联系实践的桥梁；在模仿与感悟中快速入轨，形成教师必备的专业信念与理想、知识与能力，形成职业竞争力和就业应聘能力。

  本丛书满足我国基础教育改革对教师培养、培训的要求，适应中小学教师专业标准下的高等师范院校教师教育课程改革的需要。

  本丛书在写作过程中参考、引用了国内外有关研究成果和文献资料，在此对这些著作权人和作者表示敬意和感谢。

  本丛书得到了省教育科学研究院学科教研员的审阅，在此表示感谢。

  由于我们水平的限制，本书的不足和问题一定存在，敬请各位同仁和读者提出宝贵意见和建议。

2015 年 5 月

# 前　言

"化学课教学设计案例"的内涵是一定案例在特定化学教学背景下以一定方式对化学课堂教学活动本质的反映。化学课教学设计案例是指师生围绕某一种物质及其变化或某一类化学反应，在开展化学活动中取得的显著效果及经验教训的一种教学实例。

具体来说，"化学课教学设计经典案例研究"是对化学教学活动中具有典型代表性、能够反映化学教学某些化学原理、规律的具体化学事件的描述、总结和分析。它通常是课堂内真实故事的反映，是化学教学实践中遇到的难题及其成功解决或遭遇失败的真实记录。同时，它也是化学教育工作者经过研究、讨论、总结后以书面或演示的形式呈现给学习者的案例。

在新课改的大背景下，对于教学（设计）经典案例进行专题研究，提出自己的一些观点与建议。化学与化学工程学院对于化学教学设计案例研究，也提出自己的一些教学方法与指导。在此基础上编写了一套适应教育发展，适应化学师范专业教育要求，适应化学基础教育课程改革的系列教材，以切实地培养化学教师教学的技能，提高教学质量。教材内容包括理论探讨篇和案例篇两部分，是将创新教师教育培养与基础教育课程改革密切结合，将教学理论与教学实践密切结合的教材。

化学课教学设计经典案例研究是从化学课堂特定的教学背景（包括特定的化学教学环境、化学教师、学生、教材和实验仪器等要素）下产生的教学案例的研究，对化学教育工作者在实际教学中具有指引作用，是一种科学的、严谨的、实用的研究方法。

正像一名优秀的教师必定是在积累了大量典型案例中"优秀"起来，一位老练的技工也一定是积累了不少的日常经验技术变得愈加熟练起来，一个善辩的律师必定是收集一定数量的典型案例，化学教学研究同样需要教学（设计）案例来支持。所以，化学课教学设计经典案例研究在实际的化学课堂中发挥着至关重要的作用。

化学课教学设计经典案例研究是具有一定示范意义和研究价值的教学实例。它在转变教师的教学观念、变革学生的学习方式、开发学生的智慧潜能、提升学生的情感态度、张扬学生的创新精神等方面能给人以深刻启示。同时，它具有一定的时代性，随着时间的推移而需要不断地更新、完善。本教材正是在新课改的大背景下编写的，具有实际的参考价值。另外，案例（或疑难问题）讨论能促进从理论到实践的转移。本教材中不仅介绍了化学教学设计一些理论知识以及实际应用的案例（可作为教师教学的参考），并且提出教师从理论上升为实践活动的要求。如现今教师所进行的说课大赛、示范型讲课技能大赛等都是要求教师将自己的上课总体思路呈现给大家，由此就需要教师有一个很好的教学设计过程。这时，教学（设计）案例的作用就得以体现出来。

当然，案例教学并不是一种单纯的教学方法，它涉及教育观念的更新、教师角色的定位、学生学习观的转变和学习共同体的创设等多个层面。教学案例的特征包括：①案例要具有很强的故事性；②案例要蕴涵深刻的教育学或教育心理学等学科的理论、原则与原理；③案例要具有新颖性，讲究时效性；④富有个性化。同时，案例的内容和形式要有特色，能用自己个性化的语言来表达，对物质的变化以及问题的分析、讨论能从理论的高度去开掘，并能提炼出自己的观点，能引起人们多方位的、多角度的思考。

教学（设计）案例是教学问题解决的源泉。通过案例的学习，可以促进每个教师或师范生反思自己，分享别人成长的经验，积累成功的素材，在实践中自觉调整教与学的行为，提高课堂教学的效能。

教学（设计）案例是教师技能成长的阶梯。运用案例教学，可以将听讲式培训导向参与式培训，在搜集案例、分析案例、交互式讨论、开放式探究和多角度解读的过程中，提高教师培训的针对性和实效性。

案例教学正在成为教育理论界和实践界共同关注的"新宠"，它在教师教育领域中有着独特的价值。案例教学可以促进学生实践反思能力的不断提高和师生学习共同体的产生，为当代我国教师教育模式开辟新的视野。这就需要教师以及师范生在日常生活中注重积累，注重细节，注重实践，在持续锻炼中不断提升自己的技能和综合素质。

因此，为了师范生教育适应师范性、应用型的定位及"三新三会"的培养目标，合肥师范学院开展了许多尝试，比如，开设了许多与实践相结合的课程，有"中学化学教学设计与有效教学""中学化学课程标准与教材分析"等。这些课程的开设无疑会加强师范生的角色定位，为未来专业发展打下坚实的知识基础。但是，在开设这些课程的过程中，我们也发现由于学生缺乏实际教学的经验，可能会出现各种不同程度的教学问题，而且对学习内容很难有较为深刻的体会、认识与理解，显得教学内容不太严谨。经过研究与调查，我们发现教学设计经典案例研究可以弥补学生的经验不足，而且我们开设的这些课程都与教学设计有关联，但是实际教学中，我们又缺乏好的教学设计案例。本教材的编写，正好可以填补这方面的空白。我们组织了一线名师及有多年教学经验的教授参与本教材的编写，其中理论部分对化学教学设计的理论进行了系统阐述；实践部分，我们收集了近年来参加或获得全国优质课比赛的教学设计课例。带领学生研究这些案例，我们可以更好地开展相关课程的教学，也可以为师范生提供一些间接的实践经验，也必定为师范生的培养添砖加瓦，尽些微薄之力。

本教材是集体研究的成果，编者主要是从事该学科教学的教师和一线中学化学教师。

本教材由姚如富担任主编，编写大纲，进行内容的选择和编排，再经集体讨论确定。具体分工如下：第一、二、三、四章由许俊翠、周倩、方璐、姚如富编写；第五章由江乐霄（合肥六十五中）、方璐、姚如富编写。姚如富负责全书统稿。

教材编写过程中，编者参考、借鉴了许多相关教材、著作、论文、大赛获奖教学设计，已在书中尽可能注明，在此我们对这些作者表示诚挚的感谢！

由于编者水平有限、时间仓促，再加之教学设计内容繁杂，教材中若有不足之处，敬请广大读者批评指正。

# 目 录

| | |
|---|---|
| **第一章 化学教学设计概述** | 1 |
| 一、化学教学设计基本含义 | 1 |
| （一）教学设计 | 1 |
| （二）化学教学设计 | 2 |
| 二、化学教学设计的层次和研究对象 | 2 |
| （一）化学教学设计的层次 | 2 |
| （二）化学教学设计的研究对象 | 3 |
| 三、化学教学设计的理论基础 | 4 |
| （一）系统理论与教学设计 | 4 |
| （二）学习理论与教学设计 | 5 |
| （三）教学理论与教学设计 | 7 |
| 四、教学设计与传统备课的比较 | 8 |
| **第二章 新课程理念下中学化学教学设计** | 10 |
| 一、新课程理念下的化学课程改革 | 10 |
| （一）化学新课程改革的背景 | 10 |
| （二）化学新课程改革的发展 | 10 |
| 二、新课程理念下的化学教学设计的特点 | 12 |
| （一）新课程理念下的化学教学设计的四个"把握" | 12 |
| （二）新课程理念下的化学教学设计理念的转变 | 13 |
| 三、新课程理念下的化学教学设计模式概述 | 14 |
| （一）国内外经典教学设计模型 | 14 |
| （二）新课程理念下的化学教学设计模式 | 16 |
| **第三章 化学教学设计的程序与方法** | 19 |
| 一、化学教学背景的设计 | 19 |
| （一）学习需要的分析 | 19 |
| （二）学习内容的分析 | 20 |
| 二、化学教学过程的设计 | 25 |
| （一）教学目标的设计 | 25 |

（二）教学重难点的确定 …………………………………………… 30
　　（三）教学策略的设计 ……………………………………………… 31
　　（四）教学方法的选择 ……………………………………………… 39
　　（五）教学媒体的设计 ……………………………………………… 42
　　（六）教学过程的设计 ……………………………………………… 45
　三、化学教学方案的设计 ……………………………………………… 49
　　（一）教案 …………………………………………………………… 49
　　（二）学案 …………………………………………………………… 51
　　（三）说课 …………………………………………………………… 54
　四、化学教学设计的评价生成 ………………………………………… 57
　　（一）化学教学设计的反思 ………………………………………… 57
　　（二）化学新课程的课堂教学评价 ………………………………… 59

## 第四章　中学化学基本类型的教学设计 …………………………… 62
　一、基于核心概念的中学化学教学设计 ……………………………… 62
　　（一）中学化学教学中的核心概念 ………………………………… 62
　　（二）不同概念类型的教学设计 …………………………………… 63
　二、基于观念建构的中学化学教学设计 ……………………………… 67
　　（一）化学新课程改革需要观念为本的教学设计 ………………… 67
　　（二）化学学科中的基本观念 ……………………………………… 68
　　（三）观念建构为本的教学设计模型 ……………………………… 69
　　（四）观念建构为本的教学设计实施与案例 ……………………… 70
　三、基于实验探究的中学化学教学设计 ……………………………… 74
　　（一）新课程理念下化学实验教学 ………………………………… 74
　　（二）高中化学"人教版"中实验的特点 ………………………… 75
　　（三）化学实验教学设计的类型 …………………………………… 75
　　（四）基于实验的化学教学设计案例 ……………………………… 76

## 第五章　化学课教学设计经典案例 …………………………………… 78
　**教学课例1：绪言　化学使世界变得更加绚丽多彩** …………………… 78
　**教学课例2：第三单元　课题1　画水** ………………………………… 86
　**教学课例3：第三单元　为有源头清水来——保护巢湖水资源** …… 93
　**教学课例4：第五单元　课题1　质量守恒定律（第1课时）** ……… 98
　**教学课例5：第五单元　课题3　利用化学方程式的简单计算** …… 102
　**教学课例6：二氧化碳性质的探究** …………………………………… 108
　**教学课例7：第六单元　课题2　二氧化碳制取的研究** …………… 113
　**教学课例8：第六单元　课题2　二氧化碳制取的研究** …………… 118
　**教学课例9：第六单元　"碳循环"的魅力** ………………………… 121

教学课例 10：第七单元　课题 1　燃烧与灭火 …………………………………………… 126
教学课例 11：再探"燃烧与灭火" ……………………………………………………… 131
教学课例 12：第七单元　课题 2　燃料的合理利用与开发 …………………………… 136
教学课例 13：第八单元　再探金属的活动性顺序（复习课） ………………………… 140
教学课例 14：第十单元　再探中和反应 ………………………………………………… 145
教学课例 15：第十二单元　课题 3　有机合成材料（第 2 课时） …………………… 149
教学课例 16：再探加快过氧化氢分解的物质 …………………………………………… 153
教学课例 17：第四章　第一节　无机非金属材料的主角——硅（第 1 课时） ……… 158
教学课例 18：探究补铁剂中的铁 ………………………………………………………… 162
教学课例 19：物质的分离与提纯 ………………………………………………………… 165
教学课例 20：盐类的水解 ………………………………………………………………… 170

# 第一章　化学教学设计概述

## 一、化学教学设计基本含义

### （一）教学设计

**1. 教学**

加涅和布里格斯等人曾为教学下过如下的定义："教学可以被看成是一系列精心安排的外部事件，这些经过设计的外部事件是为了支持内部的学习过程"，即教育过程中这种有目的、有计划地安排学习经历以使学习更加有效的过程，被称为"教学"。

**2. 设计**

目前，在许多领域都使用"设计"一词。一般来讲，设计是指在创造某种具有实际效用的新事物或解决新问题之前所进行的探究式的系统计划过程。在这个意义上，"设计"不同于那些精确、细致的专门计划，它注重的是规划和组织，也就是说，设计着重在对教育对象进行安排，找出相关因素，并对其进行控制[1]。

**3. 教学设计的含义**

从教学和设计的角度看，教学设计（instructional design）就是为了支持有效的学习而预先对教学所进行的规划和组织。对于教学设计的定义，不同的学者提出了各自的观点。布里格斯（Leslie J. Briggs）认为，教学设计是分析学习需要和目标以形成满足学习需要的传送系统的全过程。在布里格斯定义的基础上，瑞达·瑞奇（Rita Richey）提出了他的教学设计定义："为了便于学习各种大小不同的学科单元，面对学习情境的发展、评价和保持进行详细规划的科学"。加涅曾在《教学设计原理》（1988年）中界定为："教学设计是一个系统化（systematic）规划教学系统的过程。教学系统本身是对资源和程序作出有利于学习的安排"[2]。乌美娜《教学设计》（1994年）中指出，所谓教学设计，就是"运用系统方法分析教学问题和确定教学目标，建立解决教学问题的策略方法、实行解决方案、评价实行结果和对方案进行修改的过程"[3]。

综上所述，教学设计是指教学的系统规划及教学方法的选择、安排与确定，也就是说，为了达到一定的教学目标，对教什么（课程内容）和怎么教（教学组织、教学模式、

---

[1] 孙可平. 现代教学设计纲要 [M]. 西安：陕西人民教育出版社，1998.
[2] 盛群力. 教学设计论 [M]. 北京：高等教育出版社，2005.
[3] 乌美娜. 教学设计 [M]. 北京：高等教育出版社，1994.

教学媒体等）进行选择、安排与规划。简言之，教学设计就是用最优化的思想对教学中的各要素，包括教学目标、教学策略、教学媒体、教学过程和教学评价等内容进行系统计划的过程。

（二）化学教学设计

教学论专家、电教设计者、任课教师等，不同的主体对教学设计的理解是有区别的。教学设计有广义和狭义之分。从广义上说，教学设计是研究教学目的，指定教学决策的活动。教学设计概念的外延包括了课程计划、单元教学计划、课堂教学计划、媒体教学材料等看作是不同层次的教学设计。从狭义上说，教学设计是设计者运用系统科学方法，根据教育科学理论，分析教学问题，确定教学目标，选择教学策略，评价教学效果的活动。

所谓化学教学设计，就是化学教师运用系统科学方法，根据正确的教育思想和化学教学原理，分析教学问题和教学目标。针对具体的教学对象、教学内容和教学目的，对化学教学的总体结构、整个程序及其具体环节所拟定的行之有效的教学系统方法和技术。

在这里，化学教学设计概念的界定将方法与技术融合在一起。一方面化学教学是个复杂的系统，另一方面对化学教学系统的分析，涉及化学实验的设计、多媒体课件的设计等，与技术联系更加密切。

## 二、化学教学设计的层次和研究对象

（一）化学教学设计的层次①

化学教学设计一般可分为宏观和微观两个层次。规模大的项目如课程或学习系统开发、培训方案的制订等都属于宏观层次的教学设计；而对于一门具体的课程、一个单元、一堂课以及一个媒体材料的设计都属于微观层次的教学设计。如果按照系统论的观点，根据系统中各个子系统大小和任务的不同，教学设计又可以分为三个层次，如图1-1所示。

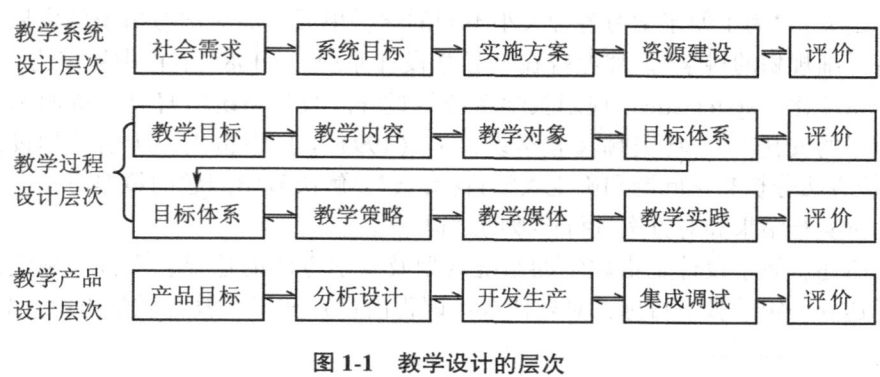

图1-1 教学设计的层次

---

① 陈晓慧．教学设计 [M]．北京：电子工业出版社，2009：7-8.

**1. 以教学系统为对象的层次——教学系统设计**

教学系统设计涉及的教学系统大，应用范围广，如一所学校、一个培训系统或学习系统的建立等。教学系统设计需要进行需求分析，拟定培养目标；制定课程方案，包括课程计划和课程标准，具体到教学中即我们通常所说的教学计划和教学大纲；选择或开发教学资源，以保证教学过程的顺利进行；在教学实践中进行评价和修正。

**2. 以教学过程为对象的层次——教学过程设计**

由于教学过程是整个教育活动的关键，教学过程设计在教学设计的三个层次中处于中心地位。教学过程设计指教师依据一定的教育思想和自己对教育、教学过程的理解，以各种方式、方法对一门课程或一个单元，甚至一节课或某几个知识点的教学全过程进行规划和安排教学设计。

（1）课程教学设计。

课程教学设计是对一门课或一个单元的教学设计。需要根据一门课的标准规定的总教学目标，对教学内容和教学对象进行分析，在此基础上得出每个单元或章节的教学目标和各知识点的学习目标，以及此课程的知识和能力结构要求，形成完整的教学体系。

（2）课堂教学设计。

课堂教学设计是对一节课或某几个知识点的教学设计。一般需要根据课程的目标体系，选择恰当的教学策略，制订课堂教学过程结构方案，并进行教学实施，做出评价和修改。

**3. 以教学产品为对象的层次——教学产品设计**

教学产品设计一般根据教学系统设计和教学过程设计所确定的产品使用目标，考虑教材的安排、教学媒体的选取，需要经过分析、设计、开发、制作、集成、评价、修改等开发步骤，形成如教材、课件、网络课程（Web课件）等产品。简单的教学产品通常指一般教学媒体、课件等；复杂的教学产品如大型教学系统、计算机软件等。

## （二）化学教学设计的研究对象[①]

化学教学设计研究对象应结合化学学科特点和化学教学系统的矛盾特殊性而确立。化学教学设计是一个化学教学问题的解决过程，也是一个研究如何进行化学学习的过程。从系统科学的视角看，化学教学设计至少要对以下几个方面进行具体研究。

**1. 研究教与学的关系**

化学教学系统是由教师、学生、教学内容及其物质载体（媒体）等相互作用和相互联系着的若干组成部分（要素）以一定结构方式结合而形成的、具有特定功能的有机整体。这四个基本的构成性要素，是系统运行的前提，组成了化学教学系统的空间结构。其中，教师和学生两者之间的关系是教学过程中最本质的关系。在教学活动中，教与学的矛盾贯穿于教学过程的始终。这一矛盾中，"学"是矛盾的主要方面。

---

[①] 赵福岐，董丽花，刘一兵. 化学教学设计的概念、对象和理论基础 [J]. 临沂师范学院学报，2003（6）：116-118.

**2. 研究教与学的目标**

化学教学设计不论是对化学课程的设计，还是对一个单元、一节课的设计，最终目的都是要完成教学任务，实现教学目标。因而，教师如何分析化学教学目标，使化学教学系统从无序走向有序，是有效进行化学教学的必要条件，也是化学教学设计研究的重要问题。

**3. 研究教与学的操作程序**

化学教学论研究中存在的一个突出的问题是化学教学理论与实践的分离，化学教学理论不能转化为对丰富多彩的化学实践产生直接指导意义的操作技术、方法、策略和模式。而化学教学设计恰恰有媒介的作用，是连接教学理论与教学实践的桥梁。所以，如何将化学教学原理和规律运用于化学教学实践是化学教学设计的核心问题。也就是说，化学教学设计要研究教师如何教，学生如何学的操作程序问题。

## 三、化学教学设计的理论基础

教学设计是植根于其他理论基础之上的。在教学设计领域中，许多教学设计专家都认为系统理论、学习理论、教学理论三个理论体系对教学设计产生重大的影响。

### （一）系统理论与教学设计

目前，几乎所有的教学设计模式都是采用系统科学方法构建，并且把教学设计和教学系统设计等效为同义词。

系统理论认为系统是由相互作用和相互依赖的若干组成部分结合成具有特定功能的有机整体。世界上一切事物、现象和过程都是有机整体，它们自成系统也互为系统。任何一个系统与周围环境组成一个较大的系统，而它的各个组成部分之间都可以看成其子系统。

教学设计首先是把教育、教学本身作为整体系统来考察。以这种系统思想为指导，我们把为达到一定的教育、教学目的，体现一定的教育教学功能的各种教育、教学组织形式看成教育系统或教学系统。如学校是一个教育系统，是社会系统的一个子系统。教学系统是教育系统的子系统，它可以指学校的全部教学工作，也可以是一门课程、一个单元或一节课的教学；也可以指为达到教学目的、目标而组织的机构和方法。作为一种执行控制的教学信息传递过程，教学系统包含了教师、学生、课程和教学条件四个最基本的要素，组成系统的空间结构；而教学目标、教学内容、教学方法、教学媒体、教学组织形式和学习结果等过程性要素形成系统的时间结构。这些要素之间相互作用、相互依赖、相互制约，构成了系统输入和输出之间复杂的运行过程，即教学过程[①]。

教学设计把教学系统作为一个整体来设计、实施和评价。在系统科学的指导下，教学设计以学习需要为开始，在对学习者和学习内容以及各种教学策略进行分析的基础上，通

---

① 陈晓慧. 教学设计 [M]. 北京：电子工业出版社，2009：62-63.

过系统的策划优化技术确定和实施教学策略，在实施中进行形成性评价和实施后进行总结性评价。

在教学设计实施的过程中，各种分析技术是教学设计成功的保证。教学设计在系统科学的指导下，把构成教学系统的元素分成整个教学系统的子系统，通过子系统的分析、研究，获得教学设计成功的条件。通过系统科学的方法将这些子系统分析整合起来，获得 1+1>2 的效果。

教学设计综合教学系统的各个要素，在教学设计的经验基础之上，把运用系统方法的设计过程加以模式化，提供一种实施教学系统方法的具体可操作的程序与技术。

（二）学习理论与教学设计

学习理论是从心理学学科中发展起来的，当代心理学分为四个主要学派：行为主义心理学派、认知心理学派、精神分析心理学派和人本主义心理学派。其中对教学设计影响较大的是行为主义学习理论、认知主义学习理论和人本主义学习理论。

**1. 行为主义学习理论**

美国行为主义创始人华生，在巴甫洛夫反应性制约研究基础上，主张把行为作为心理学研究对象，建立了著名的"刺激—反应"公式。斯金纳发展和完善了行为主义理论，被称为新行为主义者，提出了"操作性条件作用"的概念，在华生理论的基础上，提出了"刺激—强化—反应"公式。受行为主义心理学派的影响，行为主义学习理论认为：

①人类的学习是由外部的刺激引起的，因受刺激引起反应而完成学习，提出著名的"刺激—反应"（S-R）联结公式。

②学习的结果是外显的，可以测量的。

③强化是促进学习的重要因素，因此在学习过程中应采取"及时强化"的措施。

④把学习内容进行分解，"小步子呈现信息"有利于促进学习目标的达成。

⑤人类具有观察的能力，"观察学习"是人类社会学习的一种主要形式。

以上观点对教学设计产生了重要的影响，比如：注重学习环境的创设，重视学习者的客观行为，着重分析行为、个体与环境之间相互交错的影响；在学习过程中随时评价，及时反馈，及时强化；把学习内容分成许多小步子来实现学习目标，合理安排教学过程等。

**2. 认知主义学习理论**

认知主义学习理论包括信息加工学派、建构主义学派、情境认知学派等。其共同点是认为外部刺激必须经过学习者内部心理的加工，学习才能发生。认知主义学习理论主要观点有：

（1）信息加工理论对教学设计的影响。

学习的信息加工理论认为，学习都是通过一系列内在的心理动作，对外来的信息或已有的信息进行不断加工处理的过程，包括信息的输入、加工、输出和反馈等环节。"输入—输出"环节的功能是实现信息的变换，使外来信息得以接收、加工、储存和提取；反馈环节的功能是通过回收输出信息的结果与原定目标进行对比，从而检验学习成效，最终使学习达到预期效果。美国教育心理学家加涅提出了一个"由学习和记忆理论所假设的信息加工模型",即学习过程的一般模式,如图1-2所示。

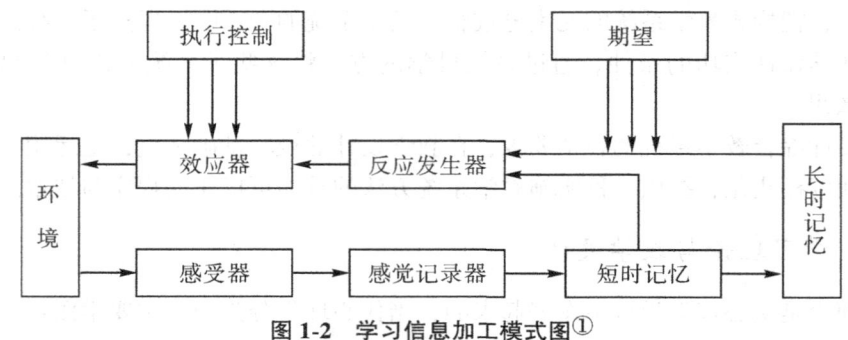

图1-2 学习信息加工模式图①

图中环境就是学习的情境。模型的信息处理程序为:环境—感受器—感觉记录器—短时记忆—长时记忆—反应发生器—效应器—环境……的循环。"效应器—环境—感受器"是学习的反馈环节。

信息加工过程还受到期望和执行控制的影响。期望指学生期望达到的目标,指向学习目标的完成,对信息加工过程起定向作用;执行控制即认知策略,对信息加工过程起调节、控制作用。它决定了概括和解决问题的策略,影响学习中的思维过程。

信息加工理论为教学设计提供了依据和方向。人们在实践积累的经验中不断总结、提炼,形成了多样的信息加工教学设计模式。

(2) 建构主义学习理论对教学设计的影响。

建构主义认为,知识不是通过教师传授得到的,而是学习者在一定的情境,即社会文化背景下,借助其他人(教师和学习伙伴等)的帮助,利用必要的学习资料,通过意义建构的方式获得的。"情境""协作""会话"和"意义建构"是学习环境中四大要素或四大属性。

①情境。在建构主义学习环境下,教学设计不仅要考虑教学目标分析,还要考虑有利于学生建构意义的情境的创设问题,并把情境创设看作是教学设计的最重要内容之一。

②协作。协作发生在学习过程的始终。其对学习资料的搜集与分析、假设的提出与验证、学习成果的评价直至意义的最终建构有重要作用。

③会话。学习小组成员之间通过会话商讨如何完成规定的学习任务的计划;协作学习过程也是会话过程,每个学习者的思维成果(智慧)为整个学习群体所共享。会话是达到意义建构的重要手段之一。

④意义建构。这是整个学习过程的最终目标。在学习过程中帮助学生建构意义就是要帮助学生对当前学习内容所反映的事物的性质、规律及该事物与其他事物之间的内在联系

---

① 谢捷如. 加涅教学论在电路教学中的应用研究 [J]. 中国科教创新导刊,2008 (4):85.

达到较深刻的理解。这种理解在大脑中长期存储的形式就是"图式"。

因此，建构主义提倡在教师的指导下以学习者为中心的学习。其既强调学习者的认知主体作用，又不忽视教师的指导作用。教师是意义建构的帮助者、促进者，而不是知识的传授者与灌输者。学生是信息加工的主体，是意义的主动建构者，而不是外部刺激的被动接受者和被灌输的对象。

认知主义观点对教学设计产生的影响有：学习过程是学习者主动接受刺激，积极参与和积极思维的意义建构过程；要重视学科知识与学习者认知结构的关系，以保证有效学习的发生；对教学内容的分析要注重学科的知识结构；要按照学习者不同发展阶段的特点安排学习策略；学习是人的倾向或能力的改变，学习目标可以用精确的行为术语来描述；学习发生的条件有内部条件和外部条件；强调情境、协作学习对意义建构的重要作用，强调对学习环境的设计，利用各种信息资源支持学习，学习过程的最终目的是完成意义建构；学习要在真实的情境中进行，学习者要参加真正的实践活动。

**3. 人本主义学习理论**

人本主义学习理论揭示以往的学习心理学忽视了人的情感因素，主张要探讨完整的人，而不是把人分解成行为、认知等从属方面。罗杰斯探讨了基于人本主义心理学的教学理论，提出了"非指导性教学"。在教学过程中，教师起到促进者作用：帮助学生厘清自己想要学习什么；帮助学生安排适宜的学习资料和学习活动；帮助学生弄清他们所学东西的意义；维持促进学习的气氛；强调"以学生为中心"，注意克服知、情分离的教育；发挥学生的主观能动性。

基于人本主义学习理论的教学设计充分考虑了学生的情感因素，强调了师生之间的人际关系对教学以及学习成功的重要影响，扩展了教学设计的研究领域。在教学目标上，强调培养完整的人。在教学过程和教学方法上，强调非指导性教学和学生的发展；强调情感因素，保证了教学设计的有效性，但是过度地强调情感，会减弱教师对教学的控制能力，最终导致教学失败。人本主义教育家以"健全的人格"和"自我实现"作为教学设计的出发点和归宿，注重人的全面发展，教育由知识本位转向以人的发展为本位。

### （三）教学理论与教学设计

教学设计是科学地解决教学问题、提出解决方法的过程，为了更好地解决教学问题，就必须遵循和应用教学客观规律。因此，教学设计离不开教学理论。

**1. 我国的教学理论**

我国教学论思想源远流长，古代以孔孟为代表的儒家教学思想至今在教的方法、学的方法以及教与学的关系上对我们有重大影响。如：孔子的"学而知之""多闻""多见""学而不思则罔，思而不学则殆""举一反三""循循善诱""因材施教"和孟子的"自得""循序渐进""专心有恒"等精辟的论断。又如《学记》中提出的"教学相长""及时施教""启发诱导""长善救失"诸原则和"问答法""练习法""讲解法"等教的方法和宋朝朱熹强调的自学自得，为学用力须是学、问、思、辨而力行之的学习动机和学习方法。近现代时期，一些进步思想家和教育家如梁启超、蔡元培、徐特立、陶行知、陈鹤琴等倡导的教学要重视发展学生的个性，从他们的特点出发，发挥学生主观能动性，培养学生独立学习能力。

**2. 国外的教学理论**

国外的教学理论发展既有特点，又有继承性和连贯性。近代形成期，捷克教育家夸美纽斯在他的"大教学论"中对教育目的、内容和直观性、自觉性、系统性、巩固性和教学必须适应学生年龄特征和接受力等教学原则作了比较系统的阐明，并提出了学年制和班级授课制。法国卢梭（J. J. Rousseau）充分肯定学生的积极性及其在教学中的作用，并提出观察法、游戏法。德国的第斯多惠（F. A. Deesterway）提倡发现法，指出不仅要用知识来充实学生头脑，还要发展他们的智力和才能。德国赫尔巴特（J. F. Harbart）和瑞士的裴斯泰洛齐（J. H. Pestelozzi）在教学活动程序上的探索等。现代发展期，美国杜威反对传统的"教师中心"和"课堂中心"，主张"儿童中心"和"做中学"，并提出五步教学法。苏联的凯洛夫强调教师的主导作用和重视系统科学知识、技能的传授。

教学设计形成于20世纪60年代末，因此50年代以后发展起来的当代教学理论更有助于教学设计的发展。如斯金纳的程序教学理论、布卢姆以行为结果作为目标分类依据的教育目标分类理论、掌握学习理论、形成性评价理论；布鲁纳在教学内容上提出以知识结构为中心的课程论思想，在教学方法上提倡引导发现法和概念获得的教学程序；奥苏贝尔（D. P. Ausubel）提出有意义学习的观点和"先行组织者"的教学程序；加涅运用信息论提出的由九大教学活动组成的指导学习程序。另外，还有苏联著名教育家赞可夫提出"以最好的教学效果来促进学生最大发展"和"高难度、高速度、理论知识起主导作用、使学生理解教学过程、使全班学生都得到发展"五条教学原则的教学与发展的理论；德国瓦根舍因（M. Wagenschein）的范例教学理论独树一帜地在教学内容上坚持让学生掌握从基本概念和基本知识中精选出来的示范性材料，以达到窥一斑而见全豹的效果。

我国教育工作者在总结已有的教学实践基础上，参考、借鉴多种教学观点、原则和方法，正在建立的新的教学理论必然为教学设计的开展提供更丰富和更实用的科学基础。而教学理论的完善、充实和创新又必将促进教学设计的成功。

## 四、教学设计与传统备课的比较

传统备课不是真正意义上的"教学设计"，不能将传统备课与系统化教学设计混为一谈。备课，即通常所说的备教材、备学生、备教法。"备教材"是指教师钻研教学大纲、教科书以及阅读有关参考资料等。教师一般根据教学大纲确定教学目标，根据教材分析教学内容，根据教学内容确定教学顺序。"备学生"是指教师从教学任务出发，往往确定中等水平的学生状态作为教学起点。"备教法"是指教师选定在教学中所用的教法。传统教学中的备课由于受行为主义心理学的影响，教师始终捍卫着以教师为中心、以课本为中心、以课堂为中心的观念，忽视了学习过程中学习者的自主构建。传统备课与教学设计的比较如表1-1所示。

表 1-1　　　　　　　　　　　传统备课与教学设计的比较[①]

| 设计要素 | | 传统备课 | 教学设计 |
| --- | --- | --- | --- |
| 设计理念 | 课程观 | （1）"知识取向"的课程价值观；<br>（2）封闭的课程内容观；<br>（3）灌输的课程实施观；<br>（4）甄别的课程评价观 | （1）"成人取向"的课程价值观；<br>（2）开放的课程内容观；<br>（3）对话的课程实施观；<br>（4）促进发展，回归教育本质的课程评价观 |
| | 知识观 | 知识是客观的，可以传递给学生 | 知识不是纯客观的，是在学生与外在环境交互过程中建构起来的 |
| | 学生观 | 学生只是接受知识的容器 | 学生是有生命意识、社会意识、有潜力和独立人格的人 |
| | 教学观 | 教学是课程传递和执行、教学生学的过程 | 教学是课程创生和开发、师生交往、积极互动、共同发展的过程 |
| | 学习观 | 以教师为中心来设计学习活动，学生被动接受式学习 | 以学生为中心来设计学习活动，帮助学生形成终身学习的学习观、自主学习的学习观、学会学习的学习观 |
| 教学目标 | | 以教师为阐述主体，使学生掌握双基和培养能力 | 以学生为阐述主体，在知识与技能、过程与方法、情感态度与价值观三方面都得到发展 |
| 教学分析 | | 教材教法和教学重、难点分析 | 对任务、目标、内容、学情等方面作分析 |
| 策略制定与作业设计 | | （1）传统的策略和帮助学生记忆的策略；<br>（2）以传统媒体为主；<br>（3）以技能训练、知识（显性）记忆和强化作业设计为主 | （1）学法指导、情景设计、问题引导、媒体使用、反馈调控等策略；<br>（2）多媒体的教学设计；<br>（3）根据不同需要如知识、技能、方法、态度、能力的培养来设计作业 |
| 教学过程 | | 传授知识，鼓励模仿记忆的以教为中心的五环节教学过程设计 | 创设情景，鼓励在学习中体验、探索、发现、思考，在问题解决过程中获得自身的提高和发展的教学过程设计 |
| 效果评价 | | 掌握知识技能，解决问题 | 知识技能都得到发展，为终身可持续发展奠定基础 |

---

[①] 鲁献蓉. 从传统教案走向现代教学设计：对新课程理念下的课堂教学设计的思考 [J]. 课程·教材·教法，2004（7）：17-23.

# 第二章　新课程理念下中学化学教学设计

## 一、新课程理念下的化学课程改革

### （一）化学新课程改革的背景

我国从 20 世纪 80 年代末开始倡导素质教育。2000 年我国教育部正式颁布了基础教育课程改革指导纲要。我国的科学教育和化学教育在教学方法改革上积极提倡以启发式教学为主导思想的多样化教学；在课程与教学目标上重视培养学生的自学能力、实验能力、思维能力，创新精神和实践能力；在课程与教学内容改革上着重强调要注意联系生产生活实际，力图转变单纯应试教育的偏差。这些共同构成了中学化学新课程改革的思想背景和理论基础。

### （二）化学新课程改革的发展[①]

**1. 基于课程标准的新课程设计形态**

与原有课程的设计形态"教学大纲"相比较，新课程发生了以下一系列积极而显著的变化：明确提出"以提高学生的科学素养为主旨"的课程理念，并依据科学素养的基本内涵构成，确立了"知识与技能""过程与方法""情感态度与价值观"三个维度的课程目标体系，特别设定了学生科学探究意识和探究能力的具体发展目标和要求。义务教育阶段设置分科化学与综合课（科学课）化学并存的课程结构；高中阶段设置了基于模块化的多样化选择性的课程结构。构建了"模块化、主题性；多元化、层次性；结构化、建构性"的课程内容体系，明确强调 STS［科学（Science）、技术（Technology）、社会（Society）的研究的简称］的科学教育思想。对新课程的教学、评价、课程资源的利用与开发等提出了系列实施建议和要求，倡导以探究为核心的多样化教学方式，以及旨在促进学生科学素养发展的多样化的评价方式。

**2. 基于课程结构的新课程设计形态**

新课程分成必修和选修 2 个层次，设置了 8 个模块，分别是化学 1、化学 2、化学与生活、化学与技术、物质结构与性质、化学反应原理、有机化学基础和实验化学。高中化学新课程用学分来管理，学分分为必修学分和选修学分 2 部分，必须修满 6 个学分，其中 4 个学分是由化学 1、化学 2 来完成，还有 2 个学分要求学生在 6 个选修模块当中至少任

---

[①] 王磊. 基础化学教育课程改革 10 年进展与反思（上）[J]. 化学教育，2010（4）：15-24.

意选修 1 个模块而获得。课程方案和课程标准规定，除了必修学分以外，学生可以享有模块学习选择权，不同的学生可以学习不同的模块，学习的模块数也可以不一样。选修学分不作统一规定，鼓励学生在完成了 6 个必修学分之后，多学选修模块。新课程理念下的化学课程结构如图 2-1 所示。

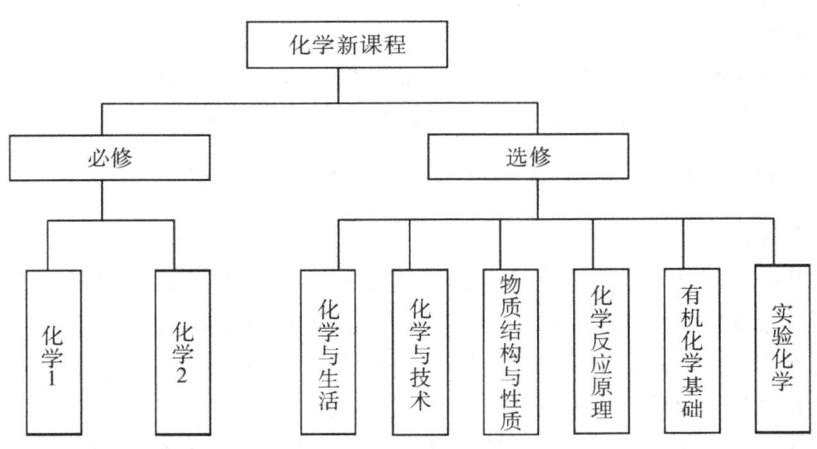

**图 2-1　新课程理念下的化学课程结构**

### 3. 基于教材改革的新课程物化形态

新课程中，教育部配套制定了教材多样化和实验区选择使用教材的政策。义务教育课程标准实验教科书全国共有 5 个版本通过教育部中小学教材审查，进入实验区使用，分别由上海教育出版社、人民教育出版社、山东教育出版社、科学出版社和广东教育出版社、湖南教育出版社出版。高中化学课程标准实验教科书全国共有 3 个版本通过教育部中小学教材审查，进入实验区使用，分别由人民教育出版社、北师大"新世纪"、山东科技出版社以及江苏教育出版社出版。

与以往的化学教材相比，此次新课程的教材无论是理念还是内容及具体呈现方式都有很大的变化和发展，主要体现在：由狭义双基取向转向以发展科学素养为主旨，从单一的学术中心课程取向向多元课程取向转变，从去情境的教材内容呈现到基于真实背景的教材内容呈现，从知识传授为本到基于促进学生发展的教材内容处理，由过分关注知识的结论到注重知识的形成过程和学生的认识转变，从单一的教材呈现方式到图文并茂多样化的呈现方式等。

### 4. 基于课堂教学改革的新课程实施形态

新课程对化学教师的课堂教学提出了新的要求。第一，要以提高学生的科学素养为宗旨，体现知识技能、过程方法和情感态度价值观的三维目标；第二，教学内容的选取和组织要尽量关注学生的已有经验和发展，贯彻"从生活走进化学，从化学走向社会""超越具体性知识传授，重视观念建构和认识发展"等先进的教学理念；第三，开展以探究为核心的多样化教学，注重学生的学习规律，倡导开放性与实效性兼顾的有效教学等。

# 二、新课程理念下的化学教学设计的特点

《普通高中化学课程标准（实验）》（以下简称《课标》）的颁布，标志着化学课程改革进入一个新的阶段。《课标》明确要求：化学教学要体现课程改革的基本理念，尊重和满足不同学生的需要，运用多种教学方式和手段，引导学生积极主动地学习，掌握最基本的化学知识和技能，了解化学科学研究的过程和方法，形成积极的情感态度和正确的价值观，提高科学素养和人文素养，为学生的终身发展奠定基础。

## （一）新课程理念下的化学教学设计的四个"把握"

**1. 把握教学思想**

教学思想对教学设计起着定向作用，着重于教师"教"的教学设计，在教学设计中往往更多地考虑教师的便利和需求，突出教师的权威和支配地位，一定程度上忽视了学生的发展特点和需求，限制了学生的参与度，削弱了学生的能动作用。新课程所依据的教学理论是以学生的发展为核心，着重于学生"学"的教学设计，在教学设计中更加倾向于学生的"发现"而不是"接受"，不是把教师看作学生的管理者和知识上的权威，而是作为学生学习活动的服务者、引导者、协调者。

**2. 把握教学方法**

教学方法包括教师教的方法和学生学的方法。常用的教学方法有讲授法、谈话法、讨论法和实验法等。在传统的以教师讲授为主的教学中，教学设计往往关注教师教法的设计，容易忽略学生学的方法。新课程教学设计要改变这一设计理念，要把学生的学法设计放在一个突出的位置，"教法"应适应"学法"。当然，在选用教学方法时，也必须考虑教学内容的性质、教学目标、学生的学习特点、教师的自身条件和教学的空间环境等因素，统筹考虑，精心选择。

**3. 把握教学活动的预期效果**

教学活动的预期效果是教学的定位问题，它是教学活动设计的出发点，同时也是教学活动的最终归宿，新的课程理念追求的是全面提高学生的素质。在教学设计过程中，教师在重视知识和能力培养的同时，又要注重知识的建构过程，更要考虑学生的情感态度和价值观的培养和教育。知识和技能目标更容易被教师关注，而过程与方法、情感态度与价值观目标却是隐性的，正是这种隐性的内容才是教学活动的预期结果。

**4. 把握教学过程预设和生成**

新课程的课堂教学更强调学生的主体地位，注重师生的互动，但在互动过程也意味着更多的不确定性。课堂教学需有一定的计划，预设的课堂是有序的课堂，但缺少一些生动。生成的课堂也许会很精彩，但会凌乱，难以把握。在教学中，精心预设同时追求动态的生成，依照学生的认知曲线，思维张弛以及情感波澜，随时调整教学策略和教学进程，使预设转化为生成，让课堂充盈生命成长的人文韵味。

例如，在对"物质的量"概念学习时，由于受中文表述习惯的影响，在学生脑海中

必然会产生"这是物质的什么量""是质量还是数量"等疑问，这些生成通常不会以客观或主观的控制为转移。因此，只有充分预设，这些生成才会在教师的积极应对之中，教师才会心中有数。

又例如，"化学能转化为电能"的教学中，做原电池实验的过程中，不少学生都发现了锌片表面也有少量气泡，为什么锌片表面也会有气泡？对这个有价值的问题，经过学生的讨论，并建议再利用纯锌重做本实验。通过讨论—实验—再讨论，顺利找到了这个问题的答案，抓住了课堂动态生成，提高了课堂教学效率[①]。

### （二）新课程理念下的化学教学设计理念的转变

传统的教学设计存在着诸多问题，如教学目标的设计过于强调对知识的认知，教学过程的设计忽视学生的主体性；没能给学生创设生动的学习环境；过于强调预设封闭，忽视开放生成。教学设计中的这些问题无疑会阻碍新课程的实施，而要改变这种状况，教学设计理念的更新是关键性的前提。新课程理念下，化学教学设计具有以下的一些转变。

**1. 教学目标设计理念的转变**

从知识本位到注重发展。知识与技能、过程与方法、情感态度与价值观三个方面的整合，是各学科课程目标的共同框架，要具体落实到每一节课上，使学科知识的增长过程同时成为学生人格的健全与发展过程。要注重学生个性发展。在三维目标的设计上要有一定的"弹性区间"，使每一位学生都有所得、有所长。

**2. 教学内容设计理念的转变**

在教学内容上，一方面，要体现基础性、现代性、综合性的统一，化学教学内容必须加强与社会、生活、生产实际的联系，渗透STS教育，针对学生的实际情况和学校的现有条件，从丰富的课程资源中去选择教学内容，另一方面，必须充分重视化学实验及化学实验教学的设计，以培养学生的化学实践能力和创新精神。

**3. 教学方式设计理念的转变**

从单向灌输到情景构建。课堂教学设计要为学生进行"知识建构"创造一种具有"情境性"和"协作性"的学习环境，从而推动其在建构的过程中获得发展。既要创设问题情境又要创设协作情景。研究中学生的化学学习心理，实施科学探究的教学策略，开展研究性学习，同时可以结合多种课程资源，例如报纸、杂志、书刊、各种现代传媒（电视、计算机、网络等），整合教师、学生、教材、环境四个结构要素，以实现学生学习方式、教师教学方式及师生互动方式的同步变革。

**4. 化学教学评价体系的重建**

重新构建化学教学评价体系。重视对学生化学学业成就评价的综合设计，利用以学习档案为主的自我评价促进学生的发展，通过活动表现评价学生的探究能力和情感态度与价值观。在评价目标上，既要评价学生化学知识的掌握情况，更要重视对学生科学探究能力、情感态度与价值观等方面的评价。在评价类型上，过程评价与结果评价并重，终结性

---

① 孙本义. 新课程理念下化学教学设计的转变 [J]. 教育科学，2011（11）：35.

评价与形成性评价、自我评价与他人评价或小组评价有机地结合起来①。

## 三、新课程理念下的化学教学设计模式概述

模式，通常是指可以模仿的标准样式。把这一概念引入到教学设计中，是为了说明在一定的教学设计理论指导下，经过长期教学设计实践活动所建立起来的教学设计的基本结构。教学设计的模式用简约的方式，提炼和概括了教学设计实践活动经验，解释和说明了教学设计理论。教学设计的模式既是教学设计理论的具体化，也是教学设计实践活动的升华。因此，它成为教学设计理论与教学设计实践操作的中介，同时也简化了复杂的教学过程及各要素之间的关系。

### （一）国内外经典教学设计模型

**1. 教学设计基本要素**

教学设计可看作由一系列相对固定的步骤或程序组成，并认为其所具备的基本要素有分析（Analysis）、设计（Design）、开发（Develop）、实施（Implement）、评价（Evaluate）（以 ADDIE 表示）。

（1）分析：评定学习者需求，确定学习环境中的问题，分析学习任务，确定教学目标。

（2）设计：写出教学目标的操作性定义，将学习分成不同类型，确定具体的学习活动，以及具体的媒体等。

（3）开发：准备学生及教师用的各种形式的教材，开发教学策略，为学习者能达到预期表现作出安排。

（4）实施：在不同场景中传递教学方案。

（5）评价：包括形成性评价、总结性评价以及反思与修正设计方案。评价贯穿于上述每一环节。

**2. 基本教学设计模型**

表述上述要领要素和过程的形式即教学设计模型，包括过程模型和问题解决模型两种。

（1）过程模型。

教学系统设计的过程模型，如肯普模型、迪克-凯瑞模型、史密斯-雷根模型等。

肯普模型（图2-2）是由肯普（J. E. Kemp）在1997年提出的，模型的特点可用三句话概括：在教学设计过程中应强调四个基本要素（教学目标、学习特征、教学资源和教学评价），需着重解决三个重要问题（学生必须学习到什么、为达到预期的目标应如何进行教学、检查和评定预期的教学效果），要适当安排十个教学环节（确定学习需要和学习目的、选择课题与任务、分析学习者特征、分析学科内容、阐明教学目标、实施教学活

---

① 刘旭虹. 新课程理念下高中化学教学设计的研究 [D]. 长春：东北师范大学，2009：9-10.

动、利用教学资源、提供辅助性服务、进行教学评价、预测学生的准备情况）。

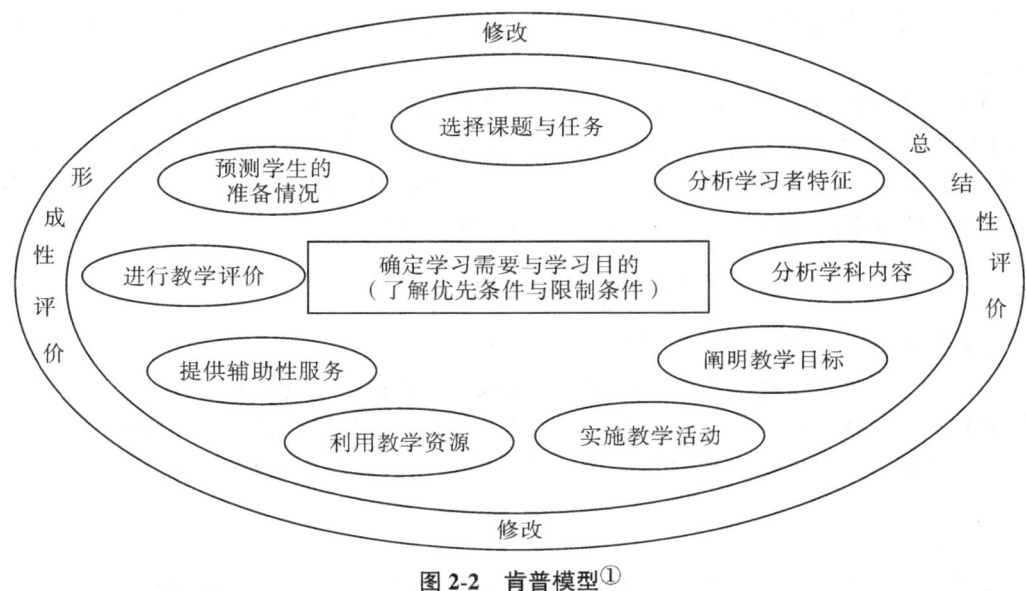

图 2-2　肯普模型①

迪克-凯瑞模型可分为三个模块，主要内容包括：教学目的、教学分析、确定学生初始行为及特征，写出行为目标、制订测验项目的参照标准、开发教学策略、开发选择教学资料、进行形成性评价、修改教学、总结性评价。如图 2-3 所示。

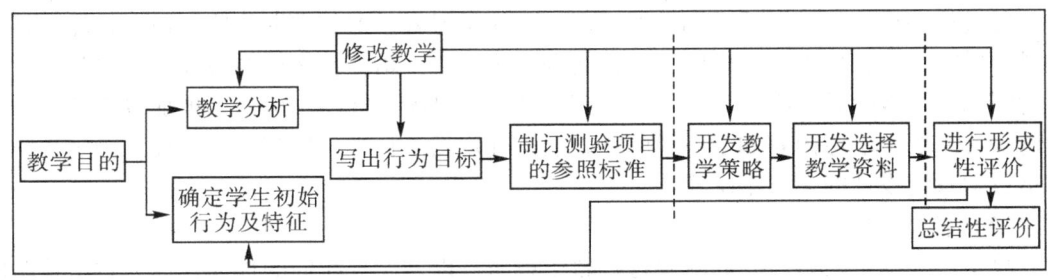

图 2-3　迪克-凯瑞模型②

这些模型比较适合指导教师备课的单元或单课设计，并在教学设计领域有着广泛的应用。在我国高校教育技术专业的教科书中这类模型一直占据着主导地位，而在教师的专业培训领域也大多采用这类模型。

（2）问题解决模型。

帕顿、瑞格鲁斯、罗兰德、狄杰克斯特拉等教学设计专家从设计科学角度提出了教学

---

①② 何克抗. 教学设计理论与方法研究评论（上）[J]. 电化教育研究，1998（2）：3-10.

设计就是解决教学问题的观点。这一观点的教学设计模型（如问题解决模型），注重的是提供设计的整体方案和有关问题解决的策略包和知识库，而不同于一般的教学系统设计程序。设计者要根据问题实际，在策略包或知识库中提取必要的元素组合成具体的解决方案①。

例如，学校情境中的学科教学设计属于问题解决型而非过程模型。学科教学设计应解决以下问题：希望学习者真正学到什么？如何激发学习者的兴趣和动机？如何使学习者认识到教学的价值及其与生活的关联性？如何让学习者运用自己的知识去解决真实场景中的问题？学习环境中是否提供了足够的信息、指导和支撑？

### （二）新课程理念下的化学教学设计模式

**1. 新课程理念下教学设计模式的要素**

从各种国外教学设计模式中可以看出，构成教学设计模式的要素有许多个。教学过程是复杂的，参与教学过程的因素是多种多样的。因此，在教学设计时，不能忽视每一个因素对教学过程的影响作用。从教学设计的角度看，构成教学设计模式的基本要素主要有四个。

（1）教学对象。

以谁为中心进行教学系统的设计，这是教学设计的根本问题。长期以来，在传统教学思想影响下，过分注重和强调教师的教，忽视学生的学的过程，导致研究任何教学问题，总是从教师角度出发，以教师为中心进行研究。新课程理念下教学设计则明确指出，以学习者为中心进行展开教学设计，要分析学习者的特点，评定学习者的初始状态，预测学习者发展的可能空间。

（2）教学目标。

通过精心设计的教学活动和学习活动，要使学习者学习和掌握哪些知识和技能，智力获得怎样的发展，培养什么样的能力，达到什么水平，培养什么样的态度等有关学习者发展的问题，在教学设计时，都必须用具有可观察、可测定性的术语精确地加以表述，即在分析学习需要、学习内容和学习者的基础上，确定教学目标，编写行为目标。确定教学目标是教学系统设计的一项基本要求。

（3）教学策略。

教学目标确定之后，我们就要选择教学策略，以期实现我们的预期目标。教学策略的设计包括许多方面，主要有采用何种经济而有效的教与学的形式，安排什么样的教师教的活动和学习者学的活动，设计何种教的方法和学的方法，选择什么样的教学媒体及怎样进行设计，怎样利用现有的教学资源及挖掘潜在的教学资源，安排什么样的课型，设计怎样的教学环节和步骤等一系列问题。在整个教学设计过程，教学策略的设计具体而详细，发挥着十分重要的作用。

（4）教学评价。

经过以上几步，就会完成一个教学设计的"产品"。其"产品"是否符合教学目标的

---

① 徐英俊. 教学设计 [M]. 北京：教育科学出版社，2001.

要求，是否符合学习者的实际，能否保证取得最优的教学效果，对所采用的教学形式、教学方法，安排的教学活动步骤是否具体、可行等一系列问题必须作出检验。这就需要对教学设计的成果进行评价，并根据评价结果进行修正。根据实际需要和可能，可进行实施前、实施中的评价。

**2. 新课程理念下化学教学设计的模型**

一般来说，组成教学设计模式的因素有以下八个方面，即学习需要的分析、学习内容的分析、学习者的分析、教学目标的设计、教学策略的设计、教学媒体的设计、教学过程的设计、教学设计的评价。上述八个方面所构成的教学设计一般过程，可用一个流程图表示（图2-4）。

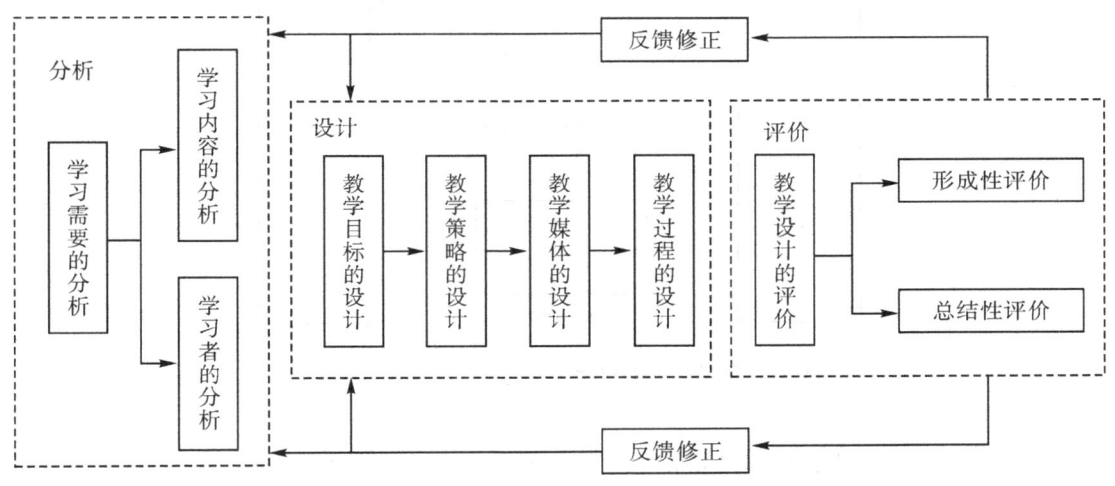

**图 2-4　教学过程模式流程图①**

现代教学设计理论强调以学生为中心、为学生的发展服务的宗旨以及高中新课程改革的核心理念。教师在教学设计时就应充分利用新教材突出科学素养的特点，把提高学生的科学素养作为教学设计中各个环节的核心思想，因此，新课程理念下的化学教学可建立如图2-5所示的教学设计模型。

教材分析和学生分析是新课程理念下的教学设计的起点和基点。三维教学目标的制订就取决于教材分析和学生分析，并从知识与技能、过程与方法、情感态度与价值观三个维度分别体现出该教学设计对提高学生科学素养的意义。教学内容的确定和教学情境的设置、教学活动及过程的设计是该模型中的核心环节，上述各环节的设计最终要通过教学实施才能落到实处，评价与反馈则是衡量教学设计综合效率的一个环节，同时也是对后续教学设计进行改善的依据。

---

① 徐英俊. 教学设计 [M]. 北京：教育科学出版社，2001.

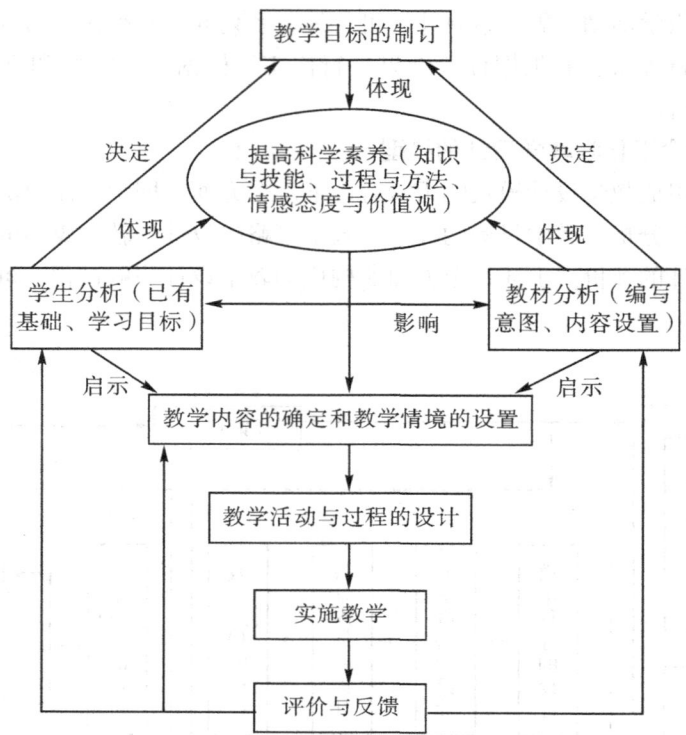

图 2-5　基于化学新课程理念的化学教学设计模型①

总体来说，教学设计应更加重视学生的发展需要、学习规律及心理特点。教学目标要求多元化；教学内容既要注意结构化，突出有意义的联系，又要关注学生经验和社会生活实际；教学过程则应倡导以问题和任务为目标，以自主探究、合作学习为主要形式的建构过程和学习活动；教学评价应与教学过程有机整合，采取促进学生发展的多样化评价策略。

---

① 2007 年秋季化学课重点远程研修课程画报（第 7 期）［EB/OL］http：//chem. cersp. com/JPWZ/20070813901. html，2007-08-18.

# 第三章 化学教学设计的程序与方法

## 一、化学教学背景的设计

在教学设计的前期，对教学过程各要素进行分析，特别是对学习任务、学习者认真细致及全面透彻地分析，是搞好教学设计的起点。只有在分析的基础上，才有可能设计出理想的实施方案。如果缺乏对教学过程各要素的分析，特别是缺乏对学习需要、学习内容、学习者认真细致及全面透彻地分析，只凭借主观意志进行安排，则无法设计出科学的方案。这样，必然给教学带来失误，给学习带来困难，使教学过程充满盲目性和随意性。

（一）学习需要的分析

在教学设计中，学习需要是一个特定的概念，是指学习者学习的目前状况与所期望达到的状况之间的差距，即学习者学习成绩的现状与教学目标（或标准）之间的差距。教学设计者在分析学习需要时，首先考虑的问题是，当前教学中存在着什么问题。这就是说，教学中的问题是找出当前现状与期望目标之间差距的起点。学习需要既包括内部参照需要，也要根据外部社会需要调整修改已有学习目标，并以修改后的目标提出的期望值与学习者现状相比较找出差距（图 3-1）①。

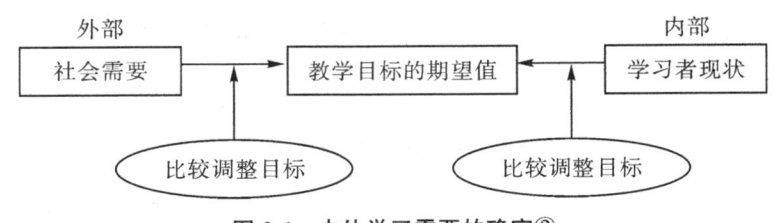

图 3-1 内外学习需要的确定②

在普通教育中，学习需要的分析可以从以下几方面思考：
①该问题是否值得通过教学设计来解决？
②能否通过其他简单的方法加以解决？
③学习者各方面是否有能力达到教学目标？

---

① 徐英俊. 教学设计 [M]. 北京：教育科学出版社，2001.
② 黄梅. 中学化学教学设计 [M]. 北京：化学工业出版社，2013：4.

④学习环境是否需要改善？
⑤学习条件是否具备？

例如，《义务教育教科书九年级化学（上）教师用书》中《物质的变化和性质》一节教学建议中指出："学生在学习化学前，对物质变化（化学变化和物理变化）的具体事例已经有了初步认识。例如学生知道水能结冰，能变为水蒸气，知道钢铁能生锈等具体的变化。在八年级物理中也学习了熔点、沸点、压强、密度等知识，这些是学生的知识基础。由于学生刚刚开始学习化学，没有原子、分子的科学概念，此时的教学还不能强求学生从微粒角度认识物质，更科学的认识有待后续学习来完成……"这是对该节课的学习需要进行的分析。

## （二）学习内容的分析

学习内容的分析即分析和确定学习者应学习和掌握的知识、技能和态度等。在分析学生的学习内容时，要以学习需要和目标为依据，结合学习主体的客观现实，对学习内容进行选择和组织，明确学习内容相互间关系以及对学习主体的意义和作用。因此，采用科学的方法分析学习内容是教学设计的一个重要环节。

**1. 化学教材内容的选择**

学习内容有一定的结构体系，存在着不同层次。无论是对学习者而言，还是对教师来说，他们所面对的首先是一门课程。一门课程又分为若干单元，常见一个单元又可分为若干课时。教材是依据课程标准或教学大纲编写的，是课程标准或教学大纲的具体化产品，也是教师教和学生学的直接依据。在进行教学设计时，教师必须认真分析和研究教材，确定学习内容。

（1）义务教育化学课标教材内容的选择。

义务教育阶段的化学课程，应该充分体现启蒙性和基础性的特点（表 3-1）。一方面提供给学生未来发展所需要的最基本的化学知识和技能，培养学生运用化学知识和科学方法分析和解决简单问题的能力；另一方面使学生从化学的角度逐步认识自然与环境的关系，分析有关的社会现象。

表 3-1　　　　　　　　　义务教育阶段化学课标教材内容的选择[1]

| 主题 | 二级内容主题 |
| --- | --- |
| 科学探究 | 增进对科学研究的理解<br>发展科学研究能力<br>学习基本的实验技能 |
| 身边的化学物质 | 地球周围的空气<br>水与常见的溶液<br>金属与金属矿物<br>生活中常见的化合物 |

---

[1] 江家发. 化学教学论 [M]. 合肥：安徽人民出版社，2007：46-47.

续表

| 主题 | 二级内容主题 |
| --- | --- |
| 物质构成的奥秘 | 化学物质的多样性<br>微粒构成的物质<br>认识化学元素<br>物质组成的表示 |
| 物质的化学变化 | 化学变化的基本特征<br>认识几种化学反应<br>质量守恒定律 |
| 化学与社会发展 | 化学与能源、资源利用<br>常见的化学合成材料<br>化学物质与健康<br>保护好我们的环境 |

（2）高中化学课标教材内容的选择。

高中化学课程以进一步提高学生科学素养为宗旨，着眼于学生未来的发展，体现时代性、基础性和选择性，兼顾不同志趣发展潜能学生的需要。以此为指导思想，高中化学新课程设置了2个必修课程模块和6个选修课程模块（表3-2），并以此对教材内容的选择提出了不同层次的要求。

表3-2　　　　　　　　　　高中化学课标教材内容的选择

| 类别 | 模块 | 内容主题 |
| --- | --- | --- |
| 必修模块 | 化学1 | 1. 认识化学科学；<br>2. 化学实验基础；<br>3. 常见无机物及其应用 |
| 必修模块 | 化学2 | 1. 物质结构基础；<br>2. 化学反应与能量；<br>3. 化学与可持续发展 |
| 选修模块 | 化学与生活 | 1. 化学与健康；<br>2. 生活中的材料；<br>3. 化学与环境保护 |
| 选修模块 | 化学与技术 | 1. 化学与资源开发利用；<br>2. 化学与材料的制造、使用；<br>3. 化学与工农业生产 |
| 选修模块 | 物质结构与性质 | 1. 原子结构与元素的结构；<br>2. 化学键与物质的性质；<br>3. 分子间作用力与物质的性质；<br>4. 研究物质结构的价值 |

| 类别 | 模块 | 内容主题 |
| --- | --- | --- |
| 选修模块 | 化学反应原理 | 1. 化学反应与能量；<br>2. 化学反应速率与化学平衡；<br>3. 溶液中的离子平衡 |
| | 有机化学基础 | 1. 有机化合物的组成与结构；<br>2. 烃及其化合物的性质和应用；<br>3. 糖类、氨基酸和蛋白质；<br>4. 合成高分子化合物 |
| | 实验化学 | 1. 化学实验基础；<br>2. 化学实验探究 |

**2. 学习内容分析的方法**

学习内容分析的基本方法是根据学习内容的相关特点进行归纳总结出来的，在教学设计实践中，许多人根据不同的理论，提出了不同的学习内容的分析方法。

（1）归类分析法。

归类分析法主要是对相关信息进行分类的方法，旨在为实现教学目标而将需要学习的知识内容分类，将一些相近或相似的学习内容、知识点归纳在一起，以方便学习者快速学习、掌握。下面以"化学反应与能量"一节为例进行说明，如图3-2所示。

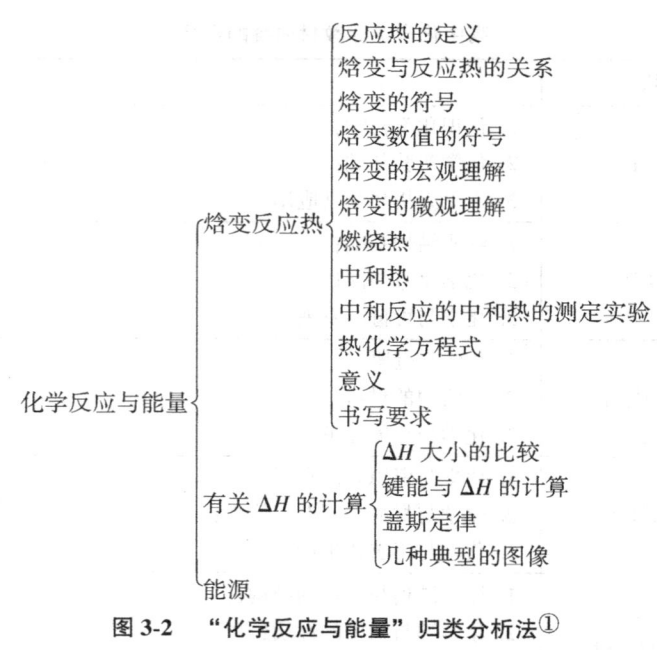

图3-2 "化学反应与能量"归类分析法[①]

---

[①] 黄梅. 中学化学教学设计 [M]. 北京：化学工业出版社，2013：20.

(2) 图解分析法。

图解分析法是一种用直观形式揭示学习内容各要素及其相互联系的分析方法，用于对认知类学习内容的分析。图解分析的结果是一种简明扼要地从内容和逻辑上高度概括的一套图表或符号。以"盐类的水解"一课为例，如图 3-3 所示。

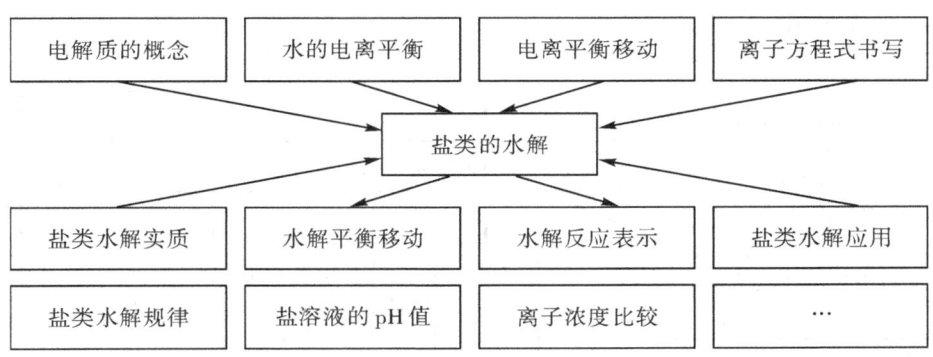

图 3-3　"盐类的水解"图解分析法①

(3) 层级分析法。

层级分析法是用来揭示为了实现教育目标所要掌握的从属技能的分析方法。这是一个逆向分析的过程，即从已经确定的教学目标开始分析，要求学习者获得教学目标规定的能力。以"水的电离"一课为例，如图 3-4 所示。

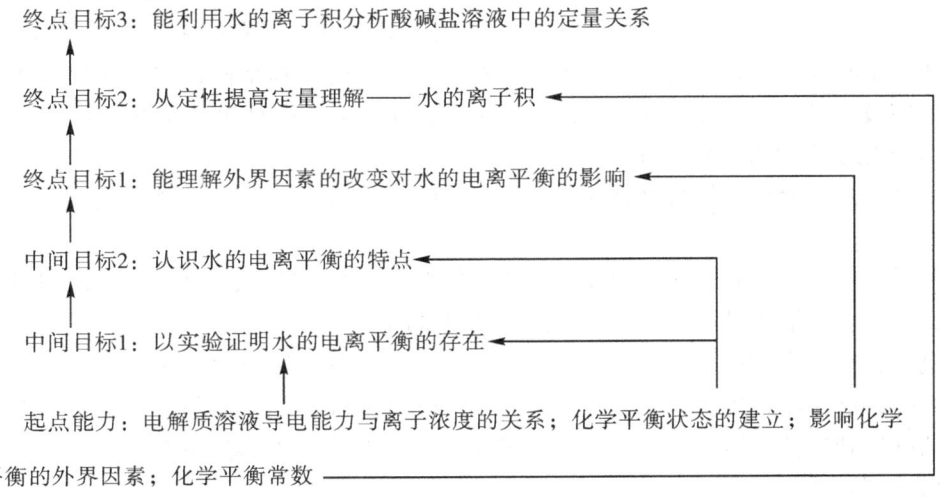

图 3-4　"水的电离"层级分析法①

---

① 黄梅. 中学化学教学设计 [M]. 北京：化学工业出版社，2013：20-21.

(4) 信息加工分析法。

信息加工分析法是以信息加工心理学理论为基础建立的,是在教学目标的创建过程中将教学目标要求的心理操作过程揭示出来的一种内容分析法。用该法进行分析时需要明确因学习内容产生的心理活动以及能力的要求;在完成复杂内容的学习时,需指明完成学习内容的上下部分关系以及关键点操作条件和可供选择的路线。以"有关酸、碱溶液 pH 值的计算"一课为例,如图 3-5 所示。

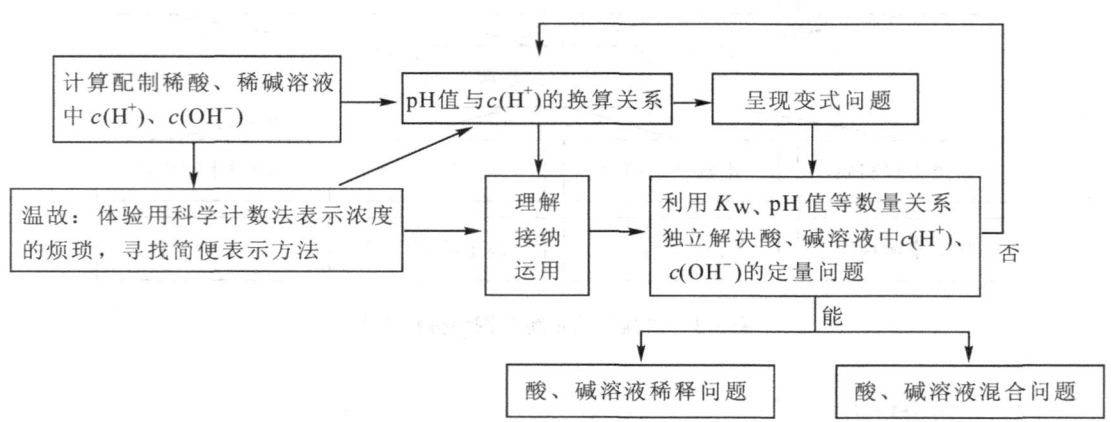

**图 3-5　"有关酸、碱溶液 pH 值的计算"的信息加工分析法**[①]

### 3. 学习者的分析

学习者获得学习上的成功。从教学角度而言,教学目标能否实现,教学任务能否完成,主要取决于我们对学习者情况的掌握程度。只有以学习者原来具有的认知结构为基础,通过精心设计的教学活动,指导学习者重建自己的认知结构,才能使教学获得成功。因此,使教学设计具有较强的针对性和实用性,就必须重视对学习者的分析。

(1) 化学学习者一般特征。

我国学生一般从九年级(15 岁左右)才开始学习化学。这一年龄段学生学习具有如下一般特征。

初中生:①好奇心盛,求知欲强;②模仿性强,可塑性强;③自尊心强,自控力差。

高中生:①情绪易激动,情感丰富;②思维品质渐佳,自我意识增强。

例如,在"金属的化学性质"教学设计中设计者分析认为"九年级的学生好奇心盛,求知欲强,已初步具备了一定的观察问题、分析问题和解决问题的能力,对事物的认识正处于从感性到理性的转变时期,因此,实验是激发他们学习兴趣的好方法。"

(2) 学习者起点能力的分析。

教学前必须明确教学目标,了解学习者原来具有的学习准备状态教学目标。教学目标是目的地,学习者的起点能力是教学的出发点。所谓起点能力,是指学生在学习新内容之

---

① 黄梅. 中学化学教学设计 [M]. 北京:化学工业出版社,2013:21.

前原有的知识、技能和态度的准备水平。过高的起点脱离学习者的实际水平，过低的起点使学习者做无效的劳动，浪费时间和精力。因此，比较准确地确定学习者的起点能力对高效的教学设计至关重要。

在从起点能力到终点能力之间，学生还有许多知识技能尚未掌握，掌握这些知识技能又是达到终点目标的前提条件。从起点能力到终点能力之间的这些知识技能被称为使能目标。从起点到终点之间所需要学习的知识技能越多，则使能目标也越多。例如"物质的量浓度"的教学，从起点到终点之间的使能目标如图 3-6 所示。

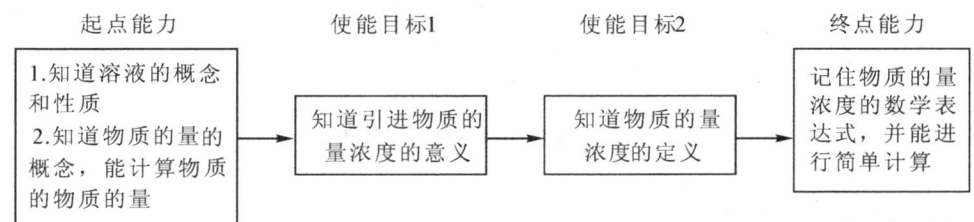

图 3-6　"物质的量浓度"从起点到终点之间的使能目标①

一旦分析清楚了起点能力、使能目标和终点能力的先后顺序，教学步骤的确定就有了科学的依据。学生的起点能力、使能目标和终点能力之间所存在的关系，也直接影响教学步骤和教学方法的选择。

## 二、化学教学过程的设计

### （一）教学目标的设计

教学目标是指教学活动预期所要达到的最终结果，是人们对教学活动结果的一种主观上的愿望，是对完成教学活动后，学习者应达到的行为状态的详细具体的描述，它表达了学习者通过学习后的一种学习结果。

**1. 三维教学目标**

2001 年 7 月教育部颁布的《基础教育课程改革纲要》提出基于科学素养的课程目标，包括：知识与技能、过程与方法、情感态度与价值观三个方面。

（1）知识与技能：化学学科的基本知识和基本技能。

（2）过程与方法：了解科学探究的过程和方法，学会发现问题、思考问题、解决问题的方法，学会学习，形成创新精神和实践能力等。

（3）情感态度与价值观：形成积极的健康向上的人生态度，具有科学精神和正确的世界观、人生观、价值观，成为有责任感和使命感的社会公民等。

三维教学目标是多元的、多维度的、核心的。其特点具有整体性、层次性、阶段性和

---

① 江家发. 化学教学论 [M]. 合肥：安徽人民出版社，2007：186.

时代性，体现在不同教学目标维度应该是基于科学素养的互相融合的有机统一体，而不是简单的包容与被包容关系。如图3-7所示。

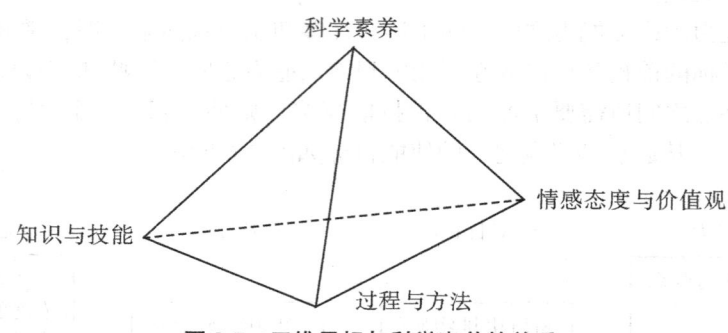

图3-7 三维目标与科学素养的关系

**2. 化学课程三维目标与学习行为动词**

（1）义务教育阶段的化学课程目标。

义务教育阶段的化学课程以提高学生的科学素养为主旨，激发学生学习化学的兴趣，帮助学生了解科学探究的基本过程和方法，培养学生的科学探究能力，使学生获得进一步学习和发展所需要的化学基础知识和基本技能；引导学生认识化学在促进社会发展和提高人类生活质量方面的重要作用，通过化学学习培养学生的合作精神和社会责任感，提高未来公民适应现代社会生活的能力。

通过义务教育阶段化学课程的学习，学生主要在以下三个方面得到发展：

①知识与技能。

a. 认识身边一些常见物质的组成、性质及其在社会生产和生活中的应用，能用简单的化学语言予以描述。

b. 形成一些最基本的化学概念，初步认识物质的微观构成，了解化学变化的基本特征，初步认识物质的性质与用途之间的关系。

c. 了解化学与社会和技术的相互联系，并能以此分析有关的简单问题。

d. 初步形成基本的化学实验技能，能设计和完成一些简单的化学实验。

②过程与方法。

a. 认识科学探究的意义和基本过程，能提出问题，进行初步的探究活动。

b. 初步学会运用观察、实验等方法获取信息，能用文字、图表和化学语言表述有关的信息，初步学会运用比较、分类、归纳、概括等方法对获取的信息进行加工。

c. 能用变化与联系的观点分析化学现象，解决一些简单的化学问题。

d. 能主动与他人进行交流和讨论，清楚地表达自己的观点，逐步形成良好的学习习惯和学习方法。

③情感态度与价值观。

a. 保持和增强对生活和自然界中化学现象的好奇心和探究欲，发展学习化学的兴趣。

b. 初步建立科学的物质观，增进对"世界是物质的""物质是变化的"等辩证唯物主义观点的认识，逐步树立崇尚科学、反对迷信的观念。

c. 感受并赞赏化学对改善个人生活和促进社会发展的积极作用，关注与化学有关的社会问题，初步形成主动参与社会决策的意识。

d. 逐步树立珍惜资源、爱护环境，合理使用化学物质的观念。

e. 发展善于合作、勤于思考、严谨求实、勇于创新和实践的科学精神。

f. 增强热爱祖国的情感，树立为民族振兴、为社会进步学习化学的志向。

义务教育化学课程标准描述教学目标行为动词见表3-3。

表3-3　　　　　　　　义务教育化学课程标准描述教学目标行为动词

| | | |
|---|---|---|
| 认知性学习目标 | 知道、记住、说出、列举、找到 | 低↓高 |
| | 认识、了解、看懂、识别、能表示 | |
| | 理解、解释、说明、区分、判断 | |
| 技能性学习目标 | 初步学习（如分离混合物、制取气体） | 低↓高 |
| | 初步学会（如取用药品、加热、选择仪器、连接仪器、配制溶液、检验物质、使用化学用语、观察记录、简单计算） | |
| 体验性学习目标 | 体验、感受 | 低↓高 |
| | 意识、体会、认识、关注、遵守 | |
| | 初步形成、树立、保持、发展、增强 | |

（2）普通高中化学课程目标。

高中化学课程在九年义务教育的基础上，以进一步提高学生的科学素养为宗旨，激发学生学习化学的兴趣，尊重和促进学生的个性发展；帮助学生获得未来发展所必需化学知识、技能和方法，提高学生的科学探究能力；在实践中增强学生的社会责任感，培养学生热爱祖国、热爱生活、热爱集体的情操；引导学生认识化学对促进社会进步和提高人类生活质量等方面的重要影响，理解科学、技术与社会的相互作用，形成科学的价值观和实事求是的科学态度；培养学生的合作精神，激发学生的创新潜能，提高学生的实践能力。

高中化学设置多样化的课程模块，使学生在以下三个方面得到和谐统一的发展。

①知识与技能。

a. 了解化学科学发展的主要线索，理解基本的化学概念和原理，认识化学现象的本质，理解化学变化的基本规律，形成有关化学科学的基本观念。

b. 获得有关化学实验的基础知识和基本技能，学习实验研究的方法，能设计并完成一些化学实验。

c. 重视化学与其他学科之间的联系，能综合运用有关的知识、技能与方法分析和解决一些化学问题。

②过程与方法。

a. 经历对化学物质及其变化进行探究的过程，进一步理解科学探究的意义，学习科学探究的基本方法,提高科学探究能力。

b. 具有较强的问题意识,能够发现和提出有探究价值的化学问题,敢于质疑,勤于思索,逐步形成独立思考的能力,善于与人合作,具有团队精神。

c. 在化学学习中,学会运用观察、实验、查阅资料等多种手段获取信息,并运用比较、分类、归纳、概括等方法对信息进行加工。

d. 能对自己的化学学习过程进行计划、反思、评价和调控,提高自主学习化学的能力。

③情感态度与价值观。

a. 发展学习化学的兴趣,乐于探究物质变化的奥秘,体验科学探究的艰辛和喜悦,感受化学世界的奇妙与和谐。

b. 有参与化学科技活动的热情,有将化学知识应用于生产、生活实践的意识,能够对与化学有关的社会和生活问题作出合理的判断。

c. 赞赏化学科学对个人生活和社会发展的贡献,关注与化学有关的社会热点问题并逐步形成可持续发展的思想。

d. 树立辩证唯物主义世界观,养成务实求真、勇于创新、积极实践的科学态度,崇尚科学,反对迷信。

e. 热爱家乡,热爱祖国,树立为中华民族复兴,为人类文明和社会进步而努力学习化学的责任感和使命感。

普通高中化学课程标准描述教学目标行为动词见表3-4。

表3-4　　　　　普通高中化学课程标准描述教学目标行为动词

| | | |
|---|---|---|
| 认知性学习目标 | 知道、说出、识别、描述、举例、列举 | 低→高 |
| | 了解、认识、能表示、辨别、区分、比较 | |
| | 理解、解释、说明、判断、预期、分类、归纳、概述 | |
| | 应用、设计、评价、优选、使用、解决、检验、证明 | |
| 技能性学习目标 | 初步学习、模仿 | 低→高 |
| | 初步学会、独立操作、完成、测量 | |
| | 学会、掌握、迁移、灵活运用 | |
| 体验性学习目标 | 感受、经历、尝试、体验、参与、交流、讨论、合作、参观 | 低→高 |
| | 认同、体会、认识、关注、遵守、赞赏、重视、珍惜 | |
| | 形成、养成、具有、树立、建立、保持、发展、增强 | |

### 3. 教学目标的编写模式

一般认为,一个完整、具体、明确的教学目标应包括以下四个部分:一是教学对象(Audience)。即在教学中,是针对哪一类学生。二是学生的行为(Behavior)。说明学生在学习后,应获得怎样的知识和能力,态度会有什么变化;应用可观测到的术语来说明学生的行为，以减少教学的不确定性。三是确定行为的条件（Condition）。条件是指能影响学生学习结果所规定的限制或范围。四是程度（Degree）。程度是学生达到教学目标的最低衡量依据，是阐述学习成就的最低水准，可从行为的速度（时间）、准确性和质量三个方面来确定。从以上四个方面来表述教学目标的方法特称之为"ABCD"法①。ABCD目标叙写要求及例子见表3-5。

表 3-5　　　　　　　　　ABCD 目标叙写要求及例子②

| 要素 | 要求 | 例子 |
| --- | --- | --- |
| 学习行为主体（A） | 行为主体应该是学习者（学生），一般叙写时省略，默认主体为学习者 | "学生应该""初步学会观察……"，而不是"培养学生……""提高学生……" |
| 学习行为动词（B） | 尽可能选取那些意义确定、易于观察的行为动词，以描述可测量、可观察的具体行为 | "记住""解释""比较""辨别" |
| 学习情境（C） | 提供学生产生预期学习结果的学习情境或者学习条件 | "根据周期表格……""给出一个催化剂的例子……" |
| 学习程度标准（D） | 学习者对目标所达到的最低表现水准，用以测量预期学习结果 | 可以定性也可以定量，如"达到90%的正确""1min完成" |

**4. 教学目标的写作技巧**

（1）认知性目标、技能性目标（知识与技能、过程与方法目标）应陈述明确、具体。基本句式为：（行为条件）+（行为主体）+行为动词（行为程度）+行为结果。不要使用"掌握""了解"等抽象模糊的非行为动词，应使用行为动词表述学生的具体行为。

【案例1】通过探究钠与水反应的实验，初步形成观察能力、分析能力和口头表达能力。

【案例2】能独立进行过滤、蒸发和萃取操作，能够用规范的语言描述过滤操作的方法和步骤。

（2）目标陈述的主体必须是学生或学习结果，不能是教师或讲授内容。

【案例3】判断。

a. 通过二氧化硫的教学，激发学生消除污染、保护环境的意识。（×）

b. 通过对二氧化硫性质的学习，激发消除污染、保护环境的意识。（√）

---

① 徐英俊. 教学设计 [M]. 北京：教育科学出版社，2001.
② 黄梅. 中学化学教学设计 [M]. 北京：化学工业出版社，2013：39.

【案例4】判断。
a. 使学生初步掌握实验室制取氧气的方法和反应原理。（×）
b. 能用化学方程式表示制取氧气的原理，初步学习实验室制取氧气的方法，能解释检验氧气的原理和方法。（√）

（3）体验性目标（过程与方法目标、情感、态度、价值观目标）表述不应有具体结果。教学目标的陈述一般只明确规定学生应参加的活动或体验的内容，而不是具体规定学生应从活动中获得什么结果。

【案例5】判断。
a. 通过观看"侯德榜制纯碱"的视频，形成强烈的爱国热情。（×）
b. 通过观看"侯德榜制纯碱"的视频，感受科学家执著追求真理的科学精神和真挚的爱国情怀。（√）

【案例6】判断。
a. 通过对氯的性质实验的改进，养成节约和环保的习惯。（×）
b. 通过对氯的性质实验的改进，逐渐树立节约和环保的意识。（√）

## （二）教学重难点的确定

作出基于教学设计背景分析基础上的教学目标设计的同时，我们要进一步明确教学的重点与难点。

**1. 教学重点**

重点即教材中最重要、最基本的中心内容，是知识网络中的联结点，是教师设计教学结构的主要线索，是指有共性、有重要价值（包括认知价值、迁移价值和情意价值）的内容。从化学学科来看，教学重点知识主要包含了核心知识（基本概念、基本理论、重要的元素化合物知识）、核心技能（化学实验技能、化学用语书写技能和化学计算技能）和核心的思想观点（微粒观、运动观、分类观）等。这些内容的学习不仅有利于知识本身的系统化，还有利于学生能力水平的提升。

**2. 教学难点**

难点，就是学生难以理解和掌握的内容。主要种类有：知识抽象、内容复杂、晦涩难懂、基础薄弱、容易混淆等。学习难点形成的原因，一般来说，主要有以下几个方面：①学生没有知识基础或者知识基础很薄弱。②学生学习和生活经验中很少注意或未接触过的问题，难以纳入原有的知识结构或学生原有的经验是错误的。③知识内容本身相近或相似，学生容易混淆或误解；或与学生已有的知识很相似，内容学习需要转换思维视角（如从宏观到微观）。④内容抽象、过程复杂、综合性强。具有上述一个或多个特点的内容，都可能成为教学的难点。

全课的大部分教学环节，都应该围绕教学的重点和难点来设计。在进行教学设计时，教学的难点，既可以和教学的重点相同，也可以不同。教学的重点和难点之间，有时是包含的关系，有时是并列的关系。这就要依据教学的内容来确定。但是教学的重点和难点都应该包含在教学目标内。例如，"物质的变化和性质"教学设计知识与技能目标为：①初步理解物理变化和化学变化的概念（区别），能分辨出物理性质、化学性质。②能用物理变化和化学变化的思想分辨出生活中常见的变化。其教学重点为物理变化、化学变化的区分；物理性质、化学性质的区分。教学难点为如何判断一个变化是物理变化还是化学变化。

可见，该课教学重点和教学难点均包含在教学目标内，并且教学难点包含在教学重点内，是教学重点要求的进一步提高。

因此，在分析教材内容时，要在统观全局的基础上，根据课标的最低要求确定教学重点，要依据教学内容的重点和特点及教学对象的基础知识和基本技能来确定教学难点。只有准确分析和把握教材内容的重点、难点，感悟和领会教材内容背后所蕴含的思想、观点，紧紧围绕重点内容和科学方法进行情景创设和活动设计，并运用各种教学媒体和手段，才能在教学中重视过程和方法、突出教学重点、突破教学难点，提高教学成效。[①]

### （三）教学策略的设计

教学策略是实现特定的教学目标而采取的方式。教学策略的设计是教学设计的重要环节，是有效地解决"如何教""如何学"的问题。只有采取了相应的教学策略，才能按照低耗高效的原则完成预期的教学目标。教学策略包括对教学过程、内容的安排，教学方式、学习方式、教学步骤、组织形式的选择等，是解决如何实现教学目标的问题。课程标准明确把"倡导以科学探究为主的多样化学习方式"作为化学课程改革的重点之一，无疑应成为教学策略设计的重点。

**1. 以"教"为主教学策略的设计**

"先行组织者"策略——奥苏贝尔认为，能促进有意义学习的发生和保持的最有效策略是利用适当的引导性材料对当前所学新内容加以定向与引导。这类引导性材料与当前所学新内容（新概念、新命题、新知识）之间在包容性、概括性和抽象性等方面应符合认知同化理论要求，便于建立新、旧知识之间的联系，从而能对新学习内容起固定、吸收作用。这种引导性材料就称为"组织者"。由于这种组织者通常是在介绍当前学习内容之前，用语言文字表述或用适当媒体呈现出来，目的是通过它们的先行表述或呈现帮助学习者确立有意义学习的目标，所以又被称为"先行组织者"。有意义学习的三种类型如表3-6所示。

表3-6　　　　　　　　　有意义学习的三种类型[②]

| 类型 | 概念 | 关系 | 实例 |
|---|---|---|---|
| 上位学习 | 组织者在包容性和抽象概括程度上均高于当前所学的新内容，即组织者为上位观念，新学习内容为下位观念 | 新知识<br>旧知识（下位组织者） | 如元素的"逐级归纳"策略：<br>元素周期律 ← 初中O、H、C、Fe元素化合物知识、碱金属元素、卤族元素 |

---

[①②] 姜建文. 化学教学设计与案例研讨 [M]. 北京：化学工业出版社，2012：84，135.

续表

| 类型 | 概念 | 关系 | 实例 |
|---|---|---|---|
| 下位学习 | 组织者在包容性和抽象概括程度上均低于当前所学新内容，即组织者为下位观念，新学习内容为上位观念 | 旧知识（上位组织者） | 如取代反应的"渐进分化"策略：<br>取代反应 → 烷烃与$Cl_2$光照取代；苯的卤化、磺化、硝化；卤代烃水解和醇的分子间脱水；酯化反应 |
| | | 新知识 | |
| 并列结合学习 | 组织者在包容性和抽象概括程度上既不高于，也不低于新学习内容，但两者之间具有某种或某些相关的甚至是共同的属性 | 旧知识（并列组织者） | 如元素的"整合协调"策略：<br>氧族元素 ↔ 氮族元素 |
| | | 新知识 | |

"先行组织者"策略在化学教学设计中的应用，例如初中化学中对酸和碱的认识不是从组成开始，而是从醋、石灰水等生活中常见的物质（生活体验）入手，先使学生从经验上认识酸和碱，然后再一步步地深入，这样有利于学生产生兴趣，也有利于应用和掌握知识；又如初中对于燃烧条件的学习是通过磷在水中的燃烧实验得出的——可燃物质温度达到着火点和需要与氧气充分接触。而高中化学对于燃烧概念及条件的学习，需要修正或改变学生在初中时学到的知识，因此教师若只凭讲解，效果是不佳的，此时可通过一系列实验来帮助学生从整体上把握燃烧的概念，即设计实验先行组织者，如：氢气在氯气中的燃烧，铜在氯气中的燃烧，镁条在二氧化碳中的燃烧等，通过引导，让学生对已有化学学科认知定势无法包容的新因素进行分析，逐步实现新旧知识的同化顺应，建构新的认知结构，很自然地引导学生分析得出更广泛的燃烧的概念，同时培养了学生的求异性思维。[①]

**2. 以"学"为主教学策略的设计**

在建构主义的教学模式下，目前已开发出的、比较成熟的教学策略主要有以下几种。

（1）支架式教学策略（Scaffolding Instruction）。

支架式教学的定义为："支架式教学应当为学习者建构对知识的理解提供一种概念框架（Conceptual Framework）。这种框架中的概念是为发展学习者对问题的进一步理解所需

---

① 吴良根. 化学教学中"先行组织者"呈现方式及其应用 [J]. 教育实践与研究，2010（9）：54-56.

要的,为此,事先要把复杂的学习任务加以分解,以便于把学习者的理解逐步引向深入。"这种教学思想来源于前苏联著名心理学家维果斯基的"最邻近发展区"理论。维果斯基认为,在儿童智力活动中,对于所要解决的问题和原有能力之间可能存在差异,通过教学,儿童在教师帮助下可以消除这种差异,这个差异就是"最邻近发展区"。建构主义者正是从维果斯基的思想出发将"概念框架"的形象化比喻成学习过程中的脚手架。支架式教学模型如图3-8所示。

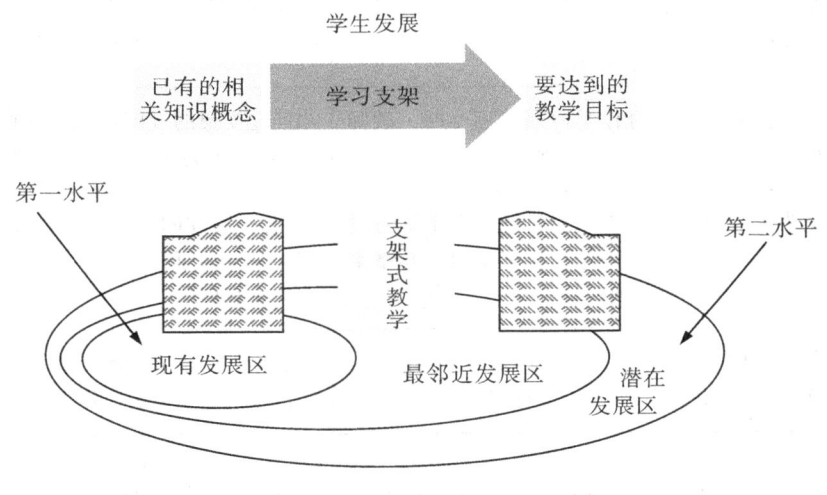

图3-8 支架式教学模型①

支架式教学法主要由搭脚手架、进入情境、探索认知和效果评价四个部分组成,如图3-9所示。

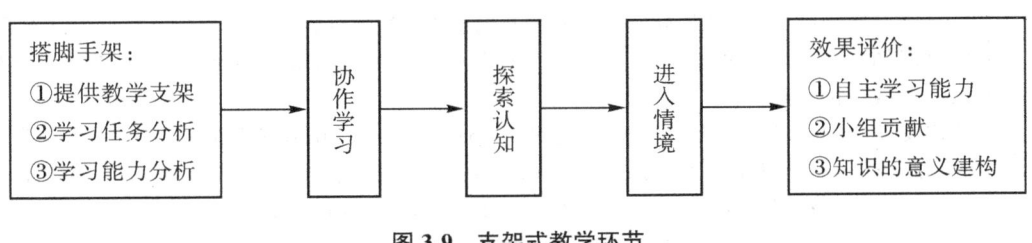

图3-9 支架式教学环节

化学学科的支架式教学的类型包括以下几种,如表3-7所示。

---

① 张炳林,宁攀. 支架式教学法及其在高中化学教学中的运用研究[J]. 软件导刊,2007(2):12-14.

表 3-7　　　　　　　　　　　　化学教学支架的类型

| 类型 | 概念 | 举例 |
|---|---|---|
| 范例支架 | 范例即举例子，它是符合学习目标的学习成果（或阶段性学习成果），往往包含了特定主题的学习中最重要的探究步骤或最典型的成果形式 | 老师操作化学实验，可以边操作边用语言指示说明，对重要的方面和步骤进行强调 |
| 问题支架 | 问题是指在一定情景中人们为了满足某种需要或完成某一目标所面临的未知状态，它是学习过程中最常见的支架 | 老师提出一定问题，创设情境的同时作为整堂课的线索，如初学氧化还原反应时，提问氧化铁与一氧化碳反应属于哪类反应 |
| 建议支架 | 当学生在独立探究或合作学习遇到困难时，教师提出恰当的建议，以便于学习顺利进行 | 当问题支架的设问语句改成陈述语句时，"问题"支架就成为了"建议"支架 |
| 工具支架 | 在以学为主的教学活动中，为了保证学生学习过程的顺利实施，会话、协作、展示平台、共享平台等都可以算是工具支架 | 如概念图、PPT等。高中化学中的一些微观粒子，如原子、分子、离子可以借助多媒体工具展示 |
| 图表支架 | 图表包括各种表格和图式，可以直接表达事物之间的联系，用可视化的方法对信息进行描述 | 如表格、流程图、概念图、韦恩图、时间线以及统计学里的比较矩阵 |

根据以上分析，以九年级化学第五单元化学方程式的课题 2 "如何正确书写方程式"为例，将支架式教学模式应用到化学课堂教学中，见表 3-8。

表 3-8　　　　　　　"如何正确书写方程式"支架式教学设计

| 环节 | 支架搭建 | 主要过程 |
|---|---|---|
| 第一环节 | 复习旧知识，寻找搭建支架的教学情境 | 教师要确定书写化学方程式必备的知识：质量守恒定律，化学反应过程的本质，什么是化学方程式。这是学生学习新知识必备的知识，也是教师为学生搭建支架的基础。<br>通过以上知识的复习，创建问题情景：如果空气中氧气不充分，会产生另一种物质—一氧化碳，那么这个方程式该如何写呢（因为上一节化学方程式概念的引出是通过碳和氧气生成二氧化碳形成的，而这个方程式不需要配平）？这时，学生会产生一个矛盾：各粒子或原子的数量不等。 |
| 第二环节 | 问题引导，进入情景，搭建支架 | 明确这个反应是确实存在的，得出书写方程式的第一个原则：书写化学方程式必须遵循客观事实，不能凭空想象不存在的物质或化学反应。那么这个方程式又应该如何书写呢？这时教师提供第一个支架：质量守恒定律，让学生计算 $C+O_2 \longrightarrow CO$ 这个反应的反应物和生成物质量和各原子数量是不是守恒。 |

| 环节 | 支架搭建 | 主要过程 |
|---|---|---|
| 第三环节 | 给出帮助，学生在支架的帮助下独立探索 | 如果要这个式子两边守恒，两边的原子个数首先要相等，但是在这个式子里，只有碳原子是相等的，氧原子不相等。<br>教师提供第二个支架：化学反应过程的本质是参加反应的各物质（反应物）的原子，重新组合而生成其他物质（生成物）的过程。<br>那么，分析 $C+O_2 \longrightarrow CO$ 反应的过程本质：<br>$C+O+O \longrightarrow CO$（把分子拆成原子的形式，理解反应过程的本质）<br>这样的话，每一个氧分子反应就需要 2 个碳原子，所以在 C 的前面加一个系数 2，上式变成：<br>$2C+O_2 \longrightarrow CO$<br>就能生成 2 个 CO 分子，在 CO 的前面再加一个系数 2，上式变成：<br>$2C+O_2 \rightarrow 2CO$<br>然后提示这个过程叫作配平。 |
| 第四环节 | 分析讨论、协作学习，渐撤支架形成动态支架 | 让学生自己试着写出一些学过的反应，至少写出 3 个化学反应，看哪些反应需要配平才能遵守质量守恒定律。组织学生分小组讨论，把写出的方程式放在一起，看哪些需要配平，如何配平，总结书写化学方程式的过程。<br>这时给出书写化学方程式的第二个原则：要遵循质量守恒定律，反应物和生成物各原子的种类和数目必须相等。这个过程通过配平来实现。 |
| 第五环节 | 习题练习、效果评价，撤掉支架形成知识体系 | 让学生写出氢气和氧气反应的化学方程式，并针对化学方程式说明书写方程式的原则和方程式所代表的含义，由此得出书写方程式的其他原则，如催化剂、加热、点燃、气体符号或沉淀符号等的标注。 |

以上教学设计为学生提供了两个支架：一是质量守恒定律，二是化学反应过程的本质。这是学生学习如何书写化学方程式和理解化学方程式的含义必备的知识结构，教师的作用是为学生搭建支架，而且要考虑支架的结构性和过程性。学生通过以上的学习，不但掌握如何书写化学方程式，也能理解化学方程式的含义。学生的学习不是简单的记忆方程式本身或书写方程式的步骤，而是将该知识纳入自己的知识结构，新学的知识与以前的知识形成完整的知识框架。[1]

（2）抛锚式教学策略（Anchored Instruction）。

这种教学要求建立在有感染力事件或真实问题的基础上。确定这类真实事件或问题被形象地比喻为"抛锚"。建构主义认为，学习者要想完成对所学知识的意义建构，即达到对该知识所反映事物的性质、规律以及该事物与其他事物之间联系的理解，最好的办法是让学习者到现实世界的真实环境中去感受、去体验（即获取直接经验来学习），而不是仅

---

[1] 陈必云. 支架式化学教学设计及案例分析 [J]. 科技信息，2009（24）：243，245.

仅聆听别人（例如教师）关于这种经验的介绍。因为抛锚式教学要以真实事例或问题为基础（作为"锚"），所以有"实例式教学"或"基于问题的教学"。

抛锚式教学的组成环节如图 3-10 所示。

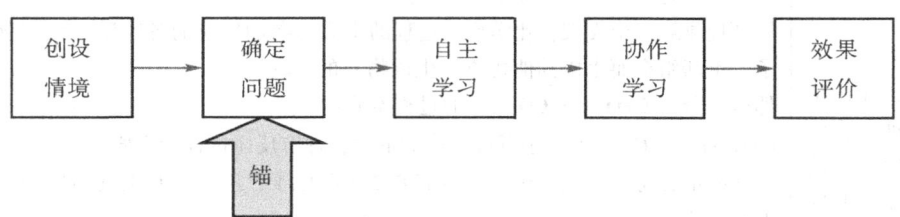

图 3-10　抛锚式教学环节

化学教学中的"锚"类主要包括表 3-9 所列类型。

表 3-9　　　　　　　　　　化学教学中的"锚"类

| 类型 | 概念 | 举例 |
| --- | --- | --- |
| 认知冲突式的"锚" | 认知冲突是指在智能发展过程中原有概念（或认知结构）与现实情境不符实，在心理上产生的冲突现象。认知冲突的结果导致个人原有概念的改变 | 在"探究氢氧化铝的两性"教学中，根据已有认知，学生认为氢氧化铝这种碱不能和碱发生反应，但实验发现白色的氢氧化铝沉淀与氢氧化钠反应最终消失，形成认知冲突，引发学习动机 |
| 陷阱式的"锚" | 陷阱式的"锚"指教师利用学生知识结构中的含糊点、易错点或盲点制造出相应的知识陷阱，引诱学生落入其中，再将学生从中"救起"或引导学生进行"自救" | 在对"阿伏伽德罗常数"这个概念的理解和掌握上，特意以判断题的形式设置了多个"陷阱"，如"常温常压下，11.2 L 氧气所含的原子数为 $N_A$"，通过订正错误答案帮助学生认识此概念 |
| 开放式教学的"锚" | 开放式教学理念倡导师生共同营造开放的教学和学习环境，即教学内容不局限于教科书，教学和学习的空间不局限于教室和实验室，教学方法不局限于粉笔和黑板，极力营造开放式教学和学习的环境 | 在复习"NaOH 的化学性质"后，教师要求学生利用所学知识设计一个实验，能通过观察到的明显现象，说明 NaOH 溶液与 $CO_2$ 发生了反应。学生的灵感涌若喷泉，很快设计出 10 多个方案 |
| 问题解决式的"锚" | 问题解决就是在一个或多个真实事例或问题的基础上，将学生引导到学习目标上来的一种探究式教学 | 在"二氧化硫"的教学中，播放经受酸雨侵害的农田，石雕文物面目全非，金属器械遭受腐蚀，二氧化硫可以使红糖脱色，使草帽呈现美丽的颜色，让学生思考为什么，通过阅读课文寻找问题的答案 |

**3. "主导—主体"教学策略的设计**

（1）自主学习的教学策略设计。

自主学习是指学习者根据学习能力和任务，自主地选择学习策略和努力程度，在自我探索、自我监控和自我强化的过程中实现学习的一种方式。自主学习是新课程提倡的三种基本学习方式之一，它不仅是探究学习和合作学习的基础，另外对于发挥学生的主体作用，培养学生的主体意识，形成具有独特个性和全面发展的人，具有不可替代的作用。

自主学习的教学策略主要包括：

①创设教学氛围。民主、融洽、和谐的教学氛围是学生自主学习能力发展的前提，这种氛围的基础是民主平等的师生关系。这就要求教师尊重学生的主体地位，让学生生动、活泼、自主地发展。

②创设情境。创设有利于学生自主学习的情景，如选取一些富有趣味性、挑战性的化学素材，采取阅读、讨论、网络搜索、调查、访问等学习形式。

③培养学生自主学习能力。教学中要注意培养学生自主参与的主体意识和自我监控能力，加强对学生自主学习活动的引导和帮助，让学生在自主学习活动中不断获得成功的体验，以此增强学生自主学习的动力和信心。

（2）合作学习的教学策略设计。

合作学习通常是由教师分配学习任务和控制教学进程；是让异质的学生在小组活动中，根据一定的学习目标，通过共同学习讨论研究，使每个学生都达到一定目标的学习活动；是学生在小组或团队中为了完成共同任务，有明确的责任分工的互助性的学习活动。合作学习是以现代心理学和教育学等为基础，以师生、生生合作为基本动力，以小组活动为基本方式，以标准参照评价为基本手段，以学生发展为根本目标的学习方式。

合作学习的教学策略主要包括：

①学习小组是合作学习活动的基本单位。传统的班级授课制是以班级群体为活动的基本单位。合作学习是以学习小组为教学活动的基本单位，提高了单位教学时间内学生参与教学活动率。建立学习小组的关键是"组间同质，组内异质"，即班级的若干学习小组在整体学习能力上相当，而学习小组内成员间在学习能力、知识水平等方面存在一定的层次结构。组内异质使小组成员之间具有学习上的互补性。

②小组合作目标是组内成员合作的动力和方向。小组合作目标是凝聚组内成员的巨大力量，是推动小组成员积极活动的动力，也为小组成员的活动指明了方向。严格地说，没有共同目标作为合作基础的学习小组只能被称为有若干个体组成的群体。因此，共同努力目标可以说是学习小组成其为学习小组的关键因素。它具有凝聚、定向、规范的功能。

③组内成员之间的分工协作是合作学习的基本活动形式。小组内成员在学习能力、知识水平上的差异使成员之间的分工协作成为必要。适当的分工既有利于培养学生对小组共同目标的责任感，也有利于学生通过努力实现自己所承担目标进而体验成功的快乐。协作有利于培养学生现代社会所必须具有的团队精神。

④小组活动的整体效果是合作学习活动的主要教学评价指标。对学习小组学习效果的评价主要是对小组全体成员通过努力实现小组共同目标的评价，而不是对小组内每个组员实现各自所承担的目标的完成情况的评价。这种以小组活动的整体效果为主要指标的教学

评价,不仅是将共同目标作为建立学习小组的基础这一事实的符合逻辑的推导,也是增强学习小组凝聚力,通过合作学习培养学生合作竞争意识以及团队精神的需要。

(3) 探究学习的教学设计策略。

探究学习是从学科领域或现实生活中选择和确定研究主题,在教学中创设一种类似于学术研究的情境,通过学生独立、自主地发现问题、实验、操作、调查、信息搜集与处理、表达与交流等探究活动,获得知识与技能,发展情感态度(特别是探索精神和创新能力)的学习方式和学习过程。

探究学习的教学策略主要包括:

①创设问题的情境要与学生的生活实际相联系,从学生熟悉的、感兴趣的现象、事实(包括实验)或经验出发。

②要尽量发散学生的思维,使他们能提出尽可能多的假设。对于学生已有的认识的正误,不立即给予评价反馈,只是作为一种观点。

③教师要为学生的探究活动提供尽可能多的帮助,例如实验仪器和实验药品,围绕问题情景的相关素材或资料,适时的点拨诱导等。

④学生探究活动结束后,教师要给学生机会进行讨论、归纳总结,然后再进行小组间的汇报交流,最后得出一致性的结论。

在实验教学中,自主、合作、探究的教学策略使用得最多,并且通常结合使用。以"探究金属的活动性顺序"一课设计为例,自主-合作-探究式教学模式在教学中具体的实施步骤为创设情境→提出问题→组织活动探究→得出结论→评价反馈,"探究金属的活动性顺序"教学设计如表3-10所示。

表3-10　　　　自主-合作-探究式教学模式在教学设计中的应用①

| 序号 | 环节 | 具体步骤 |
| --- | --- | --- |
| 1 | 创设情境,提出问题,确定探究方向 | 通过PPT指出:我国出土的三件文物金铜铁器图片中哪种制品保存更好?哪件最差?(金器最好,铁器最差)这主要是什么原因造成的? |
| 2 | 利用自主学习为探究做好铺垫 | 结合自主学习使学生初步认识金属活动性的差异性,并引出探究金属活动性的实验方法有哪些? |
| 3 | 组织活动探究 | 探究一:由学生来完成实验一(不同活动性金属分别与稀盐酸和稀硫酸的反应)和实验二(不同活动性金属与金属化合物溶液的反应),观察该学生的操作是否规范及有关实验现象;结合实验归纳出判断金属活动性的方法。<br>探究二:设计实验方案验证镁、锌、铜的金属活动性。①学生首先独立思考,根据提示设计出自己的实验方案,然后分组讨论、交流确定出最佳方案。②根据确定好的实验方案分工合作完成实验。 |

① 郝春梅. 浅谈"自主 - 合作 - 探究式"实验教学模式 [J]. 中国科教创新导刊,2013 (36):178.

续表

| 序号 | 环节 | 具体步骤 |
|---|---|---|
| 4 | 高效展示 | ①各小组代表上台利用投影仪描述实验方案、现象及结论，比较镁、铜、锌三种金属活动性顺序。组间倾听、反驳、争论，指正所写化学方程式的错误。<br>②在小组展示的基础上，再展示学生个人的方案，各抒己见，发扬个性，培养学生思维能力。 |
| 5 | 评价反馈 | ①在教师的引导下，评价实验方案，找出最佳方案。<br>②在整个教学过程中由教师、学生及时评价每个学生的表现，并且多使用鼓励性语言。通过评价达到诱发化学思维、优化思维过程，增强思维监控能力，从而提高思维水平。 |
| 6 | 得出结论 | 师生共同归纳金属活动性顺序。 |
| 7 | 反思归纳 | 学生反思归纳、整合本节所学内容，使知识得到升华。 |

（四）教学方法的选择

教学方法，是在教学过程中，教师和学生为实现教学目的、完成教学任务而采取的教与学相互作用的活动方式的总称。它与教学策略既有区别又有联系。教学策略是对教学活动的操作程序、方法、技术、手段等方面的概括性的规定，包含一定的理论和谋略成分，在概括性和包容性等方面高于教学方法，而教学方法是教学策略在教学实践活动中的具体化。

**1. 常用的化学教学方法**

（1）讲授法。

讲授法是以化学教学内容的某种主题为中心，有组织、有系统地运用口头语言向学生传授知识，促进学生智力发展的方法。它的最大优点是能够在较短时间内，向学生传授大量的知识，其缺点是学生的自主性不能得到很好的发挥。

（2）讨论法。

讨论法是在教师指导下，由全班或小组成员围绕某一中心问题相互交流个人看法、相互学习的一种方法。运用讨论法教学时，教师要做到：讨论前布置讨论的课题，指导学生复习有关知识，查阅相关资料并写好发言提纲；讨论的课题要深浅适当，紧扣教材；讨论中要注意适时激发和引导学生大胆发表观点；讨论结束时要作出小结，提出需要进一步思考的问题。

（3）练习法。

练习法是学生根据教师的布置和指导，通过课堂及课后作业，将所学知识运用于实际，借以巩固知识，形成技能与技巧的方法。练习包括口头（回答）练习、书面（笔答、板演）练习和操作练习三种形式。运用练习法教学时教师要做到：提出任务，明确目的，说明方法；练习题要难易适度；练习时注意培养学生自我检查、自我分析、自我更正的能力；注意练习形式的多样化等。

（4）观察-演示法。

观察-演示法是教师在课堂上通过演示化学实验或展示与教学内容有关的实物、标本、模型、挂图，或者采用一些现代的教育教学技术而进行教学的一种方法。学生通过观察，获得感性认识，形成对化学知识的理解和掌握，这样有利于学生观察能力的培养。

（5）参观-调查法。

参观-调查法是指教师根据教学目的，组织学生去化工厂、矿山、科研机构、博物馆、野外观察、调查实际事物的化学现象和过程，以获取实际知识的教学方法。参观-调查法可以较好地使化学教学与化工生产以及生活实践结合起来。

如图 3-11 所示为化学教学方法分类图。

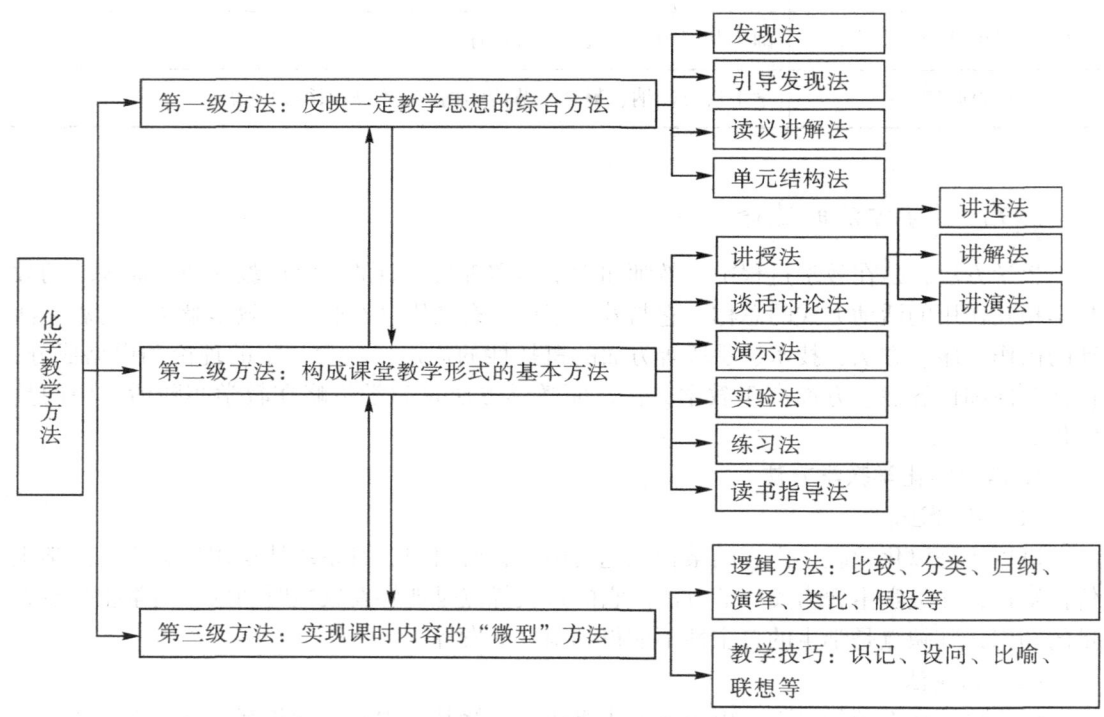

图 3-11　化学教学方法分类图①

**2. 化学教学方法的选择、组合和优化**

"方法的基本问题是选择。"化学教学中方法多种多样，科学地选择适合当前教学的教学方法十分重要。选择化学教学方法应遵循以下基本要求：

（1）要考虑到化学教学目的和教学目标。

---

① 江家发. 化学教学论 [M]. 合肥：安徽人民出版社，2007：97.

化学教学方法是实现教学目的的有力保障。对教学方法起直接作用的是具体的教学目的。教学目标包括知识与技能、过程与方法、情感态度与价值观三个方面。如要求达到识记、理解级别的目标，可采用阅读法、讲授法、练习法、演示法等；要求熟练掌握化学操作技能，则采用演示法、实验法、练习法等；而要达到分析、综合等高层次目标和培养学生的态度、情感和科学方法，在运用讲授法的同时，多用探究法和发现法。

（2）要考虑化学学科和化学教学内容的具体特征。

把握化学学科的基本特征，即化学学科与其他学科的不同之处，比如化学以实验为基础的特点，在选择教学方法时就可以将知识的学习与实验更多地结合起来。不同的化学教学内容选择最合适的方法。比如对理论性强的基本原理内容，采用讲授和启发的方式，并将类比、归纳、演绎等逻辑方法穿插其中；对一些有关元素化合物的事实性知识，可通过实验演示、实物模型展示等直观手段，并配以图表归纳、比较、联系等形式强化、记忆；对化学实验课的教学内容，则是讲授法、演示法、练习法、讨论法等方法的组合运用。化学计算的要求比较高，因此需要系统地讲解，加以逻辑方法、问题解决方法、练习法等。

（3）要考虑学生的实际情况。

教学方法的选择，要考虑学生的年龄特征、个性心理特征、认知特征和知识存储。要把学生的可接受性建立在现代心理学和教育学对青少年智力发展研究成果上。比如，对于初中的学生来说，化学知识积累较少，化学思维能力较差，化学实验操作技能缺乏，因此在化学教学中需要较多地采用演示实验帮助学生获得感性知识；进入高中以后，学生的化学知识、实验操作技能和思维能力的发展积累到一定程度，就可以更多地采用讨论法、演示法、实验法，以综合培养学生的各种能力。

（4）要把多种教学方法优化组合灵活运用。

一个完整的化学教学过程是由不同的教学内容，不同的教学目标，不同的教学对象和不同的教学条件构成的。这些因素的有机组合，决定了教学方法的多样性。将各种方法优化组合，互为补充，按照一定的顺序组合成具体的教学方式，才能发挥整体综合效应。

综上所述，教学原则指导教学策略，教学策略的制订必须遵循教学原则，教学策略的程序化就构成了教学模式。在教学模式中，基本教学策略指导课堂教学策略，课堂教学策略从基本上规定了所使用的教学方法，它们的关系如图3-12所示。

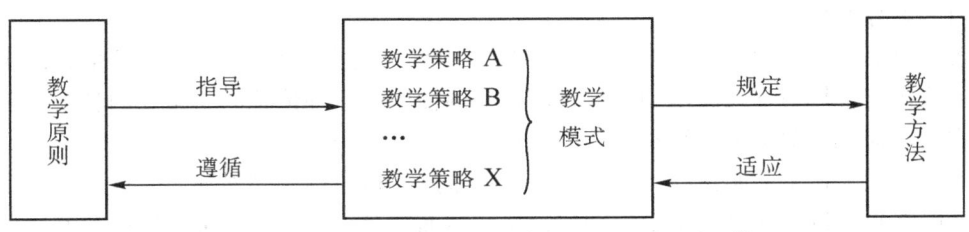

图3-12 化学教学原则、策略模式及方法关系图[①]

---

① 江家发. 化学教学论 [M]. 合肥：安徽人民出版社，2007：101.

## （五）教学媒体的设计

从某种意义上说，有了教学活动，就要有传递教学信息的教学手段和工具，即教学媒体选择。随着科技进步，教学媒体由书本、黑板、仪器、模型等传统形式逐渐发展为音像、计算机辅助等新兴形式（图3-13）。教学媒体有广义和狭义之分，广义的教学媒体指承载和传递教学内容的介质，包括教师、黑板、教科书、教具、模型等传统教学媒体和计算机、多媒体、网络等现代教学媒体；狭义的教学媒体是指可以承载和传递教学信息的现代电子媒介和技术。化学课堂中常用的教学媒体主要有：实验仪器、分子模型、图片（用于静态的图像和文本）、视听媒体（影像资料、Flash动画）及计算机多媒体等。

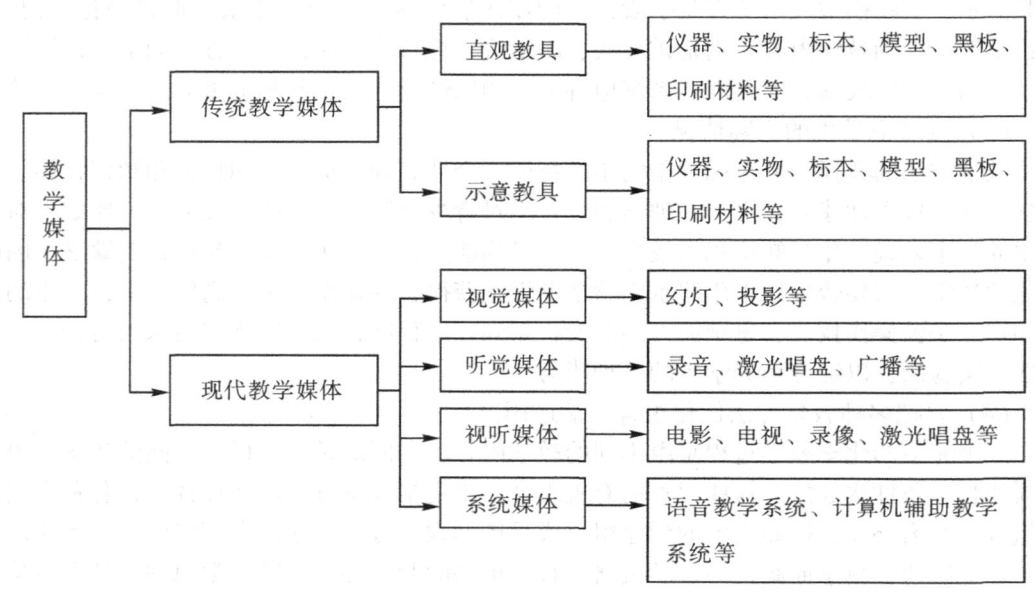

图3-13　教学媒体的分类

常用教学媒体包括教学板书和多媒体技术，其功能和特点如下所述。

（1）教学板书。

教学板书是指教师根据教学的需要在教学用具（主要是黑板）上以书面语言或符号进行传情达意、教书育人的活动。它是教师普遍使用的一种传统的、重要的教学手段和表现形式，是师生在课堂上最简易地利用视觉交流信息的渠道。

板书的原则在于简明扼要、眉目清楚、重难点一目了然，切勿随心所欲。精心设计的板书不但赏心悦目，而且便于学生理解记忆。然而需要大量多媒体资源辅助时使用单纯板书效果欠佳。一些常见的板书形式有提纲式、表格式、图示式。

①提纲式。按照教学内容和教师的讲解顺序，提纲挈领式地编排书写的形式。突出教学重难点，便于掌握学习内容的层次结构，培养分析概括能力。

【案例7】

"接触法制硫酸"板书

1. 三种原料：硫铁矿或硫、空气、98.3%的浓硫酸。
2. 三种净化：除尘、洗涤、干燥。
3. 三个反应：造气、氧化、吸收。

沸腾炉炉气成分：

$SO_2$、$O_2$、$N_2$、$H_2O$（g）、矿尘、砷、硒化合物 $\xrightarrow{除尘}$ $SO_2$、$O_2$、$N_2$、$H_2O$（g）、砷、硒化合物 $\xrightarrow{洗涤}$ $SO_2$、$O_2$、$N_2$、$H_2O$（g）$\xrightarrow{干燥}$ $SO_2$、$O_2$、$N_2$。

4. 三种设备：沸腾炉、接触室、吸收塔。
5. 三种原理：逆流原料、热交换原理、循环原理。

②表格式。根据教学内容设计表格，留有空格，提出问题，学生思考后填入表格图。也可以把内容分类，有目的地按照一定位置书写，归纳总结时再形成表格。如表3-11所示为几种易混概念的辨别。

表3-11　　　　　　　　　　　　几种易混概念的辨别

| 项目 | 同位素 | 同素异形体 | 同系物 | 同分异构体 |
| --- | --- | --- | --- | --- |
| 相同点 | 质子数 | 元素 | 结构相似官能团种类和个数 | 化学式 |
| 不同点 | 中子数 | 分子构成或晶体结构 | 分子组成相差$(CH_2)_n$ | 分子结构 |
| 对象 | 原子 | 单质 | 有机物 | 有机物 |
| 实例 | $^{12}C/^{13}C/^{14}C$；H/D/T | $O_2/O_3$；金刚石、石墨 | 乙烯、丙烯；甲苯、乙苯 | 乙醇、甲醚；甘氨酸、硝基乙烷 |

③图示式。辅有一定意义的线条、箭头、符号等组成某种文字图形的板书形式。直观地展示教学内容，一目了然，激发学习兴趣。如图3-14所示。

（2）多媒体教学。

多媒体技术是一种把文字、图形、图像、视频图像、动画和声音等表现信息的媒体有机结合，完成一系列随机性交互式操作的信息技术。随着计算机技术迅速发展和广泛应用，计算机辅助教学已经成为计算机重要应用领域。计算机辅助教学（Computer-assisted instruction）（CAI）系统一般由计算机系统硬件、系统软件和课件（courseware）三部分组成。课件是反映教学内容和教学过程的教学软件，是CAI系统最重要的组成部分。

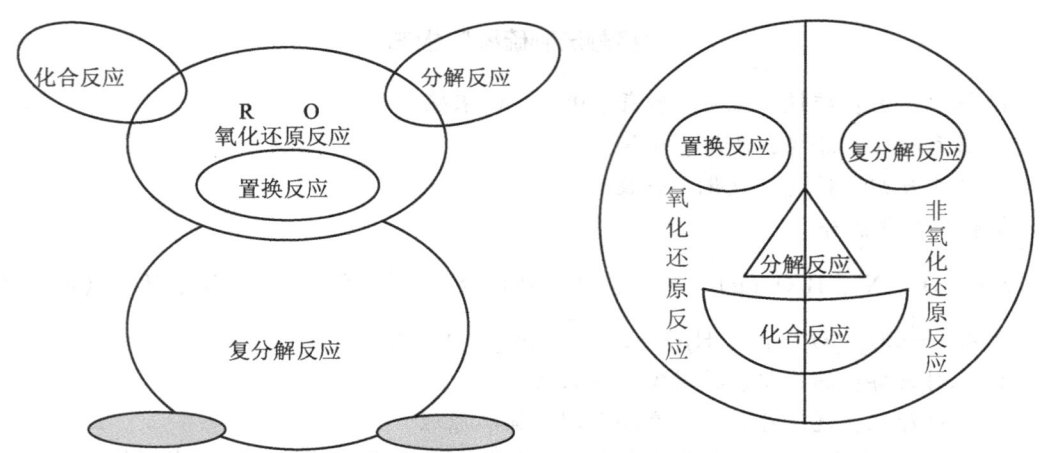

图 3-14　四大基本反应类型和氧化还原反应直接的关系两种板书图设计

化学教学多媒体课件的功能包括以下几方面。

①扩大信息容量。多媒体课件包括文字、图片、音频、视频等多种形式，通过多媒体形式展示一些教学信息比教师口述更具丰富性、趣味性，更能够增强学生的学习兴趣，增大课堂信息容量。例如，在学习酸雨时，课件展示酸雨造成的林木受损、良田毁坏、建筑物侵蚀的图片或视频更具视觉冲击力。

②模拟化实验。传统的化学实验需要实验场地、仪器药品，教师也难以控制化学实验完成的时间、速度；一些实验现象不明显，可见度较差；有些实验现象短暂，一瞬即逝；有些实验会产生污染和危险；传统实验具体操作时得不到预期结果或实验失败。因此，现代教学媒体能够利用计算机技术根据教学需要，不受时空限制任意进行调控。例如，在一氧化碳还原氧化铜实验中，由于一氧化碳有剧毒，利用多媒体模拟实验错误操作：模拟演示一边加热一边通入一氧化碳，随即出现猛烈爆炸声和试管破碎场景；实验结束后先撤去一氧化碳，刚刚生成的红色的铜又变成了黑色。

③模拟抽象理论。化学学习中有很多抽象的概念、理论难以理解，可以通过多媒体技术模拟。例如，化学微观世界，原子、分子、离子、电子云、化学键的断裂与形成、晶体结构等。通过逼真、形象、生动的动画模拟，把学生带进微观世界，使原本抽象、枯燥乏味的学习内容变成生动活泼、丰富多彩、可视的材料。

④再现化学场景。化学教学中有很多内容是学生不可能实地观察的，老师也无法演示且难以描述，但是可以通过现代教学媒体模拟再现壮观场面，如 TNT、原子弹爆炸；还可以通过多媒体动画再现臭氧层空洞现象的机理等。

综上所述，教学媒体在课堂教学中具有展示事实、创设情境、呈现过程、解释原理等作用。影响教学媒体选择的因素是复杂多样的，其最终的行为结果是由多种内外因共同作用合力决定的。不同的教学媒体特征不同，不存在对任何教学目标都最优的"超级媒体"。因此，媒体的选择应力求组合优化，以发挥媒体的最佳功效。

## （六）教学过程的设计

**1. 化学课堂的导入**

一堂课好比一池波澜不惊的水，投一颗石子，会激起层层涟漪，而课堂引入正是这颗小小的石子。有效的课堂导入是开启学生思维的钥匙，是将学生引向知识海洋的风帆。根据化学的学科特点，课堂导入常见方法包括开门见山、温故知新、创设情境。

（1）开门见山。

"开门见山"即直接导入，教师通过简单明了的讲述或设问，直接提出新课的主要内容，以引起学生的有意注意，使学生直接进入学习状态，在节省时间的同时也提高了效率。

例如，在学习物质的量浓度时，教师直接导入："溶液有浓稀之分，回忆初中所学知识，如何来表示溶液的浓度呢？"学生回答："质量分数。"教师继续讲述："今天我们要介绍一种新的表示方法——物质的量浓度。"直接导入法多用于前后知识相对不紧密的教学，偶尔使用有一针见血的效果，但经常使用会减弱学生的学习兴趣，难免会落入"灌输式"教学的桎梏。

（2）温故知新。

在讲授新课之前，教师利用原有的知识作为引入，不仅可以激活学生记忆深处的旧知识，引起学生的积极思考，同时也很自然地过渡到新课，引出新内容。这就是所谓的"温故而知新"。

例如，在"原电池"一课导入时，先请学生写出锌和强酸（非氧化性酸）反应的离子方程式，在判断为氧化还原反应后，分析出该反应的实质是电子发生了转移。这时教师提出问题："既然有电子发生转移，那是否产生电流呢？"学生很容易得到结论："电子没有定向移动，所以不能产生电流。"这时教师告诉学生，锌和稀硫酸的实验装置可以稍作改动，使其反应过程中产生电流，这种装置就是我们今天要学习的原电池。这样不仅让学生巩固了前面所学的氧化还原反应的知识，而且也便于教师循序渐进地开展教学，很自然地导入了新课。

（3）创设情境。

课堂开始时，教师可以通过各种方式来创设情境，酝酿课堂气氛，引导学生进入课堂的主要角色，让学生以最佳的学习心态去徜徉知识的海洋。常见的教学情境类型包括以下几点。

①问题情境。创设问题情境，就是要在教材内容和学生求知心理之间制造一种"不协调"，把学生引入"不协调—探究—思考—发现—解决问题"的过程。良好的问题情境能诱发学生的好奇心和求知欲，点燃思维的火花。

例如，在"金属钠与水反应"的教学中，当学生全面了解金属钠与水反应的有关知识后，我先做了"铁与硫酸铜"反应的实验，让学生分析思考并写出相应的化学反应方程式，然后我让学生先推测金属钠与硫酸铜溶液反应的化学方程式，学生大都认为金属钠能将铜置换出来，之后补做了金属钠与硫酸铜溶液反应的实验，而实验事实证明，金属钠与硫酸铜溶液反应并无金属铜置换出来，而是生成了蓝色沉淀，伴有较少的黑色沉淀，并放出大量无色的气体,这"出乎意料"的实验现象让学生感到无比惊讶,他们迫切地希望找出答案,思维处于高度集中状态,极大地调动了学生学习化学的积极性。

②事实情境。通过具体的事实或经验来呈现学习情境,包括生活经验、社会热点、工农业问题以及能体现化学与社会、经济、人类文明发展等有关的事实和材料。例如,创设具体事实情境可让学生亲临现场,在工厂、田间、野外等真实情境中进行现场范例教学;带领学生参观、调查、开展实践研究等。

例如,"黄金搭档"广告主题语——维 C 与铁搭档效果更好。进而提出问题:黄金搭档中的铁是什么形式?是单质还是化合物?是 $Fe^{3+}$ 还是 $Fe^{2+}$?进而引入教学。

③实验情境。化学实验既是化学课程重要学习内容,又是进行科学探究的重要途径,也是设置、呈现学习情境的基本素材和方法。创设多种真实、生动、直观而富于启发性的实验教学情境,可使学生通过动手、动脑的有机结合获得全面发展。

例如,在讲授氨气性质时,可以通过"铁树开花"的实验来引入。课前用铁丝编成一棵铁树,在树枝上绑几个蘸有酚酞溶液的棉花团,然后把铁树放入集气瓶中,连上氨气的制备装置,随着氨气的产生,白色的棉花团慢慢变为粉红色,最后变成了红色,犹如一朵朵腊月的红梅。实验简单易操作,而魔术般的现象激发了学生的求知欲,使他们积极思考,主动去学习新内容。

④乐学情境。通过讲故事、猜谜语、讲述化学史或传记趣闻等增加教学内容的趣味性,唤起学生的学习兴趣,营造生动的课堂气氛,促进知识的意义建构。故事是老少皆爱听的,新课前讲述与教材内容紧密相连的化学史事或故事片段,不仅能渲染课堂气氛,而且能激发学生的学习热情,使学生的思维迅速地进入课堂。

例如,讲述生活中两种常见有机物——乙酸时,介绍醋的来历:传说夏朝时期,酒圣杜康的儿子黑塔有天将酿完酒后的酒糟浸泡在水缸内,到了第二十一日的酉时,一开缸一股浓郁的香气扑鼻而来,于是黑塔便将这种酸酸的、味道鲜美的液体命名为"醋"。醋的写法就是二十一日酉。

⑤模拟情境。抓住学习对象的主要特征,运用拟人化手段模拟出特定的情景,由于融入丰富的情感,比真实的事物更具有启发性,更能激发学生情感体验和充分联想。如卡通图片、流程图示、模型、角色扮演等。一些危险性、不易或不宜真实接触的必修教学内容与学习内容可以用创设模拟现实情境来满足教与学的需求。

例如,在引入制备氢氧化铝的实验方案设计时,可以设计成现在热播的"职来职往"的情景:假设教师是某知名药厂的面试官,学生为应聘药厂工程师的求职人员,面试官根据求职人员设计的氢氧化铝的制备方案来决定是否录取。这样的一个"面试"场景,不仅引出了氢氧化铝的制备方案,而且使学生所学的知识得到了运用,同时也培养了学生的发散性思维。[1]

**2. 教学线索的设计**

教学线索是指贯穿一堂课的思想、理念或教学发展的关系,体现教师授课纵向推进的思路。清晰的教学"线索"具有三个功能:统领整课内容,引领教学活动,流畅教学过

---

[1] 杨美华. 浅谈高中化学的课堂引入 [J]. 中学教学参考, 2013 (9): 89.

程。因此，清晰的线索是统摄一堂课的思想灵魂。提炼清晰的教学线索可从以下三个途径进行。

(1) 从化学知识的关系入手，提炼"内容"线索。

化学知识之间存在着一定的逻辑关系。这种逻辑关系或表现为并列关系，或表现为递进关系。这种逻辑关系在表征着知识内在联系的同时，也显现着教师的设计理念及教学的纵深发展，因而可以提炼成为一种教学线索，可称之为"内容"线索。

例如，元素周期律一课中，可提炼这样的"内容"线索：元素周期律的发展阶段—元素性质的周期性变化—什么是元素周期律。从内容关系上看，第一部分是"规律的发现"；第二部分是"规律的表现"；第三部分是"规律的本质"。三部分内容递进发展，前面为后面作基础和铺垫，后面是前面的发展和深入。

(2) 从教学环节的分析入手，提炼"方法"线索。

教学环节即针对化学课堂的"探究点"开展的教学活动，从教学环节的分析入手，常常可以找到方法的思想痕迹，通过寻根问源，挖掘本质，提炼出一条"方法"线索。

例如，在"影响化学反应速率的因素"一课中，探究"反应物的浓度""温度""压强""催化剂""反应物的表面积"五个因素对反应速率的影响，教学环节均采用提出假设—实验论证—总结结论；另外，每个实验中都强调了"变量控制"的思想。在这堂课中，"实验论证法"和"变量控制法"就作为一条清晰的"方法"线索，贯穿在整堂课的教学过程中。

(3) 从人文教育的素材入手，提炼"思想"线索。

化学教学中，可以利用的人文教育的素材是很多的。比如，科学家探究化学科学的生动故事，化学科学对人类作出的重大贡献，当地化工生产的工艺发展，不合理使用化学产品对人类环境造成的危害等。这些素材中的有些价值观或思想意识，通过提炼完全可以成为一堂课的"思想"线索，从而统领整课教学。[1]

"内容"线索是常规线索，即"明"线索；"方法"线索、"思想"线索是"暗"线索，是需要兼顾的线索。"明"线索，强调知识之间的逻辑关系，一般体现在新授课中；"暗"线索，强调学习方法的感受和化学思想的感悟，重点体现在复习课或习题课中。不少情况下，"明""暗"线索共存、并进运行，从而促进化学课堂三维目标同步得到落实。

**3. 教学流程的设计**

教学流程的设计就是用流程图或教案的形式简洁地反映分析和设计阶段的结果，表达教学过程，直观地描述教学过程中教师、学习者、学习内容、教学媒体等基本要素之间的关系，给教师提供一个有重要参考价值的教学设计方案。

传统的课堂教学过程是采用教案的形式来体现教学过程各要素之间的关系。教学设计则是采用类似于计算机流程图的形式，把复杂的教学过程分解为相对简单的几个环节，明显地显示了教学过程各要素之间的关系。这样有利于教学过程的有序展开，有利于教学过程的最优化。具体说来，采用流程图方式表示课堂教学流程具有以下优点：可以直观地显示整个课堂活动中各个要素之间的关系、比重；教师可以依据学习者不同的反应情况做出

---

[1] 毛东海. 化学课堂有效教学的"线索"和"结构"[J]. 化学教育，2012 (10)：23-25.

相应的教学处理,灵活性大,目的性强;教学过程流程图是浓缩了的教学过程,层次清楚、一目了然。

表 3-12 中不同的符号代表不同的活动,并无统一标准或硬性规定,但使用的基本图形和所赋予的意义大体相同,省去了烦琐的文字说明。但这仅是一种理想模型的结构框架,实际的教学过程结构往往复杂得多。不仅不同的课型对应不同的教学流程图模型,如示范型、逻辑归纳型、逻辑演绎型、探究发现型、练习型等,而且一节课往往包含多种形式的融合。因此,教师需要根据教学设计的要求和实际情况的需要,创造性地设计教学过程流程图。

表 3-12 教学过程流程图符号及案例

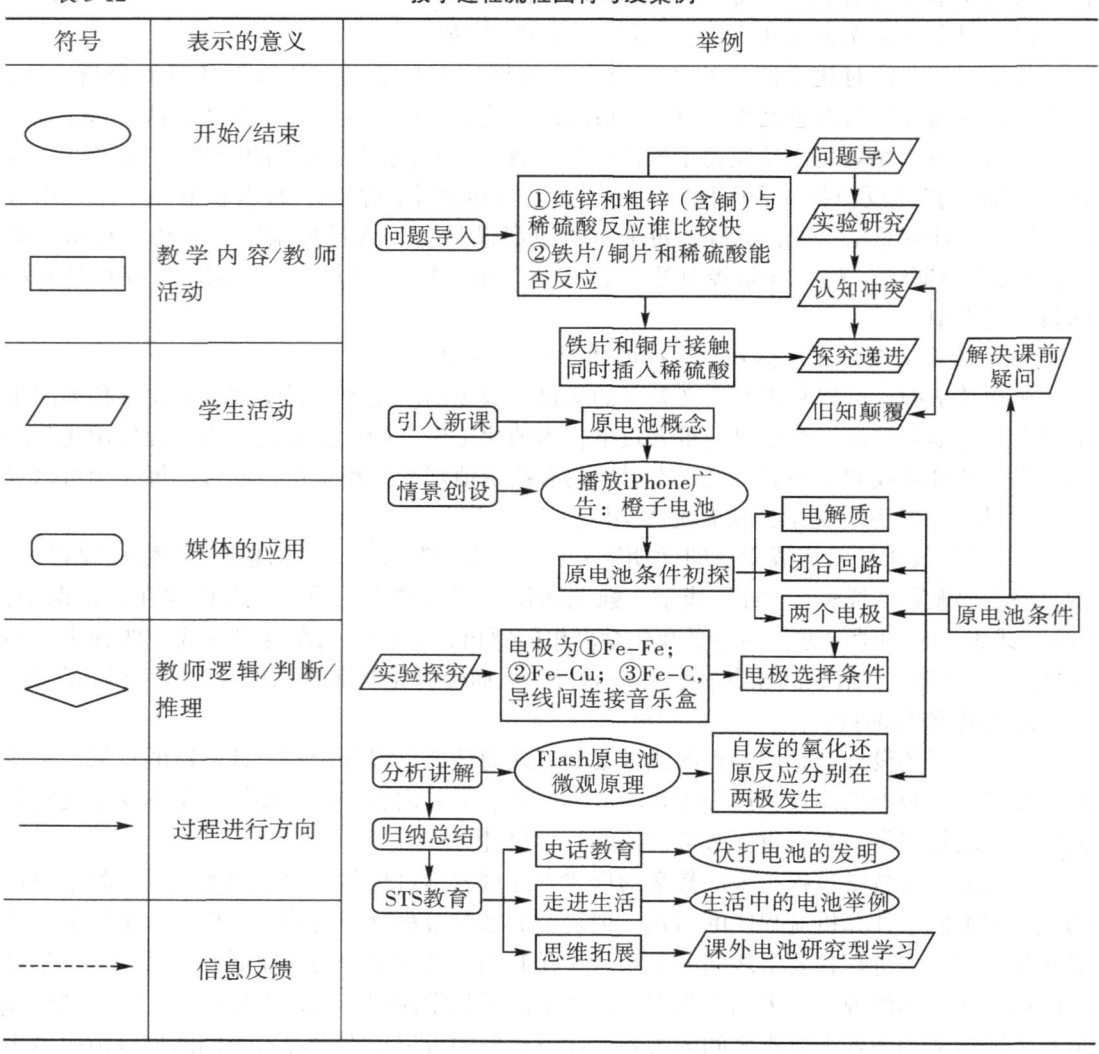

# 三、化学教学方案的设计

化学教学设计活动的结果最终体现在教学设计方案中，教学设计方案是对教学设计活动的系统的、全面的陈述，是教师创造性劳动的产物。从教学设计的对象和功能的不同，可以将教学方案设计分为教案、学案、说课三方面的设计。

## （一）教案

课时教学设计方案，就是将教材的每一节划分为一课时或若干课时，按课时设计的教学方案，通常简称教案。教案不是课本的简单照搬，是教师结合个人的具体情况、学生的实际、学校的条件、课时教学内容的特点、教学方法和教学手段等因素进行整体的、综合的思考，为最好地完成课时教学目标而进行创造性劳动的结晶。

**1. 教案的主要类型**

教案没有固定的格式，其种类大致可以分为以下几种。

（1）根据教案呈现形式分类。

①提纲式教案。

提纲式教案设计不仅仅局限于教师写教案，必须考虑具体的教学内容，所涉及的相关问题，学生的性格特点、接受能力、学习态度、学习兴趣等。在此基础上，把课堂上所要讲的、练的内容以提纲的形式按先后顺序、轻重缓急一一列举出来。在课堂上根据教学实际和学生实际逐一落实。

②图表式教案。

图表式教案是指在研究学段教材、单元教材、章节教材的基础上，找出贯穿其中的知识系列、重点、难点、关键点，明确教材的目的和要求，所要达到的目标程度，师生互动的方式、方法，用图表的形式整理出来，既直观明了，又便于操作，更便于学生理解。

③流程式教案。

流程式教案是指按照教学内容的编排，知识点的分布，对教学过程的设计、教学方法的使用、学习方法的指导、练习题的设计等进行整合。把教学过程中的各个环节、各个步骤设计成一个流程表或流程图，把各个步骤的内容用箭头标示出来，什么时候做什么、怎么做都一目了然，省时、快捷、效果好。

（2）根据教案内容分类。

①要点式教案。

要点式教案一般按照课时顺序编排。在研究教材的基础上，看看本节课哪些是重难点，哪些内容需要了解，哪些内容需要重点掌握，哪些能力需要重点培养，哪些技能需要重点训练等，以要点的形式列出来，做到心中有数。再根据教学活动的实际需求，针对容易出现的困难和问题，依据教学目标和要求，采取不同的教学方式，帮助学生深入学习，掌握、运用知识，形成能力。

②专题式教案。

把一节课的内容设计成一个专题，以专题的形式让学生创新性地参与整个教学过程，师生共同研究、共同探索,学习知识、发现问题、总结方法、得出结论、掌握规律,即为专题式教案。编写教案时,一要注意专题研究的程序,各程序间要自然衔接,紧密结合;二要注意研究问题的梯度,设计的问题应该是由浅入深,由低到高,循序渐进的;三要鼓励学生积极参与,参与思考、参与提问、参与课堂教学的各个环节,增强学生的参与意识,提高学生的参与能力。

③梳理式教案。

梳理式教案更适合复习课。就是把一个章节、一个单元或一册教材的知识点、重点、难点,各章节之间、各单元之间知识的内在联系与区别,通过分类、归纳、总结、梳理,编写成一个知识系列。依据不同知识的教学要求,引导学生细致地观察、认真地思考,在观察与思考的过程中学习知识。

**2. 教案的主要内容**

通常设计的教案的主要内容包括:①教学课题名称,需要注明采用的教材版本;②教学目标,包括知识与技能、过程与方法、情感态度与价值观三个维度的教学目标;③教学重点与教学难点;④教学方法;⑤教学任务分析;⑥实验用品与教学媒体;⑦教学过程;⑧板书设计;⑨教学反思。

**【案例8】**

## "氨的结构与性质"教学设计

一、教学目标

(1) 知识与技能:了解氨分子的结构、氨气的物理性质和用途,掌握氨的化学性质。

(2) 过程与方法:学会观察分析实验现象,通过对氨分子结构的分析,培养探究能力、想象能力;通过小组合作学习,提高学生合作、交流、讨论的技能。

(3) 情感态度与价值观:渗透由表及里、由现象到本质的观点。体验实验过程的探究方法。

二、教学重点

氨的结构和物理、化学性质。

三、教学难点

氨的性质与结构的关系。

四、教学方法

以支架式教学方法为主。

五、教学任务分析

(1) 起点能力:学生已有初步的分子结构理论基础知识;学生已掌握了元素周期律及化学键知识;学生已具有分析物质氧化性、还原性的能力。

(2) 使能目标:对已有知识的提取、运用、发展的能力;对实验现象进行分析、归纳、整理的能力。

(3) 终点目标:了解氨的分子结构和物理性质,掌握氨的化学性质。

六、教学媒体

略。

七、教学过程

| 教学步骤 | 教师活动 | 学生活动 | 设计意图 |
| --- | --- | --- | --- |
| 引起注意 | 在教师过道上洒一些氨水 | 体验氨气的刺激性气味 | 使学生感受氨的气味 |
| 告知教学目标 | 【引言】今天将在有氨的空气中学习氨的有关知识。<br>【板书】第二节 氨 铵盐<br>一、氨 | 听讲，并把感受与氨联系起来 | 使学生明确学习目标，集中学生的注意力 |
| 搭脚手架 | 【讲述】氨是氮的氢化物。根据已掌握的物理结构理论分析：氨有怎样的结构和性质 | 听讲，回忆物质结构的有关知识，并与氨形成联系 | 建构概念框架，使学生做好进入框架的准备 |
| 引导进入支架 | 计算氨的相对分子质量、标准状况下的密度，并与空气相比较，讨论可用何种方法收集氨气 | 积极思考、讨论、分析、归纳总结出氨的主要物理性质 | 培养学生的逻辑思维、发散思维和综合运用知识的能力 |
| 独立探索 | 【提问】氨气极易溶于水，溶于水后可能发生哪些变化？氨水呈酸性还是碱性？氨水具有氧化性还是还原性？ | 推测其可能具有的化学性质，动手实验，记录现象 | 培养学生实验技能，提高学生自主探究能力 |
| 协作学习 | 组织小组交流 | 小组交流，汇报交流结论 | 培养学生合作精神和表达能力 |
| 练习反馈 | 【提问】氨水与液氨有何区别？ | 思考，并作出回答 | 检验学生是否完成意义构建 |

八、板书设计

略。

九、教学反思

本节课以物质结构理论和化学键知识为基础，搭建学习氨的结构、性质和实验室制备的知识的支架。学生通过亲身体验和动手实验完成对知识的意义建构。学生学习兴趣浓厚，思考问题积极，课堂气氛活跃。但讨论阶段课堂纪律的掌控还存在一定的问题。

(二) 学案

学案是指教师在上课时为发展学生能力，引导学生学会学习而设计的一系列问题探索思路、要点、结论等纲要式的学习指导方案。其着眼点和侧重点在于充分调动学生学习的主动性，学案的编写应围绕知识点、学法点、能力点三个方面。

**1. 化学学案的作用**

（1）指导学生预习。

在课前把学案发给学生，让学生根据学案进行预习，解答相关问题。通过自学学案，学生就能明确学习目标，掌握课堂教学的结构和重点并知晓自己存在的疑问。这样，学生就能把注意力集中到对问题的理解和深化上，提高学习效率。

（2）辅助课堂教学。

教师在课前把学生预习过的学案收集起来，进行批阅，了解学生预习所达到的程度，以及存在的问题，以便把握讲课的方向和重点。在课堂教学过程中，教师在传授知识和技能的同时，应侧重学习方法的点拨。

（3）组织复习。

将若干个学案集中起来，就是一份很好的复习材料。用它们组织复习，可帮助学生再现学习情景，有效地起到温故作用。也可根据教学的需要，将若干个内容相关的学案集中研究，进行组合，挖掘各学案之间的隐性知识和内在联系，重新设计复习学案，这样的学案必然简明扼要，提纲挈领，有效地提高复习的质量和效果。[①]

**2. 化学学案的设计**

（1）按章节设计环节。

在学案的设计上为了方便学生的使用和保存，按教材章、节内容设置学习目标、学习重点、难点、疑点、读书思考题、学习活动、梯度导学导练、知识拓展、课外阅读等内容。这样可使学生思路清晰，便于掌握知识，还节省了学生记录课堂笔记的时间，将注意力集中到对问题的理解和深化上，增大了课堂的思维容量。每章学习之后，将其装订起来，就是这部分知识的浓缩和精华。实践证明学生都非常珍爱化学学案，逐渐积累，装订成册，以备复习之用。

（2）留有思维的空间。

化学学案的编写应当给学生留有思维的空间，学生只有不断质疑、不断解决问题，积极性才能真正调动起来。在每个学案中，都要引出问题。一类是以问题形式激活对相关旧知识的回忆。一般这个过程放在课前，让学生知道已学过的哪些旧知与新知有关，为获得新知做好准备。例如我们在探究影响蜡烛燃烧时间的因素时，课前就把学生分成小组，每组学生课下进行实验方案设计，课堂上只需要进行交流论证，确定方案进行实验，这样就节约了上课时间。另一类是根据教材内容创设问题情境，给学生留有创造性学习的空间。在实验探究教学中，是由教师设置适当的问题情境，由学生提出问题或假设，并自己设计方案进行实验探究，分析现象的结论。学生是实验的设计者、操作者，而不再是旁观者。不同意见的学生相互争论、相互质疑，分别设计不同的方案进行实验探究，用事实来证明自己的观点或推翻别人的观点。学生通过假设、交流、讨论、做实验找到了答案。

（3）设置学习梯度。

学案针对学生学习上的障碍，设置坡度和台阶，这样有助于降低学习的难度，使学生获得成功的激励，激发学习兴趣。如在通过白磷燃烧这一变化探究化学反应前后物质质量

---

[①] 熊祥胜. 化学学案的设计和运用 [J]. 中学化学教学参考, 2000 (12): 31-33.

关系时，有的学生是用加热玻璃棒来引燃白磷的，其他学生认为这种方法在插入玻璃棒时会有少量气体逸出，影响实验效果。怎样防止气体扩散出来呢？同学们提出了用水浴加热盛有白磷的锥形瓶的方法，结果获得了成功。这样的情境设置不仅能培养学生设计实验的能力，而且使学生体会到创造性思维的乐趣。

【案例9】 学案。

## 第四单元　物质构成的奥秘
### 课题1　原子的构成

一、学习目标

（1）能说出原子是由质子、中子和电子构成的。

（2）会使用相对原子质量的概念，并学会查找相对原子质量。

二、重、难点

（1）重点：原子的构成、相对原子质量。

（2）难点：原子不显电性的原因；相对原子质量概念的形成。

三、评价设计

（1）通过实验观察提问检测目标1，达标率100%。

（2）通过展示小组讨论结果检测目标2，达标率100%。

四、学习过程

（1）预习导学。

认真阅读课文回答下列问题：

①原子是一个实心球体吗？相对于原子来说，原子核所占空间有多大？

②原子核带电吗？电子带电吗？整个原子显电性吗？为什么？

③原子核还能再分吗？如果能再分，它又是由什么粒子构成的呢？这些粒子有区别吗？

④原子、质子、中子、电子有没有质量？

⑤什么是相对原子质量？它是怎样确定的？它有单位吗？

（2）学习研讨。

【回顾】回忆水分子的分解示意图，在理解了分子和原子的概念的基础上，你能说出化学变化的实质是什么吗？

①原子的构成。

【观察】课本P68原子构成示意图：认识原子的各部分结构，构成原子的原子核和电子是如何运动的？

【归纳】原子是由居于原子中心的_____和_____构成的。

分析课本表4-1、表4-2，思考并回答下列问题：

a. 原子中有带电的粒子，那么整个原子是否带电，为什么？

b. 是不是所有的原子核内都有中子？

c. 同种原子核内的质子数和中子数有何特点？不同种类原子内部结构有何不同？

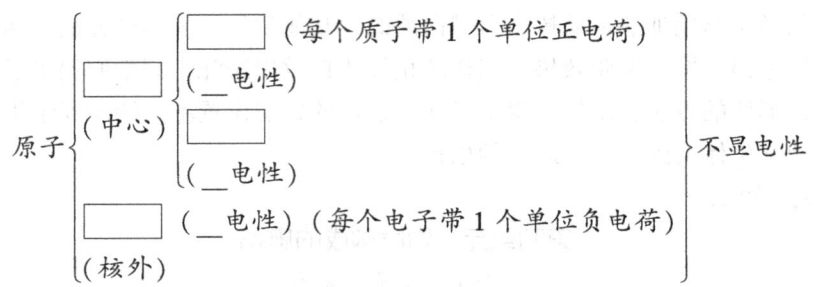

小结：在原子中，核电荷数____核内质子数____核外电子数。

【问题】a. 原子、质子、中子和电子有没有质量？

b. 原子的质量该如何去衡量？

②相对原子质量。

阅读教材小结：

相对原子质量的概念：课本 P69。

| 原子种类 | 质子数 | 中子数 | 核外电子数 | 相对原子质量 |
|---|---|---|---|---|
| 氢 | 1 | 0 | 1 | 1 |
| 碳 | 6 | 6 | 6 | 12 |
| 氧 | 8 | 8 | 8 | 16 |
| 钠 | 11 | 12 | 11 | 23 |
| 氯 | 17 | 18 | 17 | 35 |
| 铁 | 26 | 30 | 26 | 56 |

从上表中可发现各原子相对原子质量的近似值，与该原子的质子数、中子数的关系是：相对原子质量____质子数____中子数。

思考：为什么说原子的质量主要集中在原子核上？

**五、评价样题**

略。

**六、教学后记**

略。

**（三）说课**

目前，很多学校为了交流教学经验，考核评价教师教学设计能力，提高教师教学设计的主动性和技术性，常常要求教师以语言表达的方式将自己的教学设计或教学表达出来，即为说课。

**1. 说课与备课的区别**

（1）概念内涵不同。

说课属于教研活动，要比备课研究问题更深入；备课是教学任务如何完成的方法步骤，是知识结构如何转化为学生认知结构的实施方案。

（2）对象不同。

备课是要把结果展示给学生，说课是对其他教师说明自己为什么要这样备课。

（3）目的不同。

说课帮助教师认识备课规律，提高备课能力；备课是面向学生为目的，促使教师完善教学设计，优化教学过程，提高课堂效率。

（4）活动形式不同。

说课是一种集体进行的动态的教学备课活动，备课是教师个体进行的静态教学活动。备课通常是备一堂课的内容，时间控制在 45min 左右，而说课通常是统筹地、概括性地介绍一节课，通常只要 10~20min 即可。

（5）基本要求不同。

说课教师不仅要说出每一具体内容的教学设计，做什么，怎么做，还要说出为什么要这样做，即说出设计的理论依据是什么。备课特点就在于实用，强调教学活动的安排，只需要写出做什么，怎么做即可。

**2. 说课的主要内容**

（1）说教材。

说教材，要求紧密联系教学大纲，对本节课的教学目标群，教材的整体和局部、重点和难点，编者的意图，以及本节和其他章节相关内容的联系和地位等进行分析。如说教学目标群就是考虑三个方面的目标，即知识目标（一节课教给学生什么），思想目标（一节课向学生渗透什么），能力目标（假如学生把一节课知识忘记了，还剩下什么）。

（2）说教法。

说出选择的教学方法、手段及依据，即阐明为什么要这样教的道理。众所周知，教无定法而贵在得法。根据具体的教学内容、教学对象所选用的教学方法进行分析并予以说明。同一项教学内容对于不同学生、不同教师来说，适于运用不同的教学方法，而同一学时内，根据所设计的教学过程，也不可能单一地只选用某一种教学方法。因此，教学时要根据具体情况，合理地选用教学方法。

（3）说学法。

学法是指学生学习知识，掌握知识的方法和途径。在教师指导下，有利于学法的形成和完善，提高学生的自学能力。说学法，要求教师掌握一定的学习理论和方法，了解学生的知识和心理状况，说出本节课教给学生何种学习方法，培养学生何种能力，如何激发较差学生的兴趣和调动优秀学生的积极思维等。

（4）说程序。

说程序即说过程，就是教一节课的教学活动展开的进程，是说课的重点，主要说清本课题教学过程的总体框架（如新课导入、内容讲解、反馈练习、归纳总结等）及各板块的时间分配。要说清突出重点、突破难点的方法，分析学生在接受知识过程中可能出现的问题及对策。

（5）说板书设计。

说板书设计就是说出如何设计板书有助于突出重点。板书是学生通过视觉获得知识信息，它是最简易的利用视觉交流信息的渠道。板书有利于巩固课堂所学知识，因而是提高教学质量和效果不可忽视的一种教学手段。

【案例10】 人教版化学必修1"离子反应"（第一课时）说课稿。

一、说教材

1. 教材的地位与作用

本节课是人教版化学必修1第二章第二节的第一课时的内容。本节是学生认识离子反应和离子方程式的起始课。从教材的体系看，它是初中学习溶液导电性实验、酸碱盐电离知识的延续和深化，又是学习电解质溶液理论知识的基础，所以从体系看起承上启下的作用；从研究方法看，它是研究化学反应分类方法的补充以及从本质分析化学反应的必备技能，是中学生现在乃至以后学习化学、从事化学专业的知识和能力的重点。

2. 教学目标

（1）知识目标。

①了解电解质的概念；

②引导学生能够从电离的角度概括出酸、碱、盐的本质；

③使学生了解到电解质在溶液中所起反应的实质。

（2）能力目标：通过演示实验和动画模拟训练学生的观察能力、分析能力、概括能力。

（3）情感目标：激发探索研究物质和理论的兴趣，在探究过程中进行一丝不苟、实事求是的科学态度的教育，引导学生透过现象认识事物的本质。

3. 教材的重、难点

（1）重点：理解电解质、电离的定义，会用电离方程式表示物质的电离过程，从电离角度概括出酸、碱、盐的本质。

（2）难点：用电离方程式表示物质的电离过程，对酸、碱、盐本质的理解。

二、说教法

本节课主要采用问题探究法，即以问题为切入口，追踪变化的本质，解释疑惑。它有利于培养学生发现问题、提出问题、探究问题的能力。采用这种方法意在深入探究问题的方法，为学生开展探究性学习创造必要的条件。限于高一学生的能力，本节课主要以启发性教学、计算机辅助教学为手段，充分调动学生的多种感官。

三、说学法

1. 学情分析

学生正处在十六七岁的年龄阶段，好奇心较强，兴趣不太稳定，逻辑思维正在日趋发展中，在知识学习上仍需借助感性材料的支持。

2. 学法指导

充分运用实验和多媒体教学手段，尽可能增加实验可见度，加强感性认识；利用计算机软件的动画模拟实验，引导学生进行全面观察，理解微观本质。

四、说程序

1. 提出问题，引导探究

演示溶液导电性实验，观察分析，同时展示多媒体教学软件，从微观领域明确溶液导电的本质——溶液中存在自由移动的离子。在此基础上，介绍氯化钠、硝酸钾、氢氧化钠等固体分别加热至熔化后能导电，这样很顺利地引出电解质的概念。然后通过介绍氯化钠在水中的溶解和电离，引出氯化钠电离方程式的书写，以及 HCl、$H_2SO_4$、$HNO_3$ 三种酸的电离方程式，从电离的角度得出酸的定义。最后安排思考与交流活动，引导学生从电离的角度概括出碱和盐的本质。

2. 讨论交流，加强理解

通过上面的讨论，使学生了解到电解质在溶液里所起反应的实质是离子之间的反应后，即可很自然地转入到对离子反应的讨论。

3. 巩固练习，知识内化

能够很快地辨别出哪些物质是电解质，能够正确地书写电离方程式，能够运用定义辨别出酸、碱、盐。

4. 布置作业，应用迁移

结合本节知识，课后讨论离子方程式的书写方法。

## 四、化学教学设计的评价生成

我国基础教育新的课程改革提出以发展性教师评价为指导思想，构建新的教学评价体系，创立包括教师自评、学生评价、同行评价在内的定量和定性相结合的教师教学评价方案。传统的化学教学评价理念主要表现为"以教论教"，注重突出以教师为中心。而新课程理念下的教学则倡导以教师为主导、学生为主体的"双主体互动式"教学，教学评价理念逐步由传统的"以教论教"转变为"以学论教"，化学课堂教学评价的过程也逐步成为教师、学生以及评价者等课堂教学参与者之间进行沟通、交流、达成共识的过程。

### （一）化学教学设计的反思

化学教师对教学设计的反思即教学设计的教师自评。新课程理念要求教师应该是教育教学的研究者，而要成为研究型教师首先必须要做一个反思型教师。教师只有不断反思、不断思考才能努力提升教学实践的合理性，才能使自己成为学者型、研究型的教师。美国心理学家波斯纳提出了教师成长公式：成长＝经验＋反思；华东师范大学叶澜教授曾说，"一个教师写一辈子教案不一定成为名师，如果一个教师写三年反思有可能成为名师。"新课程标准认为教学反思是教师专业发展和自我成长的核心因素。

**1. 化学教学设计反思的主要内容**

（1）对化学教学设计方案的反思。

通常情况下，教师是教学设计的主体，教学设计的不合理常常会导致行为的偏差，所谓"失之毫厘，谬以千里"。教师应该时时以批判的态度，审视的眼光看待自己的教学设计，避免实施教学中的失误。

对教学设计方案的反思一般包括以下内容：

①教学目标制订是否符合课程标准的要求。

②所教的内容是否满足学生的需求；是否有利于激发学生的学习动机。

③学生的起点水平与教学起点是否匹配。

④教学媒体的选择是否恰当，教学方法是否优化。

⑤教学策略是否有助于教学目标的达成，是否与学生的个性特点相匹配。

（2）对化学教学设计方案实施效果的反思。

在教学过程中和教学结束后的反思，一方面可以帮助教师及时调整教学过程，另一方面可以使教师在今后的教学设计和实施中避免犯以前犯过的错误。对化学教学设计方案实施效果的反思一般包括以下内容：

①化学教学环境是否有利于化学教学。

②化学教学组织形式的设计是否合理。

③化学教学技能的使用是否熟练。

④化学课堂教学管理是否驾轻就熟。

**2. 化学教学设计反思的误区**

当前化学教师的教学反思主要存在以下几方面的问题：

（1）敷衍应付。一些化学教师把写教学反思（课后记、教学随笔等）当作教学任务来完成，为应付常规检查而写反思。而这样的反思仅仅是一种形式而已。

（2）隔靴搔痒。部分化学教师的教学反思表层化，反思不深刻，只注意课堂教学效果的思考，而忽视了对自己的教学理念、教学行为进行深层次反思。例如"这堂课的教学效果很好，除少数同学外，一般掌握得还可以""本节课基本完成了教学任务，除个别环节外其余都实现了教学目标"，如此等等。

（3）等同于教学总结。有些化学教师的教学反思与教学总结别无两样，把教学反思完全写成了教学总结，呈现出的内容是对某一个教学阶段（一个教学单元或一周）的教学情况进行回顾与总结。

**3. 化学教学设计反思的策略**

（1）对教材质疑。出于稳妥，有时的教学是"照葫芦画瓢"，不妨对教材质一下疑：复习的知识是否有利于新知识的展开？例题的内容是否贴近学生的生活实际？反馈的练习是否具有反馈的功能？巩固的检测题是否灵活有趣？应当跳出教材，将学生生活中最熟悉、最感兴趣的内容融入例题与习题，体现教学的生活化，增强教学的趣味性，展现教学的价值观。

（2）与学生换位。有时候教学是不是不该讲的也讲了？应当站在学生的角度去审视，让教学的内容、形式、方法和手段更符合学生的年龄特征，符合学生的思维特点，符合学生的认知水平，符合学生的心理需求。

（3）与他人比较。例如在学校里听一听同行的课，在刊物上看一看他人的设计，在录像中观一观名家的课例，然后反思他人的教学好在哪里，自己的教学弱在何处，在比较中鉴别，在鉴别中改进，在改进中提高。

（4）请名师点评。例如请名师点评一下或邀同行听一听自己的教学，评一评得失，在"听"与"评"中把脉。还可请名师改一改自己的典型教案,做一做公开课展示,在改与做中"会诊",从而使自己由当事者迷向当局者清的目标迈进。[1]

综上所述,对化学教学设计的反思有利于广大化学教师及时发现和调整教学设计及其实施过程中的不足,使化学教学以一种最优化的形式达成教学目标,最终全面提高化学教学质量。

### (二) 化学新课程的课堂教学评价

教学评价是教育评价的核心部分,是在系统地、科学地和全面地搜集、整理、处理和分析教师和学生信息的基础上,对教师的课堂教学和学生发展及变化的价值作出判断的过程。新课程理念下教学评价不仅仅是对学习结果的评价(终结性评价),更重要的是对学习过程的评价(过程性评价),这两者的有机结合使评价与化学学习过程相配套,成为一个连续的过程。

**1. 化学课堂教学评价体系的建构**

课堂教学是实施素质教育的主渠道,也是实施新课改的主营地。而课堂教学评价的科学性、导向性也直接影响着课堂教学的质量与效率。

对教师教学评价内容的科学性与全面性应注重突出"以学论教"的思想,同时还需高度关注化学学科是以实验为基础的自然科学这一特征。为此,在教学评价中,可制定如表 3-13 所示的细则对课堂上教师的教学进行客观的评价。

表 3-13  化学课堂教学评价标准[2]

| 评价项目 | 评价指标 | | 得分 |
| --- | --- | --- | --- |
| | 一级指标 | 二级指标 | |
| 教学目标<br>(12分) | 1. 全面性(4分) | 目标包含知识与技能、过程与方法、情感态度与价值观三个维度 | |
| | 2. 可行性(4分) | 目标准确、具体,适合学生的发展水平 | |
| | 3. 导引性(4分) | 教师适时、适当展示目标,学生学习过程受目标引导 | |
| 教学内容<br>(24分) | 4. 课程资源开发充分(6分) | 教师利用了教科书、社会、生活、校园氛围、师生经验等各种素材 | |
| | 5. 内容选择恰当(6分) | 教学内容都为目标落实服务,容量合理 | |
| | 6. 内容组织有序(6分) | 教师按一定主线组织所选素材,层次逻辑关系清楚 | |
| | 7. 内容呈现形式多样(6分) | 采用文本、实物、实验、讨论、信息技术等多种形式呈现教学内容 | |

---

[1] 关广鹏. 论新课程理念下的化学教学反思 [J]. 化学教育,2010(10):18-21.
[2] 王春. 基于新课程理念下的化学教学评价体系的建构 [J]. 中学化学教学参考,2008(9):7-9.

续表

| 评价项目 | 评价指标 | | 得分 |
| --- | --- | --- | --- |
| | 一级指标 | 二级指标 | |
| 教学方式（26分） | 8. 创设学习情景（6分） | 师生共同创设真实、生动的学习情景，激活已有经验和情感 | |
| | 9. 组织学生全方位参与（5分） | 学生在实验、合作中进行自主探究 | |
| | 10. 教师问题意识强烈（5分） | 学生学习受高质量问题的驱动，能提出有价值的新问题或解决问题的方案 | |
| | 11. 培养学生科学方法（5分） | 学生运用比较、分类、归纳、概括等方法得出结论，能得到老师的恰当指导 | |
| | 12. 激发学生情感参与（5分） | 学生对自然现象、化学实验、科学知识有强烈的兴趣和探究愿望，体验学习过程的快乐和成功的喜悦 | |
| 教师行为（15分） | 13. 教师教学基本素质（5分） | 教师有较好的语言表达、板书、演示、实验技能、体态语等素质 | |
| | 14. 积极的激励与期待（5分） | 学生表现能及时得到强化，意见被尊重，得到积极的教师期待 | |
| | 15. 恰当的课堂管理（5分） | 课堂时间利用率高，学生问题行为得到恰当处理 | |
| 学习评价（10分） | 16. 评价形式多样（5分） | 学生学习活动评价采用自我评价、活动表现评价、命题评价等多种形式 | |
| | 17. 评价内容全面（5分） | 既评价知识的获得，又评价参与状态 | |
| 教学效果（13分） | 18. 目标达成良好（4分） | 教学设计中的学习目标都能完成和实现 | |
| | 19. 目标调整价值高（4分） | 目标调整的时机恰当，对课程总目标的落实价值高 | |
| | 20. 促进学生全面发展（5分） | 与前、后课配合，使全体学生的科学素养在原有基础上有所发展 | |
| 凸显特点 | 21. 新课程理念凸显 | | |

## 2. 学生学习活动评价体系的建构

为了尽可能做到对学习者的评价合理、有效，充分发挥其发展和激励功能，需要对学习者进行学习活动的评价，其评价效果有利于充分调动学习者平时学习的积极性，克服"重学习结果，轻学习过程"的倾向。为此，在教学评价中，可制定如表3-14所示细则对学生学习活动进行评价。

表 3-14　　　　　　　　　　　　学生学习活动评价量化表

| 评价项目 | 评价要素 | 权重/分 | 得分/分 |
|---|---|---|---|
| 学习情感 | 学习目标明确，学习兴趣浓厚 | 5 | |
| 学习情感 | 能主动参与，学习广度较大，想学、愿学、乐学 | 5 | |
| 学习情感 | 能表达自己的不同观点，阐释自己的奇思妙想，学得愉快，学得轻松，知识的构建水到渠成 | 5 | |
| 学习习惯及学习方法 | 有良好的读书、动手、思考、探究等习惯；有善于观察，主动积极质疑及提问答问等，与人合作学习、交流分享的习惯 | 10 | |
| 学习习惯及学习方法 | 能获取信息，运用比较、分类、归纳、推理等方法得出结论，善于将知识进行前后联系、融会贯通 | 10 | |
| 学习习惯及学习方法 | 有一定自我监控、自我反思、自我调整的意识与能力 | 10 | |
| 学习活动及学习过程 | 能自主阅读、实验、体验、练习、质疑及自我探究学习等 | 10 | |
| 学习活动及学习过程 | 能进行组内、班内的讨论与交流、反思，组间竞争评价方法，小组合作学习，分组实验等多样的学习活动 | 10 | |
| 学习活动及学习过程 | 能主动参与，积极思维，联系原有认知结构的接受学习，参与度高，基础掌握好，学科思维品质得到锻炼，各种能力提升较高 | 20 | |
| 学习效果 | 具有热忱的学习探究情绪，思维实践活动充分，不同层次的学生都有不同程度的发展 | 5 | |
| 学习效果 | 个性得到张扬，特长得到发展，学习中出现的错误倾向得到矫正，教学设计的三维目标得以实现 | 5 | |
| 学习效果 | 发言、答问、练习、实验等过程中反应快，正确率高 | 5 | |

# 第四章　中学化学基本类型的教学设计

## 一、基于核心概念的中学化学教学设计

### （一）中学化学教学中的核心概念

化学学科知识根据知识的呈现方式，大体可以分为三种：化学基本概念、化学基本理论、元素化合物知识。以核心概念为中心的知识体系分析，强调的是以学时所教授的知识为着眼点，根据有意义的学习理论，发掘新知识在学生以前的学习中曾经以怎样的形式做过铺垫，在教学中，把握核心概念的发生和发展脉络。中学化学教学中的化学核心概念见表 4-1。

表 4-1　　　　　　　　中学化学教学中的化学核心概念[①]

| 概念分类 | 涉及的具体概念 |
| --- | --- |
| 物质及其组成的概念 | 元素、无机物、有机物、纯净物、混合物、还原剂、单质、化合物、金属、非金属、氧化剂、氧化物、共价化合物、离子化合物、晶体、离子晶体、含氧化合物、电解质、酸碱盐、含氧酸、酸碱指示剂、溶液、饱和溶液、胶体、悬浊液、烃、烯烃、烷烃、饱和烃、芳香烃、芳香族化合物、羧酸、醛、催化剂 |
| 物质结构的概念 | 元素、原子、分子、离子、电子、原子团、核电荷、核素、同位素、分子间氢键、化学共价键、离子键、电子云、同分异构体、同位素、同系物、同素异形体、原子结构、原子晶体、物质结构、气态物质粒子 |
| 物质性质的概念 | pH、化合价、化学性质、反应热、反应速率、电离度、还原性、酸碱性、缓慢氧化、元素周期律、质量守恒定律、金属活动性顺序 |
| 物质变化的概念 | 化学反应、化合反应、分解反应、复分解反应、置换反应、氧化还原反应、加成反应、取代反应、加聚反应、缩聚反应、酯化反应、电解、电镀、电离、水解、结晶、化学平衡、电离平衡 |
| 化学量的概念 | 分子量、原子量、物质的量、物质的量浓度、气体摩尔体积、阿伏伽德罗常数、摩尔、摩尔质量、溶解度、溶质的质量分数 |
| 化学用语的概念 | 化学方程式、热化学方程式、离子方程式、化学式、分子式、电子式、结构式、原电池、电解池 |

---

[①] 罗秀玲，钱扬义．"化学概念"研究角度的反思 [J]．化学教育，2006（8）：19-21．

## (二) 不同概念类型的教学设计

### 1. 元素化合物知识的教学设计

新课改以来,关于元素化合物知识的教学,从课标到教材,从教材体系到教材内容以及内容的呈现方式等,都跟以往有很大不同,因此备受一线教师的关注。新教材中集中体现元素化合物的专题和章节均很少,许多内容都分散到其他主题的学习中,内容的相对减少并没有降低元素化合物知识在化学教学中的核心地位,凸显化学学科特点的核心元素及其化合物的内容并没显著减少,只不过其内容呈现采取"集中与分散"相结合的教材组织形式。

(1) 挖掘教材栏目中呈现的素材和线索。

新教材包含了众多栏目,资料性栏目有:科学史话、资料卡片、科学视野、科学探究等,均提供了非常丰富的教学素材。关于同一个教学内容,不同教材提供的素材也可能不一样,教师可以相互进行借鉴,通过整合和优化,提升教学品质。

比如,以人教版"富集在海中的元素——氯"为例,教材在呈现氯气性质时,叙述中暗含了这样一条线索,那就是"漂白剂(消毒剂)的发展变化",如果注意到教材蕴含的这条暗线,再结合一定的化学史情景,完全可以设计成一节以科学家发现和使用氯气的过程为明线,氯气的制备和性质为暗线的以真实的化学史为情景和线索的优质课。具体的教学设计思路可以如图4-1所示。

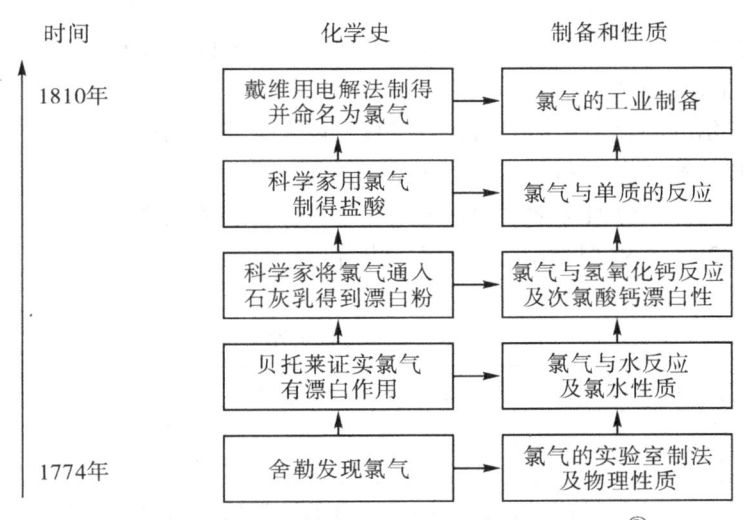

图4-1 "富集在海中的元素——氯"教学思路图①

(2) 发挥化学实验在元素化合物教学中的作用。

新课程教学倡导以"化学实验为主"的多种探究方式展开学习。在元素化合物内容

---

① 莘赞梅,李明喜. 元素化合物教学设计与实施 [J]. 化学教育,2012(2):17-19.

上,教材中呈现了许多实验,有探究性实验、验证性实验……尤其对比实验在元素化合物内容中用得非常普遍。

比如,相同浓度的碳酸钠和碳酸氢钠溶液中加入酚酞显色深浅不同,对比碱性的不同;还有碳酸钠和碳酸氢钠热稳定性、与酸反应速率的比较;铝盐与强碱、弱碱反应制取氢氧化铝的比较等。所以,教学中可以充分发挥对比实验在课堂教学中的作用,运用对照、比较的方法来揭示物质的性质及其变化规律,并在比较时渗透控制变量的思想。

(3) 分层建构知识和方法,体现教材"螺旋式"上升的编排思路。

化学核心概念贯穿整个化学学习,在各个年级的呈现方式不同。新教材的知识内容呈现采取"集中与分散"相结合的教材组织形式,比如,氯气的相关内容就在必修化学1第三章第二节集中呈现,在必修化学2第四章第一节(二)——"从海水中提溴"中也有涉及,在必修化学2第一章第一节元素周期表中,归纳同主族元素的性质时再次提到。

因此,要整体把握同一知识的层级关系,挖掘核心知识的价值和功能,从不同角度切入,设计并实施教学,以体现教材"集中呈现,分散落实"的"螺旋式"上升的编排思路。

**2. 化学基本概念的教学设计**

化学基本概念是将化学现象、化学事实经过比较、综合、分析、归纳、类比等方法抽象出来的理性知识,它是已经剥离了现象的一种更高级的思维形态,因此,化学概念的学习是学好化学的关键。化学基本概念包括物质的量、物质的量浓度、气体摩尔体积、物质的分类和分散系、离子反应、氧化还原反应、化学键和化学能与热能、化学能与电能等。作为高中化学教师,在概念教学中应当注意有效教学策略的选择和应用。

(1) 构建概念教学模型。

根据奥苏贝尔的同化说,知识的获得过程是以文字或其他符号表征的意义同学习者认知结构中原有相关的观念(包括表象、概念或命题)相联系并发生相互作用后,转化为个体的意义的过程。结合概念学习的心理过程,从更普遍的意义上构建化学概念教学的过程模型。如表4-2所示为"摩尔"教学过程设计。

表4-2 "摩尔"教学过程设计[①]

| 教学过程 | 学习过程 | 活动内容 |
| --- | --- | --- |
| 感性体验 | 感知现象 | 以"曹冲称象"为背景,引出巨大、微小物体的称量思想 |
| 思考探索 | 思维加工 | 以数学运算为内容,体验阿伏伽德罗常数,探索阿伏伽德罗常数与质量和相对分子质量的关系 |
| 导出概念 | 形成概念 | 引出摩尔概念 |
| 应用反馈 | 重构认知 | 通过练习,感受概念内涵和外延,总结概念间的关系 |

[①] 金岳. 高中化学基本概念的有效教学策略 [J]. 课改研究, 2013 (4): 21.

(2）结合多种教学手段。

演示教材中的实验，用多媒体展示化学世界，用模型、挂图等方式辅助讲解，能给学生以丰富、直观的感性认识，是我们教授化学概念的重要方式。如讲解"原电池""电解"时，做好演示实验，既能激发学生兴趣，又能使他们通过观察实验在头脑中形成这两个概念。又如在进行晶体结构内容教学时，对于 NaCl 晶体、CsCl 晶体、干冰晶体、石墨、金刚石和 $SiO_2$ 等，可以充分运用这些晶体的模型，结合学生头脑中已有的立体几何知识去讲解有关内容，学生更容易接受，同时也培养了他们的空间想象能力。

（3）善用比较的教学方法。

有些概念，或对立统一，或与其他概念有密切的联系，教师讲解时应该联系对比讲解，这样就会事半功倍。如"氧化还原反应"这一节里概念很多，且是杂乱无章的，把这些概念串成两条主线并指出概念描述的对象（图 4-2），强调记准其中一条线就相当于记完全部，因为这些概念正好两两相对相反。又如"同位素""同素异形体""同系物""同分异构体""同种物质"这几个概念都有"同"字，学生很容易弄混，讲解时就应该对这几个概念列表对比，比较相同和不同，以此加深对概念的理解。

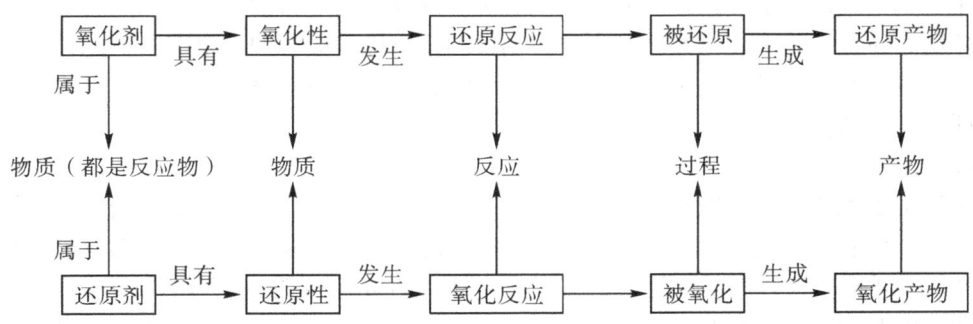

**图 4-2 氧化还原反应**

（4）结合练习巩固加强。

化学基本概念的教学应采用提问及巩固训练的方式，侧重于对刚学过的初步"建构"的基本概念知识的尝试"运用"。第一，让学生用自己的语言表述学过的新概念，举出相应的实例，最好是非教材中实例加以说明。如学了电解质的概念后让学生自己举出一些电解质和非电解质的实例。第二，理解有关概念、原理或规则适用的范围。第三，根据具体概念设计各种类型的习题，这些问题既要激发学生的好奇心，也要进一步巩固对概念的理解和掌握。

**3. 化学基本理论的教学设计**

化学基本理论是物质变化的基本规律，同时也是研究物质变化的思维方法和重要手段，是进行化学学习和化学研究的重要的基础知识。学习化学基本理论是学习其他化学知识的基础，是对化学事实进行思维分析的基本方法，所有化学知识的学习（也包括元素化合物知识的学习）都离不开化学理论的支撑。学生在中学化学学习阶段不但要学习化学基本理论，更重要的是通过学习化学基本理论，让学生形成科学的思维方法，发展学生的思维能力。

（1）中学化学基本理论的主要内容。

按照中学化学教学实际来分，中学化学基本理论包括以下四个部分的内容：

①物质结构基本理论。该基本理论包含物质结构的三个方面知识，即原子结构、分子结构、化学键。

②元素周期律理论。其包括元素周期律和元素周期表两部分内容，它们是构成中学化学知识的主线，是研究元素及其化合物的重要依据。

③化学反应速率和化学平衡及电离平衡基本理论。研究化学反应进行过程中的规律。电解质、弱电解质的电离平衡，盐类水解平衡以及影响平衡的规律，包含反应进程的快慢和完成程度，以及影响反应速率和反应进行程度的影响因素等内容。

④电化学基本理论。研究化学能和电能相互转变及与此过程有关的现象，高中学习阶段一般只涉及原电池和电解池。

（2）化学基本理论教学基本策略。

①创设情境策略。

化学基本理论的学习过程必须先感知事实。从教学技术角度讲，感知事实就是创设问题的环境。在化学基本理论教学过程中，创设问题情境一般有如下要求：一是最能突出所需要研究的问题，二是尽量是学生所熟悉的事物，三是考虑假设提出后，尽量能方便地进行验证事实材料。

②提出问题策略。

化学基本理论是为解决问题而存在，在解决问题中产生。化学基本理论意义建构教学的关键是如何启发学生的思维，而开启学生思维的钥匙是问题。教学问题都应该紧扣教学目标和教学重点，所以教学问题要具有考虑问题是否立意鲜明、符合教学内容的定向性；宽度和深度要考虑学生原有的基本知识和能力水平，同时预期学生可能达到的思维结果的限制性。如我们在学习盐类的水解的教学过程中，设计一个由浅入深、层层递进的有梯度的问题组来促使学生总结出盐类水解的规律及其本质：

a. 水的电离平衡是怎样的？pH 与酸碱性有什么联系？

b. 弱酸弱碱的电离是怎么进行的？强酸强碱又是怎么进行的？

c. 把酸和碱溶于水后对水的电离有没有影响？

d. 盐类在水溶液中是怎么电离的？

e. 你能比较分析上述三种溶液 pH 不同的原因吗？

f. 你能总结出盐类水解的规律吗？

③理论假设策略。

化学理论意义建构的主要部分之一是理论假设的形成。假说虽然不一定正确，但也不是随意猜测，而是根据一定的事实基础，运用有关的理论和思维方法提出来的，是在基础理论上的演绎。因此在化学基础理论教学过程中，必须引导学生利用已有的理论知识和物质变化的知识，结合事实材料，主动进行思维，提出自己的解决方法和自己解决问题的假说。

例如，可逆反应中，对于反应不能进行到底，可提出多种假说：可能某种反应物不够多，所以反应不完全。假设加进去的反应物是适量的呢？而最有可能的解释就是反应物反应生成产物，同时产物也在此条件下反应生成反应物。

④理论整合策略。

任何理论都不是孤立存在的，在理解基本理论时需要将该理论与其他相关的基本理论联系起来，揭示理论与理论之间的内在联系。化学基本理论之间的关系有很多种，有些是并列关系，有些是从属关系，更多的一些还有结构与性质、宏观与微观、定性与定量等关系。所有已知的理论编制成基本理论网络，学生才能更加系统地学习这些理论，不断地对知识结构中的要素进行重新组合，不断地巩固和完善新的认知结构。①

## 二、基于观念建构的中学化学教学设计

### （一）化学新课程改革需要观念为本的教学设计

高中化学课程标准明确提出，"高中化学课程在九年义务教育的基础上，以进一步提高学生的科学素养为宗旨"。科学教育的基本任务是培养学生必备的、可持续发展的科学素养。什么是科学素养呢？结合国内外专家、学者对科学素养内涵的认识，联系教育、教学的实际情况，有学者将其概括为：科学情感、科学态度、科学方法、科学思维、科学实践意识及应用科学知识解决问题的能力。

学生是教学工作的对象，是课程学习活动的主体。因此，教学设计必须考虑学生的发展，尤其是着重于学生未来的发展。什么样的知识对学生未来的发展最有意义？宋心琦教授认为，中学化学教学能够使学生终身受益的，不是具体的化学专业知识，而是影响他们世界观、人生观和价值观的化学思想观念，不是诸如分类、实验、计算等特殊的方法和技能，而是影响他们思维方式和问题解决能力的具有化学特点的认识论和方法论。学生牢固地、准确地、哪怕只是定性地建立起基本的化学观念应当是中学化学教学的第一目标。

提高科学素养不能没有科学知识的教育，但是并不追求对科学事实和信息量的更多占有，而是要求对核心概念和科学思想的深刻领悟。反观教学现状，很多教师的教学更关注具体的、事实性的知识，对概念、原理等也主要强调它们的具体定义内容，而忽视了这些具体知识背后的基本化学观念。结果，学生虽学习了许多的具体性化学知识，做了大量的化学习题，但是在生活、工作中遇到和化学相关的问题却不会从化学的角度进行思维，表现不出受过化学教育的效果。

综上所述，帮助学生建立基本观念是学生未来发展的要求，重视基本观念的教学是当代科学教育改革的趋势。重视基本化学观念的教学，帮助学生建立基本的、核心的化学观念不但有重要意义，而且也具有现实的必要性。

---

① 罗奎. 中学化学基本理论意义建构教学研究 [D]. 长沙：湖南师范大学，2012.

## （二）化学学科中的基本观念

化学学科中的基本观念是指通过理解化学学科的基本特征而抽象出的化学学科的基本思想方法和核心的认识构架。这些观念指的是科学的观念。化学学科的基本观念无疑是最具有迁移力的工具。

从知识的内容属性可以将学科知识分为三类：第一类为过程方法性知识；第二类为概念原理性知识；第三类为事实性知识，如化学学科中的元素化合物知识。观念性知识和具体知识的关系如图4-3所示。

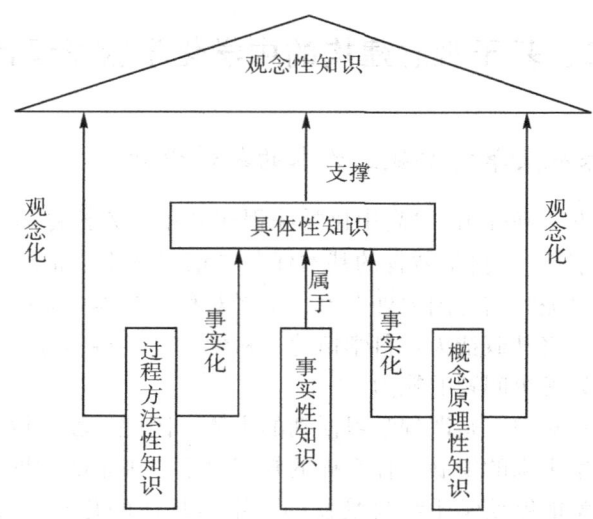

图 4-3　观念性知识和具体知识的关系[①]

化学学科的基本观念细致分有很多，但是最基本、最核心的观念可以涉及化学变化的本质、化学体系的电本质、有助于解释体系的模型、化学体系中的键、有序和无序的变化等方面的内容，具体可以划分为两类：一类是知识类的观念，另一类是方法类的观念。

**1. 知识类的观念**

（1）元素观。

①物质都是由元素组成的，元素可用规定的符号表示。

②化学元素是物质的基本成分，同种元素可以组成不同的物质，一种物质可由同种元素组成，也可由不同种元素组成。

③元素其实是有周期性变化规律的，这种规律性是由原子结构的周期性变化决定的。元素的规律性可用元素周期表来表示。

---

[①] 王磊. 观念建构为本的化学教学设计研究 [J]. 化学教育，2008（2）：7-12.

(2) 微粒观。

①物质是由肉眼看不见的微粒构成的,构成化学物质的微粒包括分子、原子、离子。

②微粒总是在不断运动的。

③微粒间有一定的间隔。

④构成物质的微粒之间是有相互作用的。

(3) 变化观。

在化学反应中存在物质的变化和能量的变化。

①物质变化的过程实质上就是微粒间相互作用变化的过程。

②物质变化是有方向的,方向是由能量和混乱程度共同决定的。

③物质变化是有快慢的,变化的快慢是由物质的本性决定的,但又与外界条件有关。

④物质变化时的限度是不同的,是与外界条件有关的。

⑤能量可以不同的形式表现出来,不同形式的能量之间是可以相互转化的;转化过程中总能量是保持不变的。

**2. 方法类的观念**

(1) 类比观。

①运用分类法,分门别类地对物质进行研究可以总结出各类物质的共性和特性。

②运用类比法可以找出物质间的异同,认识物质性质间的内在联系。

③运用类比的方法可以建立科学的模型,有助于我们研究新的物质,促进我们对世界的认识。

(2) 三重表征观。

①三重表征是利用宏观、微观和符号三种表征方式来认识和理解化学。

②宏观表征、微观表征和符号表征这三种表征形式要有机融合,构成化学知识学习的表征系统。

(3) 化学实验观。

①化学实验是研究化学学习中检验化学理论的实践,是一种高效的研究化学的方法。

②化学实验是通过分析化学实验现象得出结论的,因此,进行化学实验时,必须重视化学实验现象的观察和记录。

③实验数据的处理是获得实验结论的重要依据。

④化学实验需要进行实验条件或实验变量的控制。

⑤实验现象是多样的,不是唯一的,在实验中会碰到"意外发现"。

## (三) 观念建构为本的教学设计模型

课堂教学中,教师如何进行观念建构为本的教学呢?北京师范大学王磊教授提出了观念建构为本的教学设计模型,如图4-4所示。该教学设计模型包含以观念为本的教学分析和以观念建构为本的教学策略设计两个过程。第一个过程是对教学的静态分析,是通过对教学内容和学生特征的分析来确定合理的教学目标,即是为了明确"教什么"而进行的课前分析。第二个过程是对教学的动态设计,是通过对教学情境、教学问题、学生活动、反思策略的设计,确定采取什么样的方式、方法进行教学以实现教学目的,即是为了明确"如何教"而进行的课前设计。

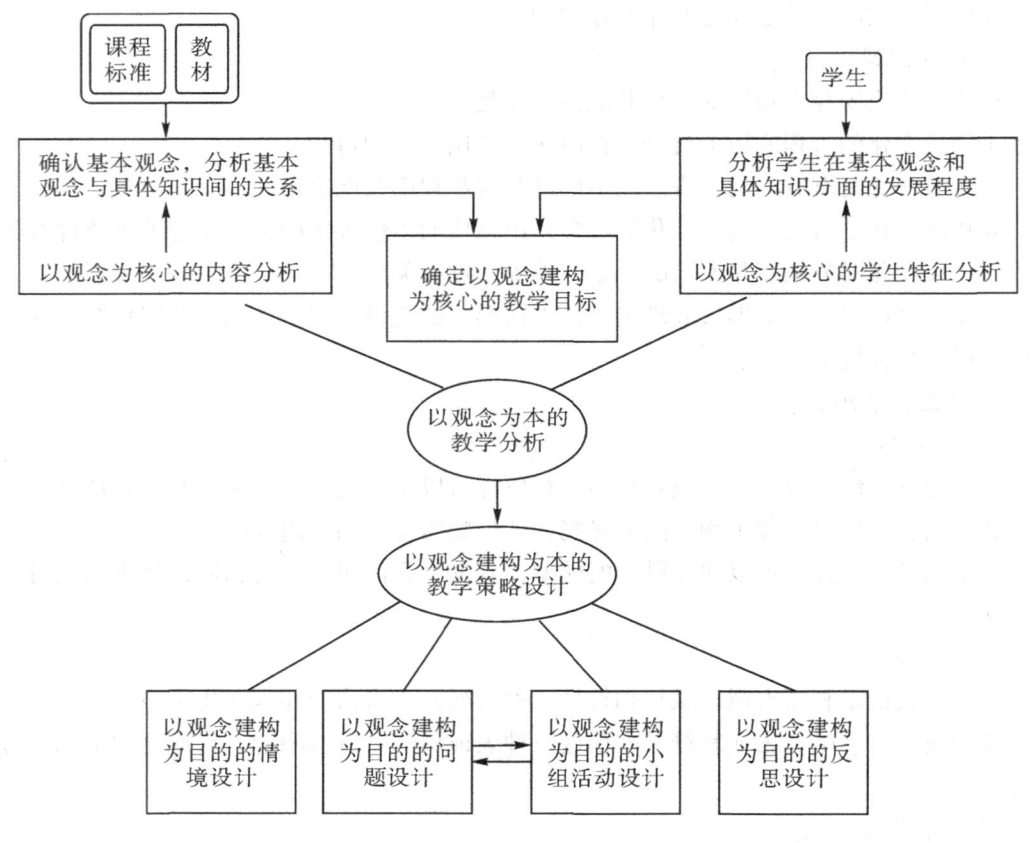

图 4-4　观念建构为本的教学设计模型①

(四) 观念建构为本的教学设计实施与案例

核心观念的建构通常难以通过一堂课的教学来完成。因此,观念建构为本的教学设计,不能立足在一个课时或一节的教学内容上,而应该选择相关内容进行整体的单元设计。这种整体单元设计的教学内容可以是教材课本中原有的教学单元,这样就可以进行连续的教学,逐步地进行观念建构。如果教学内容不在同一单元,但是有相同的核心观念,可以以核心观念为纽带进行整体教学设计,在不同的教学内容完成同一观念不同水平建构;虽然教学不连续,但每个教学内容相隔时间不长,同样也能完成观念的建构。

---

① 王磊. 观念建构为本的化学教学设计研究 [J]. 化学教育, 2008 (2): 7-12.

**1. 以观念建构为本的教学分析**

（1）以观念为核心的内容分析。

一个教学单元中的知识类型是多样的，可能同时存在事实性知识、概念原理性知识、过程方法性知识中的几种或全部。以观念为核心的内容分析的主要目的就是从这些多样的知识类型中抽取出基本观念，确认哪些具体性知识能支撑基本观念的建构，以及这些知识间的层级关系和相互联系如何。进行内容分析的基本流程有两种。第一种是采用自下而上的思路：

①知识组成的层次结构分析。

②各层次知识之间相互关系分析。

③明确基本观念。

第二种是采用自上而下的思路：

①确认基本观念。

②分析知识间的层级关系，寻找对基本观念建构起支撑作用的各类知识。

（2）以观念为核心的学生特征分析。

以观念为核心的学生特征分析，主要从两方面对学生进行分析。一方面分析学生原有观念的水平和原有观念与将要建构的新观念的关系，从而确定新观念建构的起点和相应的教学方式。另一方面分析学生在和基本观念相关的概念原理、过程方法和事实性知识方面达到了什么水平，从而确定教学中选择什么样的素材来支持基本观念的建构，采取什么样的活动方式进行观念建构。

（3）确定以观念建构为核心的教学目标。

通过对教学内容的分析和学生特征的分析，就可以确定教学内容在核心观念建构方面的教学目标。科学素养落实到目前的化学新课程中，一般是从知识与技能、过程与方法和情感态度与价值观三维度来具体描述。

**2. 以观念建构为本的教学策略设计**

（1）以观念建构为目的的情境设计。

以观念建构为目的的情境设计关键是要呈现给学生合适的刺激性材料信息。这些刺激材料信息要具备情境设计的一般功能：

①要能激发学生的好奇心和发现欲。

②要能引起学生的认知冲突。

③要能诱发学生质疑猜想。

学习与产生学习的情境具有高度的一致性，只有真实、可信、能引发问题的学习情境，才能为学习者提供一个参与讨论、实验、亲身经历活动的机会，才能促进学习者对自己的认知框架做出调整和建构，增进学生对科学概念的理解。

（2）以观念建构为目的的问题设计。

以观念建构为目的的问题设计是立足教学目标，尤其是建构或发展核心化学观念这一目标，按照最近发展区的理论，综合考虑学生原有观念与将要建构的观念之间的差距，学生原有具体性知识与将要学习的具体性知识之间的差距，设计一组有层次的结构性问题，使学生在解决问题的过程中学习具体知识，生成与发展核心化学观念。

在进行以观念建构为目的问题设计时要遵循以下原则：

①问题要适合学生的认知水平，使大部分学生通过努力思索、讨论、活动后能够回答，从而充分调动学生思维的积极性。

②问题要有一定的开放性和挑战性，使学生能从多个角度、多个方面进行思考，不同能力水平的学生可以得到层次、范围不同的结论。

③问题本身应该潜在地体现与学习者原有知识经验的联系，同时它又蕴含着新的关系和规律，这种联系不只是针对问题的表面特征，更主要的是针对问题中的深层关系和结构，即在观念层面上有联系。

（3）以观念建构为目的的小组活动设计。

在观念建构为本的教学中，知识组成是有层次结构的，小组活动设计就是要把这些具有层次结构的知识与一定的情境相联系，以一组问题为起点，设计成结构性的小组活动。结构性的小组活动可以是从具体知识入手，使学生在大量事实的基础上建构起核心的化学观念，也可以是从上位的基本观念开始，使学生在不同的情境中接触具体的事例，从而建构起稳固的基本观念。小组活动设计时要注意把握活动的开放性。要根据学生的原有知识水平和观念水平来选择活动内容和形式，使大多数学生都能进入活动、参与讨论，都能在组内活动中作出贡献；每个能力水平不同学生在活动中会面对不同的挑战，能得到不同的发展。

（4）以观念建构为目的的反思设计。

学习任务结束后，要搭建反思交流的平台，提供反思的方向和线索。如引导学生反思对核心概念理解得如何，解决问题的思路、方法是怎样的，对基本理解的认识有哪些提升，等等。在这样的反思交流中，得到思想碰撞、观念更新。同时，还要注重对学生学习活动中的表现作出及时恰当的评价，不断调整和优化学习策略及思维方向，促进知识的意义建构。另外，还可以通过课后习题和访谈等途径获取学生观念建构的有关信息，以此为依据帮助学生进一步修正、完善、丰富观念体系。

综上所述，情境设计、问题设计和活动设计应该是连在一起的。创设的情境必须以问题为导向，能引起学生的思考；设计的问题必须产生于一定的情境中，与真实的生活、生产素材相联系。问题应该能引起学生的活动，应该让学生能在活动中得到解决，活动需要教师提前去设计；学生在小组活动中又会产生新的问题，这些问题会推动学生进行更深入的活动。这些问题和活动教师应提前进行预设，以确保实施有效教学。

【案例1】"原子的构成"（第1课时）教学设计（图4-5）。[①]

---

① 毕华林. 促进"观念建构"的化学教学设计 [J]. 中学化学教学参考，2011（8）：3-6.

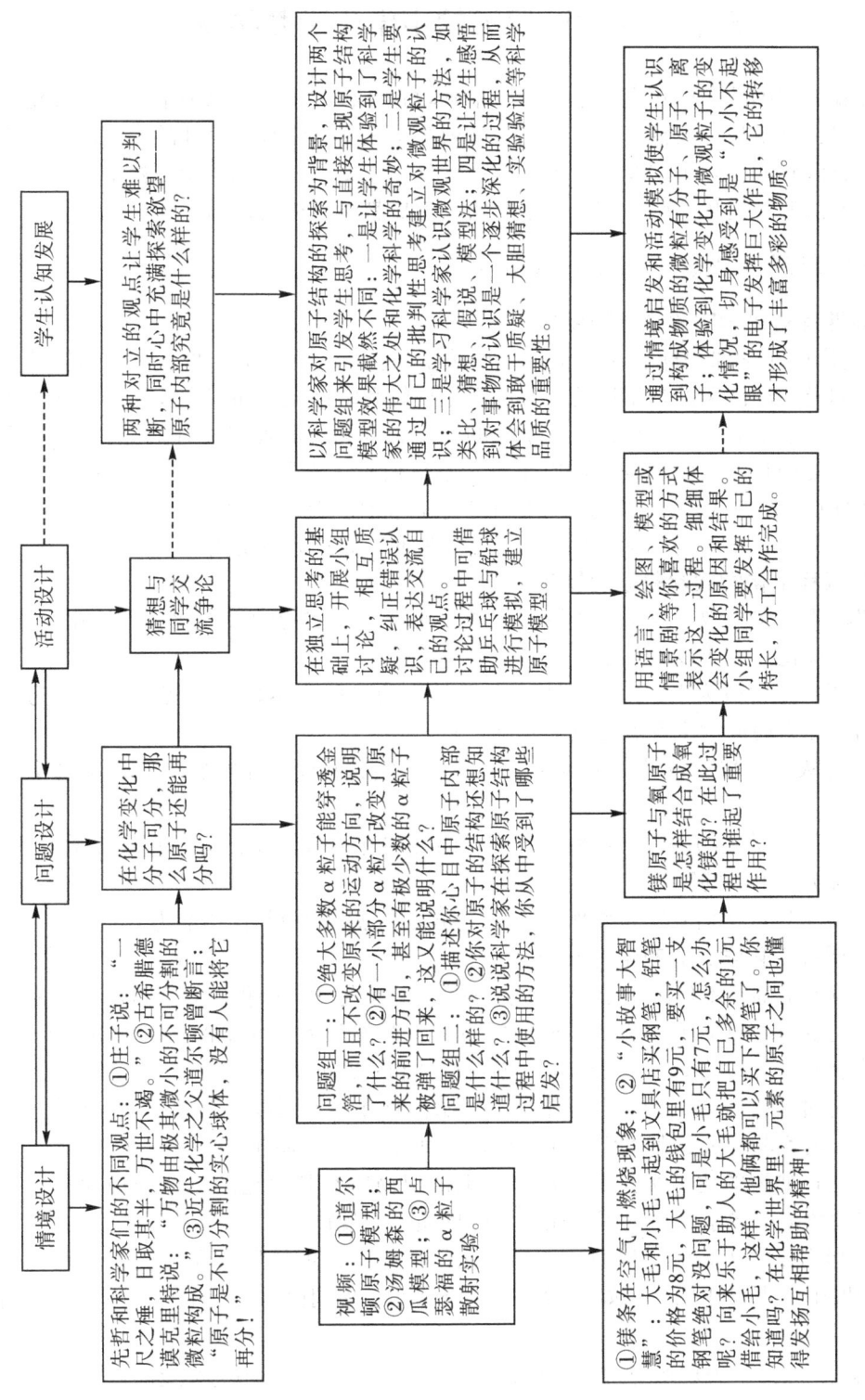

图4-6 "原子的构成"（第1课时）教学设计

# 三、基于实验探究的中学化学教学设计

以实验为基础的高中化学教学设计以基础教育课程改革的理念为指导,围绕化学实验改革的趋势,立足教学设计的基本框架,开展高中化学课堂教学设计的探究。它与化学实验设计是有区别的,除了涉及实验内容的设计外,还要系统考虑实验与教学设计系统中其他各因素的协调,优化实验对实现教学策略、达成教学目标的作用。

## (一) 新课程理念下化学实验教学

**1. 新课程对化学实验教学的要求**

《普通高中化学课程标准(实验)》明确指出:"化学实验有助于激发学生学习化学的兴趣,创设生动活泼的教学情境,帮助学生理解和掌握化学知识和技能,启迪学生的科学思维,训练学生的科学方法,培养学生的科学态度和价值观。"新课程高中化学内容设置,实验以集中和分散两种方式加以组织,不仅设置了专门的"化学实验基础"主题和独立的"实验化学"模块,以此来强化化学学科特征,还以"实验"和"实验探究"等各种形式渗透在"化学与生活""物质结构与性质"等其他各模块中。

**2. 新课程下化学实验教学的转变**

新课程化学实验教学要革除传统的积弊,实现化学实验的人性化、生活化、探究化、绿色化和现代化,完成以下几个质的转变:①

(1) 要从以学科为本、以实验为本向以学生的发展为本转变,使实验从作为知识灌输的基础转变为促进学生发展的重要基础之一。

(2) 要从为"教"设计实验向为"学"设计实验转变,让实验更好地配合学生的主动学习。

(3) 要从为学生的课内学习而设计实验向课内外结合转变,适应开放性学习的需要,加强化学与实际生活的联系。

(4) 要从只重视培养实验操作能力向培养实验思维能力和操作能力并重转变。

**3. 新课程下化学实验教学的方法**

以实验为基础并不仅限于学生动手做实验,高中化学新课程倡导通过以化学实验为主的多种探究活动,使学生体验科学研究的过程,激发学习化学的兴趣,强化科学探究意识,促进学习方式的转变,培养学生的创新精神和实践能力。

(1) 通过实验探究活动来学习化学。例如,通过"不同温度下 $Na_2S_2O_3$ 溶液与 $H_2SO_4$ 反应速率"的实验探究,帮助学生了解温度对化学反应速率的影响。

(2) 通过典型的化学实验事实帮助学生认识物质及其变化的本质和规律。例如,通过具体实验数据引导学生讨论碱金属元素的性质递变规律。

(3) 利用化学实验史实帮助学生了解化学概念、原理的形成和发展,认识实验在化学学科发展中的重要作用。例如,指导学生查阅元素周期律的发现史料,讨论元素周期律

---

① 竺丽英. 以实验为基础的高中化学教学设计 [D]. 杭州:浙江师范大学, 2005.

对化学科学发展的重要意义。

(4) 引导学生综合运用所学的化学知识和技能,进行实验设计和实验操作,分析和解决与化学有关的实际问题。例如,让学生设计实验探究"市售食盐中碘元素的含量",加强化学与实际生活的联系。

### (二) 高中化学"人教版"中实验的特点

高中化学"人教版"提倡通过探究式的活动,使学生切身体验科学研究的过程,在化学研究过程中激发学生的兴趣,增强科学探究的意识,促进学习方式上的改变,培养学生的实践能力和创新精神。

**1. 密切联系化学新课程改革的要求**

《普通高中化学课程标准(实验)》明确指出,新课程化学实验探究实验培训的宗旨就是提高每一位学生的科学素养,培养每一位学生的学习兴趣,使得学生获得全面发展。化学实验存在一定污染性和危险性,这就要求课堂教学树立以人为本的理念;注重化学实验的安全性,使学生在实验探究过程中不仅要注意自身的安全,还要注意他人的安全问题,最终树立对社会强烈的责任感。通过化学实验教学,培养学生自我保护和环境保护意识,还有社会可持续发展的良好意识。

**2. 紧密联系身边的社会问题**

化学是一把双刃剑,它在为人类社会发展作出贡献的同时,也直接或间接损害我们的生态环境,影响人类的生存和社会的可持续发展。有关化学的社会问题在高中化学"人教版"中经常出现,这类化学社会问题作为实验研究内容,具有非常重要的作用,让学生从化学的角度去分析、解释和解决有关化学的社会生活问题,促使学生得到很好的、全面的发展。

**3. 密切联系科技发展前沿**

在《普通高中化学课程标准(实验)》中,化学实验的手段与当今科技发展的前沿密切联系,高中化学"人教版"在选取和设计实验和实验探究时,大胆运用多种先进的实验手段。例如,用 pH 计测定中和反应中溶液 pH 的变化,用红外光谱法检验卤代烷中的卤素,用气相色谱法测定食醋中醋酸的含量等。这些较为先进的技术出现在"人教版"的教材中,使得学生感受到当今一些先进的仪器为我们所用,不再感觉科学研究是遥不可及的,这对培养和提高学生的实验技能和科学素养起到了良好的引导作用。

### (三) 化学实验教学设计的类型

**1. 问题探究型实验教学设计**

问题探究型实验是以解决问题为直接目的。问题可以源于教材演示实验的改进,也可以是对化学实验中的异常现象的探究,还可以来源于学生在生活中的发现等,通过探究寻找为什么、是什么、怎么办、怎么样等问题的答案,是探究性实验设计的重要内容。

**2. 知识建构型实验教学设计**

知识建构型实验是指通过实验探究过程完成基本概念、基本理论(或原理)的知识构建,通过学生的亲身经历加深对概念和理论的理解和掌握,同时提高了对演绎法、归纳法等科学探究方法的理解运用能力。

**3. 兴趣培养型实验教学设计**

兴趣是永远的老师，是不竭的原动力。化学实验的功能之一是培养学生的兴趣。在实验教学中，教师有意地安排一些兴趣实验是促进学生学习化学的重要方面。兴趣培养型实验包括趣味实验、家庭小实验及一些与学生生活紧密相关的实验题材。通过探究过程学生的化学实验兴趣得到提升，也使他们对化学学科以及其他自然学科更加热爱。

**（四）基于实验的化学教学设计案例**

【案例2】白色 $Fe(OH)_2$ 的制备探究性实验设计。[①]

1. 问题提出

$Fe(OH)_2$ 是铁的重要化合物，它的重要性质之一是易被氧化。在课堂演示 $Fe(OH)_2$ 的生成时，学生基本看不到白色沉淀而只能看到灰绿色的絮状物，对学生认识和理解其性质造成障碍。如何制取白色 $Fe(OH)_2$ 并长时间保持白色是教学中必须解决的问题。

2. 教学目标

（1）知识与技能：探究 $Fe(OH)_2$ 的制备方法，巩固 $Fe(OH)_2$ 的性质。

（2）过程与方法：通过独立思考，设计方案，动手操作，提高实验操作能力，培养实验探究能力；培养利用所学知识解决实际问题的能力。通过分组实验，提高团队合作能力。

（3）情感态度与价值观：感受科学探究的过程，培养科学探究的情感和事实求是的科学世界观。

3. 探究活动设计

【引发问题】教师展示事先制好的白色 $Fe(OH)_2$ 沉淀，然后按教材实验取 $FeSO_4$ 溶液插入 NaOH 溶液面下滴加，没有看到白色沉淀。提出问题：①什么原因造成没有看到白色沉淀而是看到灰绿色沉淀？②灰绿色沉淀是什么物质？③滴管插到试管底部的目的是什么？④如何才能制得白色 $Fe(OH)_2$ 沉淀并保持较长时间？

【学生活动】利用网络和学校图书馆查阅资料，分析推测灰绿色物质的组成成分。

【交流汇报】灰绿色沉淀可能为 $Fe(OH)_2$ 部分被氧化成了 $Fe(OH)_3$，因此制取纯净的白色 $Fe(OH)_2$ 需解决两个问题：

①制备纯净的 $Fe^{2+}$ 溶液，排除 $Fe^{3+}$ 干扰。

②$Fe(OH)_2$ 生成和保存过程环境中没有氧气。

【搜集资料】每位同学都要积极搜集资料，写出初步实验设计，教师审阅汇总，分几个实验小组。

【分组讨论】小组成员集中交流讨论，最后确定具体的实验方案，写出实验设计交老师审阅。

4. 学生设计方案示例

方案一：①将 NaOH 溶液置于试管中煮沸，迅速在上方加入 1~2mL 苯备用。

---

[①] 白雪英. 中学化学探究性实验教学设计与实践研究 [D]. 石家庄：河北师范大学，2008.

②将 FeSO₄ 晶体加入放有铁钉的稀盐酸中溶解。

③待溶解 FeSO₄ 的试管中产生大量气泡一段时间，迅速用滴管吸取 FeSO₄ 溶液滴入装有 NaOH 的试管中，如图 4-6 所示。

方案二：①在锥形瓶 A 中加入适量的铁粉和硫酸，锥形瓶 B 中是 NaOH 溶液，打开止水夹，并检验 B 支管口氢气的纯度。

②氢气纯净后，关闭止水夹观察锥形瓶 B 中的现象。如图 4-7 所示。

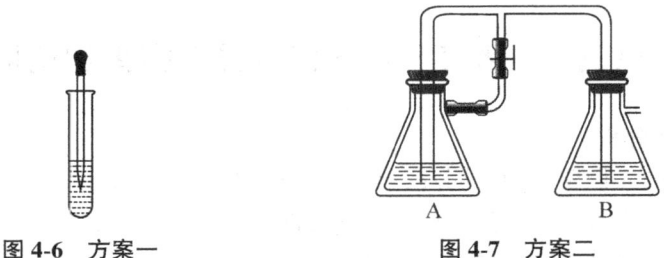

图 4-6　方案一　　　　图 4-7　方案二

方案三：用铁作阳极，碳棒作阴极，NaCl 溶液作电解液，电解（图 4-8）。

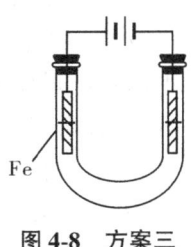

图 4-8　方案三

【实验探究】教师和实验员老师准备实验，学生进行实验探究；教师给予指导。

【汇报、分析交流】各组同学分别对小组实验情况开展交流、汇报和评价。

# 第五章　化学课教学设计经典案例

## 教学课例1：绪言　化学使世界变得更加绚丽多彩

**【教学内容和学情分析】**

现实生活中的人们要成为好朋友，总是对彼此的第一印象记忆深刻。绪言是第一节化学课，所以在教学中具有特殊的地位。在绪言课上我们最容易看到学生好奇的眼神和渴求的目光，最容易听到学生稚嫩的问题，最容易感受到学生由衷的赞叹。如何使这一切顺利转化为学生学习的动力、探究的渴望和科学的态度，是每一位化学教师非常关注的问题。一节课的时间解决不了所有问题，但我们必须为后续学习打下良好的基础，迈好第一步。由于本课题是以非知识内容教学为主，因此教学任务就是让学生认识化学、感受化学、体验化学的魅力。所以，本课题的教学必须提出具有一定趣味性和想象力、学科内涵的问题，调动学生的学习兴趣，消除部分学生的畏惧心理，使学生从第一节化学课就开始感受化学的学科价值，产生学习化学的强烈愿望。本课题的教学，从引起孩子们兴趣且熟悉的燃放鞭炮导入，从学生升入初三前的暑假兴趣作业入手，合理自然地引出课题和化学的定义，与学生一起搜集和整理与化学有关的影响人类社会生活的资料，进行交流讨论，并运用实例使学生对其有较为透彻的了解。注重渗透情感态度和价值观教育，使学生充分体会化学与人类进步、社会发展的密切关系，充分展示化学的魅力和学习化学的价值所在。

为提前了解学生学习生活等基本情况，争取教学主动权，对即将升入初三的全体学生以"心中的化学"和"身边的化学"为主题进行问卷调查。调查结果如下［以初二（3）班为例］。

调查显示：化学学科给大多数家长和同学留下了良好的印象，但仍有41.4%的同学表示对化学也有很多坏印象，有些同学明确提出水污染和毒气危害等与化学有关的问题。作为农村地区学生，有20.7%的同学提到了药品和农药。62.1%的同学能说出化学与现实生活有密切关系，但说不出具体原因。55.2%的同学能写出自己认为与化学有关的一些物质名称。6.9%的同学说出化学具有一定危险性。20.7%的同学认为化学与数学、物理类似，背、用公式很重要。

从调查结果看，课堂要解决三个问题：通过本课题学习，学生对化学学科有正确的且较为全面的认识。世界是物质的，化学研究的对象就是物质。通过本课题学习，学生对化学学科有正面的认识。有毒物质的危害和污染不是化学的错,是人类对化学的无知所导致的错误,所以我们更有必要学好化学。通过本课题学习,保护和发展学生对化学最初的那份兴趣和好奇感,将其最大限度地转化为学生学习化学的动力。

【教学目标】

**1. 知识与技能**

在视频展示和兴趣作业实践的基础上,经探究讨论,学生知道化学是研究物质的组成、结构、性质及其变化规律的自然科学。

**2. 过程与方法**

学生通过合作学习和讨论交流,构建从宏观到微观,从具体到一般的化学学习方法。

**3. 情感态度与价值观**

学生通过讨论交流化学在现实生活中的应用,培养亲近化学、热爱化学,正确认识人与化学的关系,树立唯物主义科学观。学生在教师的引导下展示和探究化学之美,对美的认识从外在美引向内在美,陶冶情操。学生通过展示和交流化学对人类的巨大贡献和美好前景,受到鼓舞,逐渐培养爱科学、爱祖国的情感。

【教学重、难点】

**1. 重点**

正确认识化学学科,化学的价值与社会生活的关系。

**2. 难点**

正确认识化学学科的微观视角。

【教学方法】

学生自主学习,汇报展示、演示实验、活动讨论。

【教学媒体】

气球、视频等。

【教学设计思路】

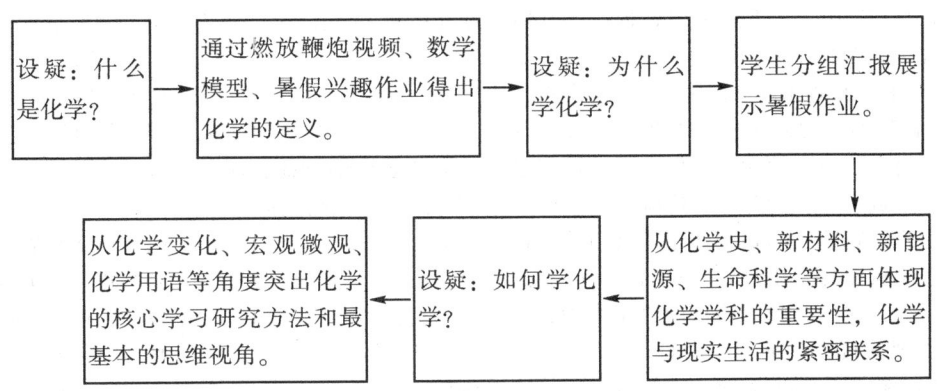

【教学过程】

| 教学环节 | 教师活动 | 学生活动 | 设计意图 |
|---|---|---|---|
| 导入 | 【导语】新学期开学了，对我们的一生来说都很重要的一门新学科要"开业"了，按照我们中国人的习惯"开业"吧：播放燃放鞭炮视频。<br>【提问】燃放鞭炮的习俗在我国已经有2000多年的历史了。燃放鞭炮不再是为驱鬼，而是为了营造喜庆气氛。刚才视频中你看到了什么？根据生活经验回答你还感受到了其他什么？<br>积极评价同学们的良好表现。渗透化学现象的观察要求。<br>【演示】教师拿出一个充好气的气球当场扎破。<br>【提问】鞭炮的爆炸和该气球的爆炸有什么不同？<br>积极评价同学们的良好表现：同学们说得很对，气球的爆炸是简单的物理原理，而鞭炮的爆炸是因为发生了化学变化，放出的热量使体积膨胀而爆炸。这是我们化学学科研究的问题。<br>热闹的鞭炮声后还有多少值得探究的问题呢？请同学们课下在"百度百科"中搜一搜鞭炮的历史，交流一下你的收获。 | 认真观看视频。<br>讨论，积极回答问题：爆炸、响声、冒烟、碎纸等；闻到刺激性气味……<br>认真观察。<br>积极讨论，回答问题：鞭炮点燃才能爆炸，气球不需点燃；内部压力大才能爆炸……<br>认真听讲，感受物理变化和化学变化研究问题对象的不同。<br>课余时间完成。 | 贴近生活，把化学与社会生活联系起来。<br>吸引学生注意力，提高学习兴趣。<br>渗透化学与历史文化的联系。<br>培养观察意识和表达能力。<br>渗透化学实验的最基本方法：实验对比，并引出话题。<br>为学习物理变化和化学变化等后续问题打下基础。<br>课后延伸安全、环保等问题，正确认识化学污染等。 |
| 引出定义 | 【导语】说到化学研究，同学们在假期已经进行了一项研究了。现在请同学们来给大家汇报情况吧，需要补充时请同学们及时补充。看看谁研究得最好！<br>【评价】积极评价同学们假期的兴趣实验。<br>【讲解】不同的液体使紫甘蓝（桑葚）汁的紫色变成不同的颜色，很多同学进行了非常准确、合理的分类，这就是化学研究的过程。物质之间相互作用千变万化，这些色彩斑斓的变化背后是我们可以探寻到的规律，这也是我们追求的科学真理，追求真理的过程既曲折、漫长又同样精彩、快乐。物质变化有规律，这是由物质的性质决定的。 | 主动展示暑假研究成果。欣赏同学们的精彩表现，相互补充，讨论。<br>认真听讲，感受化学研究并不是遥远的梦想，而是实实在在的实践过程。<br>认真观察。 | 从有趣的颜色变化到物质的归类，突出"变化"和"规律"，从而为引出"什么是化学"做好铺垫。<br>引用和延伸学生已有的知识，使学生对性质和结构的逻辑关系有初步认识。 |

续表

| 教学环节 | 教师活动 | 学生活动 | 设计意图 |
|---|---|---|---|
| 引出定义 | 【演示】让同学演示三角形模型和四边形模型的稳定性。<br>【提问】什么原因导致有一个是稳定的性质而另一个是不稳定性质呢?<br>【评价】同学们的学习能力很强,到现在已经知道了什么是化学了。大家总结一下。<br>【板书】一、化学的定义<br>化学是研究物质的组成、结构、性质及其变化规律的自然科学。 | 回答:三角形稳定,四边形不稳定。<br>是结构决定的。数学课学过。<br>积极发言。<br>做笔记。 | 落实知识目标。 |
| 了解化学 | 【提问】人类发展史上第一个里程碑事件就是化学事件。请你猜猜这件事情是什么?<br>【追问】为什么这件事情这么重要?<br>【讲解】同学们说得非常好。<br>化学是一门古老而年轻,充满魅力的社会生活的中心科学。<br>【提问】你知道中国人引以为傲的四大发明是什么吗?你觉得是否与化学有关?<br>【评价】同学们说得很好。古代历史上的制作陶器到青铜器、铁器、酿酒、印染等都是人类的化学实践。一次次化学发明和创造积极推动了人类历史向前发展。 | 同学们在教师的引导下积极发言讨论,交互讨论。<br><br>聆听,并产生疑问:为什么这么说?<br>积极发言,交互讨论。<br>回答:中国历史上的四大发明是造纸术、指南针、火药、活字印刷术,其中有两个就是化学发明。 | 提高兴趣,强调化学研究的重要意义。<br>感受化学悠久的历史,理解"古老"。化学成就是社会文明的重要标志。 |
| | 【讲解】我国历史上虽然有了高度发展的经验性化学,但近代化学却是从欧洲传过来的。直到19世纪化学高速发展,推动了人类社会的迅猛发展,才使世界真正变得绚丽多彩! | 感受历史发展的兴衰与科学发展的关系。 | 感受化学的历史,理解"年轻"。 |
| | 【导语】上课之前每一个学习小组的同学都承担了一项研究任务。请大家欣赏一下各学习小组同学的汇报展示。<br>【评价】感谢第一组同学们的精彩展示。这种美是我们内心的一种美好感受,需要用美丽的心灵去感受。<br>【导语】化学的美还在于其价值,是价值美。我们的日常生活离不开化学。让我们一起感受化学的价值之美吧。<br>请第二小组同学展示PPT。<br>【评价】感谢第二组同学们的精彩展示。 | 第一小组同学展示PPT:<br>主题:化学之美<br>形式:图文<br>内容:化学是美丽的,所以充满了魅力。化学之美是色彩之美、结构之美,更是一种内在之美、变化之美、创造之美。 | 使学生感受化学之美。<br><br>认识化学新材料研究。 |

续表

| 教学环节 | 教师活动 | 学生活动 | 设计意图 |
| --- | --- | --- | --- |
| 了解化学 | 【导语】现实生活中不但各种材料是化学研究的对象，人生老病死的生命历程也与化学不无关系。你的体内时刻发生着化学反应，这是维持生命活动的需要。懂化学才能真正懂得生命。生命科学的基础是化学。请第三小组同学展示PPT。<br>【评价】感谢第三组同学们的精彩展示。<br>【导语】我们无法长生不老，但我们可以长寿，生活要有品质，有品位。现代社会中"住"是一个很重要的话题，每天各类新闻媒体中有关"住"的话题始终是热门。请第四小组同学展示PPT。<br>【评价】感谢第四组同学们的精彩展示。<br>【导语】古代宝驹日行千里，现代社会已经完成孙悟空的一个筋斗十万八千里的梦想。那么在"行"这方面化学又有什么作为呢？请第五小组同学展示PPT。<br>【评价】感谢第五组同学们的精彩展示。<br>【导语】化学在多方面表现突出，但教师在同学们的问卷调查中发现了他们的担忧。同学们都提到了有毒有害物质的危害和污染。<br>【提问】那么你是怎么理解化学污染的呢？化学污染是化学物质的错误吗？<br>【点评】人类社会要可持续发展必须依靠化学科技的发展，我们学好化学，可以为家乡，为祖国，甚至为人类的可持续发展作出自己的贡献。<br>【总结】总结以上内容我们不难发现：化学是社会生活中的中心科学。<br><br>（化学关系图：化学居中，周围有土壤化学、物理化学、农业化学、材料化学、环境化学、医用化学、生物化学、药物化学、营养化学、宇宙化学、地球化学、海洋化学） | 主题：化学与生活之"衣"<br>形式：图文<br>内容：各种新材料服装、2010年世界杯球衣、航天服等。<br><br>主题：化学与生活之"食"<br>形式：图文<br>内容：生命科学、化肥农药等。主要围绕六大营养展示，但不强调具体知识点。<br><br>主题：化学与生活之"住"<br>形式：图文<br>内容：新材料、低碳节能住宅、奥运场馆等建筑。<br><br>主题：化学与生活之"行"<br>形式：图文<br>内容：新能源汽车、交通发展（海陆空到太空）。<br><br><br>讨论回答：有毒有害污染不是化学的错，是人类对化学的无知和轻视造成的错误。<br>感受化学研究在社会生活中的中心地位和重要作用。 | 认识化学与生命科学的关系。<br><br>认识化学与新材料及社会发展的关系。<br><br>认识化学与能源、环境保护的关系。<br><br>在课堂教学中渗透环保、低碳意识的教育。<br><br>强调化学学科的重要性，鼓励学生学好化学。 |

续表

| 教学环节 | 教师活动 | 学生活动 | 设计意图 |
|---|---|---|---|
| 如何学习化学 | 【导语】那么面对如此丰富而充满魅力的化学，我们如何学习呢？<br><br>【板书】二、化学的学习和研究方法<br>【演示】请同学给大家演示兴趣实验，并由教师提问，师生共同讨论后总结。<br>【讲解】化学以实验为研究手段，以实验事实为依据。外表现象背后隐藏着真理，一代代的科学工作者在探索科学真理的长期的、曲折的过程中推动了化学的发展和文明的进步。<br>【板书】①化学以实验为主要的研究方法。<br>【导语】化学以实验为研究手段以外还有一个非常重要的特点。<br>【提问】一个10cm的线段可以分成几个2cm的线段？<br>【追问】2cm的线段还能切分吗？无限切分下去，线段可以分成什么？<br>【讲解】初中数学告诉我们移动点可以成线，然而，从那个点的视角去研究线段也是化学中研究分析问题的视角。<br>【板书】②化学分析和思考问题角度。<br>从现象入手，探寻本质，从极小的微粒角度分析、解释问题。<br>【视频展示】由远而近配合音效快速拉近视频镜头：从外太空→地球→掠地球表面→跟着一滴水进入海洋→微观镜头。<br>【提问】最后镜头中小微粒与水中生物是什么关系？<br>【讲解】你是否理解了什么叫微观呢？科学家曾预言，未来科学研究的两个发展方向：一是向太空无限扩展，二是向微观世界不断地进发。请你感受对未来医学的有趣想象：人造机器人，机器人再造小机器人，小机器人再造更小的机器人，如此往复，最终造出来的小小机器人小到直接进入人体内修复损伤器官和部位，达到无痛治疗而痊愈的目的。 | 实验：酸碱中和（酚酞指示，碱上加酸，再加碱）、变字魔术、产生沉淀。<br><br>观察现象，回答问题。<br><br><br><br><br><br><br>做笔记。<br><br>回答问题。<br><br><br>回答：可以分成无数个点。<br><br><br><br>做笔记<br><br><br><br><br><br>认真观看视频，视听享受，感叹物质世界的美妙，对宏观和微观的视角初步形成深刻的印象。<br>回答：小微粒是水中物质的构成部分。<br><br><br><br><br><br>认真听讲，思考、想象。 | 前后呼应（暑假趣味作业原理），感受化学实验，进行观察描述训练，培养最基本的化学素养。<br><br><br>落实核心观点。<br><br><br><br><br><br>落实核心观点。<br><br><br>给学生视听冲击，渗透物质是化学的，物质之间普遍存在着联系。<br>感受微观角度，但不提分子、原子的概念。<br><br>使学生对未来科技发展有强烈的好奇心和美好的憧憬。这是创新意识的原动力。 |

续表

| 教学环节 | 教师活动 | 学生活动 | 设计意图 |
|---|---|---|---|
| 如何学习化学 | 这就是我们学习和研究化学的全新视角。<br>【导语】学习需要交流，化学有自己独特的用语。<br>【提问】下列水的几种表达式中你认为哪一个更科学？请你分析它们的优势和劣势。<br><br>汉字表示　英文表示　蒙文表示　画图表示　化学用语表示<br>水　　Water　ᠤᠰᠤ　〇　$H_2O$<br><br>【提问】请你总结一下本节课都学到了什么。<br>【讲解】人类认识世界的过程就是化学发展史。这个过程是漫长而曲折的，也是一次次突破难题的过程。学习化学要养成观察，再观察，思考，再思考的良好习惯，要去感受每一次成功之后的愉悦，使自己不断成长。 | 交互讨论并总结。 | |
| 作业 | 请欣赏上届学生的配乐朗读《假如没有化学》，写一篇不少于300字的短文：《假如没有化学——写在化学第一节课后》 | 完成初三化学学习后再写一篇《假如没有化学——写在初三化学毕业之时》进行对比。 | 让学生感悟自己的成长。 |

| 附：暑假趣味作业设计 ||
|---|---|
| 暑假趣味作业内容要求 | 设计意图 |
| 1. 初二第二学期期末学生暑假化学兴趣实验作业内容如下。<br>第一步：想办法利用紫甘蓝菜或桑葚（北京地区夏季桑葚上市）制得紫色汁液。<br>第二步：分别准备少量碱面水和白醋，加入上述紫色液体，观察现象，做好记录。为什么有这样的现象？如果你了解其中的奥秘给大家讲讲吧！<br>第三步：请你从家里找找其他液体，如洁厕灵、厨房清洁剂（"威猛先生"）等液体试试，并给这些液体归归类。比比谁做得最多、最好！ | ①提前做好学好化学的心理准备。<br>②贴近现实生活，激发学习兴趣。<br>③从有趣的颜色变化到物质的归类，突出"变化"和"规律"，从而为引出"什么是化学"做好铺垫。 |

续表

| |
|---|
| 2. 暑假上网学习活动安排。<br>要求同学们利用暑假上"初三化学博客"学习。<br>博客网址：http：//jdzxcshxa. blog. 163. com/<br>网页主要内容如下。<br>①日志：以衣、食、住、行为主线介绍化学与现实生活联系的浅显易懂的文章。<br>②相册：2007届、2008届、2009届、2010届初三学生做化学实验的照片，以金属、溶液、水、化学与新材料、化学之美为题的图片等。<br>③友情链接、留言交流等栏目。 |

【板书设计】

| |
|---|
| 绪言　化学使世界变得更加绚丽多彩<br>一、化学的定义<br>化学是研究物质的组成、结构、性质及其变化规律的自然科学。<br>二、化学的学习和研究方法<br>①化学以实验为主要的研究方法。<br>②化学分析和思考问题角度。<br>从现象入手，探寻本质，从极小的微粒角度分析、解释问题。 |

【教案评析】

本课例是2012年全国优质课比赛一等奖获得者的参赛教案。该老师在充分了解学生并且做了精彩的准备工作之后上了一节特别精彩的九年级化学绪言课。初三化学绪言是学生进入化学殿堂的第一节课，学生充满好奇心，但学生对学科和教师的陌生往往使课堂效果打折扣，教师在给学生的假期生活不造成学习负担的前提下，利用暑假安排了趣味实验和分组上网学习的作业，培养了学生的自学能力，同时加强了师生之间的沟通和交流。

本课题教学设计以三个大的问题框架来展开的：①化学是什么？②为什么学化学？③如何学习化学？其中，"化学是什么"和"如何学习化学"两个问题是教师带领同学们一起探讨总结。而"为什么学习化学"的问题是提前安排给同学们课前完成，并在课堂上展示交流的，具有较强的主动性。在这一环节中，把学生了解"为什么学习化学"的问题设计成了学生的认识从化学到生活的过程，是学生到社会生活中认识化学的过程，是在课堂教学中把课堂真正还给学生的过程。学生的自学能力和想象能力得以充分发挥。

本教学设计中的教学环节中细心地植入和渗透"宏观、微观"的学科视角，"化学是一门实验科学""分类对比""结构决定性质""模型化思想"的学科思想方法，"科学为提高人类生活品质服务"的科学观等，让学生在轻松和无形中体验和感受化学的魅力。

该老师让学生分组展示自己的暑期调查，让学生去经历体验学习的过程，将课堂还给学生，鼓励不同个性的学习见解，让思想冲撞思想，让方法启迪方法，找到知识的区别和内在联系，使课堂的高潮尽在"不可预设"的"现场生成"上。

# 教学课例2：第三单元 课题1 画水

【教学内容和学情分析】

分子、原子对于我们来说是另一个世界——微观世界，对微粒的认识要借助学生的想象力和利用模型将其宏观化，所以本节课以宏观物质"水"的无限分割，调动学生的抽象思维能力，以模型建构为主线，采用探究为主的教学方式，让学生体验通过观察发现问题—提出假设—论证或验证假设，通过问题的不断深化，自我修正对分子认识的偏差，逐步形成对分子完整、正确的认识，学会用微粒的观点看待物质的组成和结构，解释物质的性质和变化。

教师的教学对象是郊区的农村学生，开学初做过访谈，对他们来说，第一次明确物质这个词是在小学科学课上，那时候水、空气和岩石都是物质。直到初三学化学，他们才明白原来水和空气是不一样的，水是一种物质，而空气里有多种物质，这是他们的物质基础。学生已经从物理课上学习了有关分子的知识，如分子在不停地做无规则运动、分子之间存在相互作用力，但对他们来说，分子和物质之间的关联关系并没有建立，分子是不停做无规则运动的小球，对实际分子的模型没有认识。建构主义者认为，知识不是通过教师传授得到，而是学习者在一定的情境下，借助其他人（包括教师和学习伙伴）的帮助，因此需要引导学生利用必要的学习资源，通过意义建构的方式来获得知识。学习者具有积极的自我控制、目标导向和反思型的特点，因此需要引导学生在学习情境中的发现问题、解决问题，构建知识。

【教学目标】

（1）以具体事实为情境，通过小组讨论，确立物质由微粒构成的观点。

（2）从所给资料和回忆已有知识归纳、整理、总结分子的性质，初步建立微观模型。再通过对演示实验的观察、分析与思考，应用微观模型解释实验现象。

（3）通过练习，能够应用所学知识从分子角度解释某些宏观现象，说明混合物、纯净物等概念。

（4）通过小组相互评价，促进学生对概念的理解，促进与人交流的能力。

【教学重、难点】

**1. 重点**

认识分子、原子是客观存在的；了解分子性质；会用分子、原子的观点解释日常生活中的现象。

**2. 难点**

形成初步的微粒观。

【教学方法】

实验探究法、多媒体辅助法、对比分析法、小组合作交流法。

【药品及仪器】

蒸馏水、热水、酒精、品红固体、250 mL 烧杯4个、药匙、分子间隔演示仪等。

## 【教学设计思路】

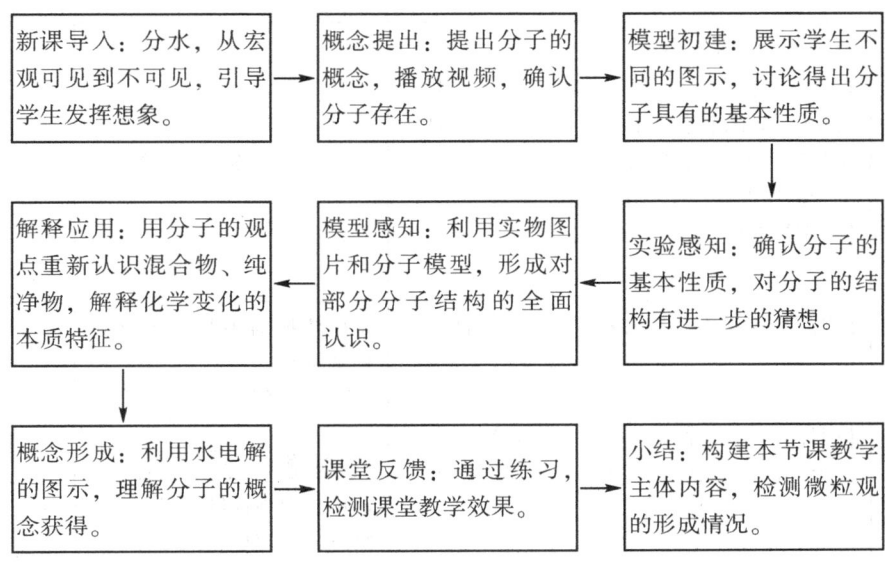

## 【教学过程】

| 教学环节 | 教师活动 | 学生活动 | 设计意图 |
|---|---|---|---|
| 创设情境 | 【引言】祖国的大好河山被画家和摄影师们描绘成美丽的山水画，有山的映衬，水更柔美；有水的陪伴，山更显隽秀。今天我们也来画一画水。<br>【展示一杯水】<br>如果请你来画这杯水，你会怎么画呢？ | 画水： | 对宏观物质有认识，为宏观与微观相联系做基石。 |
| 新课引入 | 【实验】分水<br>教师将一杯水每次倒出1/2，一直分下去，当还有一滴时，还能分吗？继续分下去，结果会如何？ | 学生展开想象：<br>能分，看不见了；借助显微镜就能看见。 | 激发学生的想象力。 |
| 概念提出 | 【讲解】物质都是由很小的微粒构成的，分子是其中的一种。科学家们就在显微镜下看到了水分子。<br>【视频播放】扫描隧道显微镜下的水分子。<br>【讲解】事实证明，水是由分子构成的，还有很多物质也是由分子构成的。<br>如：氧气由氧分子构成；氢气由氢分子构成；酒精由酒精分子构成。二氧化碳是由什么分子构成的？ | 观看，观察。<br>确信分子真实存在。<br><br>聆听。<br>想象分子之小。 | 知道分子是很小很小的粒子，是构成物质的基本微粒。 |

续表

| 教学环节 | 教师活动 | 学生活动 | 设计意图 |
|---|---|---|---|
| 概念提出 | 分子很小，有多小呢？<br>1个水分子的质量为 $3\times10^{-26}$ kg；一滴水含有 15 万亿亿个水分子；一滴水中含有的分子如果让 13 亿中国人以每人每分钟 100 个分子的速度数，能数多少年？<br>【板书】分子很小。 | 计算，数字感知分子之小。 | |
| 模型初建 | 【提问】现在你认为水分子是什么样的呢？<br><br>【引导】当我们仰望星空时，每颗星星都是一个"闪亮的点"，事实上，星星是点吗？<br><br>【提问】我们用一个小球（随手在黑板上画）来表示水分子，再来画这杯水，你会怎么画呢？ | 学生依据对视频的观察和理解画水：<br><br>讨论，表述各自的理由。<br>整理公认的想法：<br>水分子之间是有空隙的；<br>水分子在不断运动，运动还没有明显的规律。 | 初步构建模型。<br><br>互相学习，初步纠正认识中的偏差。 |
| 实验感知 | 【提问】1. 烧杯的上半部分有水分子吗？<br>2. 为什么？<br>3. 水是由水分子构成的，水蒸发过程的实质是什么？<br>4. 分子是在运动的吗？你能用一些事例或实验证明分子在运动吗？<br>演示实验 1<br>将品红固体分别放入盛有热水（左）和冷水（右）的烧杯中。<br><br>【板书】分子在不断运动。<br>【小结】所以在烧杯的上半部分应该有水分子。<br>师：结合图片 | 有，水能蒸发（分子是运动的），是水分子不断向外运动的过程。<br>讨论，回答：酒精挥发、湿衣服晾干等。<br><br>现象：<br>在热水中，品红很快扩散；<br>在冷水中，品红扩散较慢。<br>最终都成为红色、均一、稳定的液体。<br><br><br>结论：<br>1. 分子在不断运动；<br>2. 温度越高，分子运动速度越快；<br>3. 分子之间是有间隔的，使两种分子能够混合均匀。 | 验证同学们的分析，确认分子是在不断运动的，且分子运动速率与温度有关。 |

续表

| 教学环节 | 教师活动 | 学生活动 | 设计意图 |
|---|---|---|---|
| 实验感知 | 那么分子之间有空隙吗？你有什么实例可以证明你的说法吗？<br>气体分子间有空隙，我们很好理解，那水分子之间也有空隙吗？<br><br>演示实验2<br>酒精与水混合。 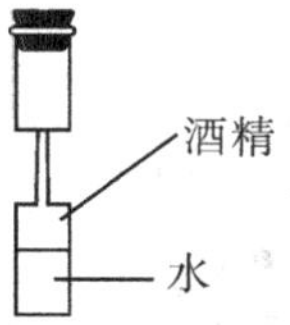<br><br>（图示：酒精在上，水在下的装置）<br><br>【板书】分子之间存在空隙。<br>【讲解】对，正是因为分子之间有空隙，当两种物质混合时，分子间空隙被充分挤占，使总体积缩小。也正是因为分子间有空隙，空气才能被压缩。<br>【小结】分子很小，并且在不断运动，分子之间有空隙，是任何物质的分子具有的基本性质。<br>【板书】一、分子的性质 | 注射器装入空气可以压缩。<br><br><br><br><br>观察实验，描述现象：总体积减小。<br><br><br>分析总体积缩小的原因。<br><br><br><br>实验结论：分子之间有空隙。<br><br><br>聆听。 | 验证同学们的分析，确认分子之间有空隙，并初步了解空隙产生的原因。 |
| 模型感知 | 【实验操作】将酒精溶液倒入烧杯中。<br>【提问】你能画出这杯酒精和水的混合溶液吗？<br>展示同学们所画的酒精溶液和水，组织讨论（关于溶液的均一性，不作为本节课讨论的内容），分析哪幅图更有道理。<br><br><br><br><br>【讲解】不同物质的分子结构确实不同，通过扫描隧道显微镜可以获得不同分子的图像。<br>【图片展示】展示用扫描隧道显微镜获得的苯分子的图像，酒精、水等分子模型。 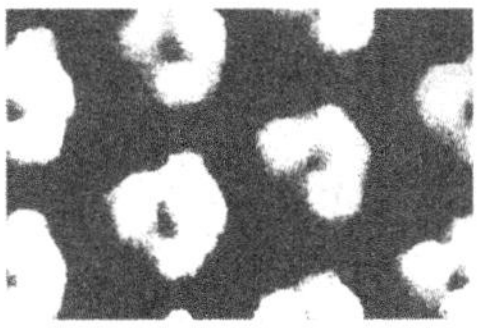<br><br>（苯分子图像）<br>苯分子 | 画酒精溶液： 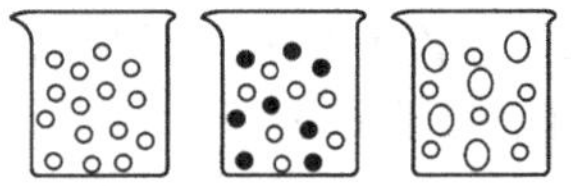<br>（三个烧杯示意图）<br><br>讨论，表达各自的想法，碰撞出公认的观点：<br>酒精溶液也是由很多分子构成的，这些分子之间也有空隙……<br>酒精溶液中有两种分子，这两种分子应该是不同的，分子之间有空隙……<br><br>观察图片和模型。 | 验证同学们的猜想，为从微观上解释纯净物、混合物奠定基础。<br>对分子的结构产生认识，为下一个环节做铺垫。 |

| 教学环节 | 教师活动 | 学生活动 | 设计意图 |
|---|---|---|---|
| 模型感知 | 乙醇（酒精）分子　水分子<br>氧分子　氢分子<br>二氧化碳分子<br>【提问】现在再画这杯水，你会怎么画呢？ | 看图片。<br>画水： | |
| 解释应用 | 水　酒精溶液<br>【提问】这是同学们画的水和酒精液，水中有几种分子？酒精溶液中有几种分子？<br>【模型】将许多水分子比例模型放入一只大烧杯中，让学生观察。<br>水<br>【讲解】水是纯净物，只含有一种分子；酒精溶液是混合物，含有两种分子。<br>【练习】二氧化碳、氧气、空气、糖水等。<br>【小结、板书】<br>二、混合物——由多种分子构成<br>　　纯净物——由一种分子构成<br>【实验】将8个水分子的球棍模型放入大烧杯，让同学分水。 | 回答：<br>水中有一种分子；酒精溶液中有两种分子。<br><br>感受水是由大量水分子构成的。<br><br><br><br><br><br>观察实验。 | 通过比例模型，明确水中只有一种分子：水分子。<br><br><br><br>初步形成微粒观，并用微粒的观点看待物质的组成。 |

续表

| 教学环节 | 教师活动 | 学生活动 | 设计意图 |
|---|---|---|---|
| 解释应用 | 【展示水蒸发图片】<br> <br>【实验演示】加热一烧杯的水时水分子的变化。<br><br>【提问】水除了可以发生三态变化，还能被电解，水电解得到什么？<br><br>【展示水电解图片】<br> 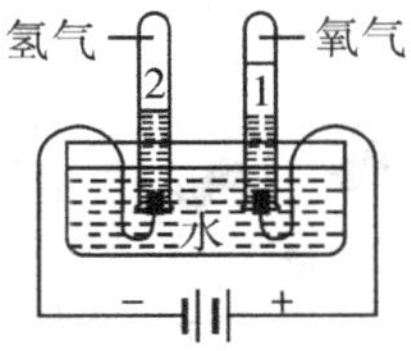<br>【提问】如果用两个电极给这杯水通电，这杯水就要被电解了，你能演示一下水电解的过程吗？<br>上述两个实验过程如果用水分子表示出来，你会怎么画呢？<br><br>【提问】这两个变化有什么不同？<br>【板书】<br>三、物理变化：分子本身不发生变化，分子间空隙一定变化<br>化学变化：分子本身发生改变 | 分到只剩一个水分子时产生分歧：<br>①不能分了，再分就不是水了！<br>②可以分！<br>演示并体会分子没变，分子间空隙变大。<br>回答：<br>氢气、氧气。<br><br>演示，体会分子被拆分并产生新分子的过程。<br>画图：<br> 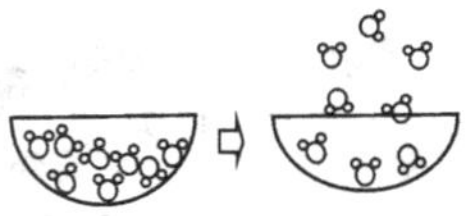<br>水的蒸发<br> 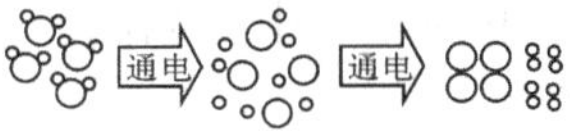<br>水的电解<br>讨论两个变化的根本区别：<br>1. 水的蒸发是物理变化，水的电解是化学变化。<br>2. 电解水时，水分子被拆分了，最后变成氢分子和氧分子；水蒸发时，水分子没变，水分子之间的空隙变大了。 | 学会用微粒的观点看待物质变化的实质。 |
| 概念形成 | 【过渡】水分解成氢气和氧气时，水分子发生了变化，变成了氢分子和氧分子。氢分子、氧分子与水分子的化学性质相同吗？<br>【讲解】水分子发生变化，水的化学性质也随之不复存在。<br>【板书】四、分子定义<br>分子是保持物质化学性质的最小粒子。 | 回答：不同。<br>理解分子的概念。 | 利用水电解的图示，理解分子的概念。 |
| 课堂反馈 | 课堂应用练习：<br>见附1 | 完成练习并小组评价。 | 检测教学效果。 |

| 教学环节 | 教师活动 | 学生活动 | 设计意图 |
|---|---|---|---|
| 小结 | 【展示一杯酒精】<br>【提问】我这里有一杯酒精，你现在看它，跟你上这节课之前看它一样吗？若不一样，怎么不一样？ | 各抒己见：<br>我看到这里边有很多酒精分子，在不断地往外跑…… | 检测微粒观的形成情况。 |

**附1：课堂反馈**

1.（5分）"墙角数枝梅，凌寒独自开。遥知不是雪，为有暗香来"（王安石《梅花》）。诗人在远处就能闻到梅花香味的原因是（　　）。

A. 分子很小　　　　　　　　B. 分子是可分的

C. 分子之间有间隔　　　　　D. 分子在不断地运动

2.（10分）已知"●""○"表示不同的粒子，下列表示的物质中，属于纯净物的是（　　），属于混合物的是（　　）。

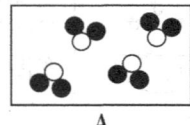 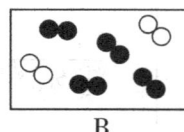 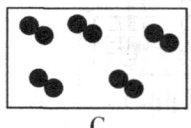 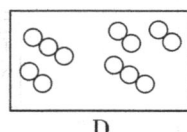
　　A　　　　　　　B　　　　　　　C　　　　　　　D

3.（10分）下列图形中，相同的表示同种分子，则A→B属于_____变化，A→C属于_____变化。

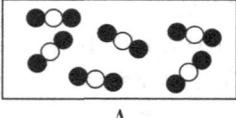 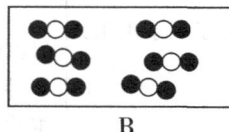 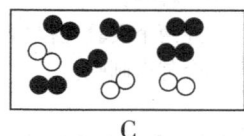
　　A　　　　　　　　B　　　　　　　　C

4.（5分）淀粉溶液遇碘变蓝色。实验表明，无论是固体碘还是碘蒸气，均能使淀粉溶液变蓝色。这一现象说明_____。

**【板书设计】**

第三单元　课题1　画水

一、分子的性质

二、混合物——由多种分子构成
　　纯净物——由一种分子构成

三、物理变化：分子本身不发生变化，分子间空隙一定变化
　　化学变化：分子本身发生改变

四、分子定义
　　分子是保持物质化学性质的最小粒子。

**【教案评析】**

本课例是2012年全国化学优质课比赛一等奖获得者的参赛教案。该老师将人教版第三单

元课题1"分子和原子"的教材创新使用，上了别开生面的一节课。本课有以下几点特色：

（1）在教学目标上注重学生微观概念的建构。

整节课都围绕"水"这一学生熟悉的物质展开，将各种素材巧妙地联系在一起，通过画出不同阶段对水的不同的认识，沿着从宏观→微观→微粒→具体分子的主线，充分调动学生的想象力，促进学生主动的观念建构，使微粒构成物质的基本观念逐渐清晰。新颖的设计理念带来了不同的教学效果。以往本节课都是按部就班地讲分子的特征、分子的概念，整节课都是老师在说，虽然最后学生都了解了分子的相关知识，可是学完之后学生总感觉微观的世界还是看不见也摸不着，心里没着没落的。通过"画水"，微观的水分子形象在学生头脑中逐渐清晰起来，有利于学生微观概念的建构，并且会主动地用微观的视角去看世界。

（2）在教学过程中重视学生的生活经验和对科学过程的感受。

以往课的设计只注重知识点的传授，课后学生总觉得知识是一块一块的，没有一个整体的认识。本节课通过"分水""画水""拆水"，沿着学生的认知发展层层深入，使学生形成对有关分子知识的整体的、连贯性的认识。

（3）在教学方法上突出实验、多媒体、模型辅助教学的直观效果，使抽象知识和实际体验相结合，降低学习难度，让学生在轻松愉快的气氛中掌握知识，比教师直接举例、总结更易于理解与接受。尤其是球棍模型的使用，使学生在拆分、组装的过程中体会物理变化、化学变化的微观本质特征，感受分子是化学变化中的最小粒子。显然，有利于学生对知识的理解、微观概念的建构。

## 教学课例3：第三单元　为有源头清水来——保护巢湖水资源

安徽省合肥市第四十六中学　黄也明

**【选题依据和学情分析】**

课题的选择依据人教版新教材九年级上册第四单元自然界的水课题1爱护水资源，属于课程"化学与社会发展"中"保护好我们的环境"内容。合肥市第四十六中学地处滨湖，紧邻五湖之一的巢湖。这一特殊的地理位置使我校被选定为联合国"长江水学校"这一课题的参与学校之一，是安徽省唯一一所参与此课题的初级中学。因此，本节课源于课本，但更贴近学生实际。但这节课开展时，学生还没有正式进入初三化学的学习，对于有关环境保护的知识在地理课上有所涉及，有关藻类知识生物课已学过，这是学生学习本节课的知识基础。具备简单的实验操作能力、交流合作、上网查询资料。

**【教学目标】**

**1. 知识与技能**

小组合作完成水样检测简单实验；初步学会胶头滴管、测定溶液的pH等基本实验操作。

**2. 过程与方法**

通过表演舞台剧、阅读分析材料，了解巢湖水污染的原因及治理的最新动态。

**3. 情感态度与价值观**

（1）情感鼓励学生主动参与探究、讨论、评价活动，激发学生学习兴趣，渗透人类要与自然界和谐相处的生活态度。

(2) 初步了解科学、技术、社会、环境之间的关系，初步形成主动参与社会决策的意识，增强社会责任感。

【教学重、难点】

**1. 重点**

指导学生开展实地考察、专家访谈、小组合作，探究巢湖水的污染原因及其解决方法。

**2. 难点**

蓝藻污染原因的分析以及治理方法的探讨。

【教学方法】

**1. 教法**

开放式、引导讨论法、实验法、比较归纳法、分组任务驱动法。

**2. 学法**

访谈法、实地考察法、角色扮演法、交流讨论法、阅读资料法、实验观察法。

【教学媒体】

**1. 教师用品**

水质检测仪 1 台、自来水水样 1 瓶、太平湖水水样 1 瓶、自制巢湖地形图 1 幅、课件和多媒体设备。

**2. 学生用品**

巢湖水水样 1 瓶、标注水样名称的小烧杯 3 只、pH 试纸、镊子 1 支、玻璃棒 1 支、洗瓶 1 个、表面皿 1 个、胶头滴管 1 个、废液缸 1 个。

【教学设计思路】

根据学生年龄特点，本节课设计的最大亮点是围绕巢湖水的污染原因及其解决方法，开展小组开放式、小组合作式的探究学习。把学生带到巢湖进行实地考察，在真实的情景中让学生提出想要探究的问题，再从不同地点采集水样带到课堂上进行观察、检测水样的 pH、用水质检测仪测水样的总溶解性固体的含量等有关实验。学习上网查阅有关巢湖水污染的治理等最新动态。到市环保局访谈专家，进一步了解巢湖水的污染及治理的情况，促进学生关注社会问题，关注科学、技术、社会、环境之间的关系，培养学生热爱大自然、主动保护环境的意识，初步形成学生主动参与社会决策的意识，增强社会责任感。

具体设计流程如下：

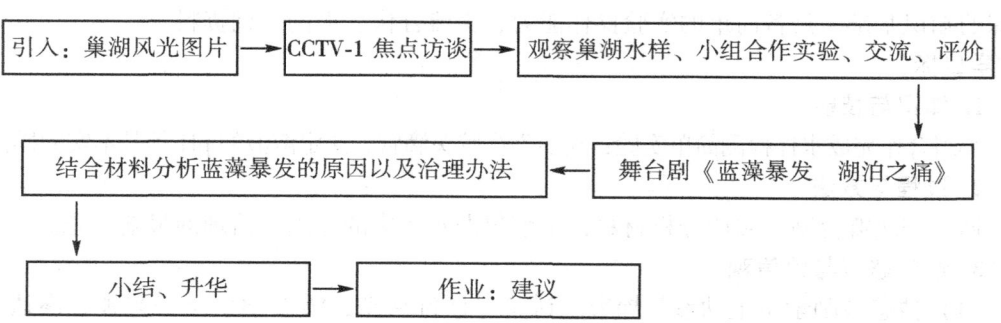

## 【教学过程】

**1. 实地考察巢湖水**

2012年8月29日,10多位学生由教师带领去巢湖进行实地考察,分别到不同区域取水样。

**2. 专家访谈**

2012年8月23日,由教师带4名学生到市环保局访谈水污染防治处沈××处长,就有关巢湖水的污染及其原因,治理巢湖的最新动态进行深入访谈并带回相关资料。

**3. 上网搜集资料**

布置学生上网查找相关的巢湖水污染原因及治理的报道和视频资料,为课堂的展示交流汇报做准备。

**4. 课堂展示交流**

| 教学环节 | 教师活动 | 学生活动 | 设计意图 |
| --- | --- | --- | --- |
| 引入新课 | 【提问】我们46中在哪?滨湖边的是什么湖?<br>【讲述】我们46中是联合国课题"长江水学校"的参与学校之一。巢湖是我们的作为长江水系的重要组成部分,是我们的研究对象。<br>【提问】那么同学们,你们去过巢湖吗?<br>今天我们将要学习的就是《为有源头清水来——保护巢湖水资源》。 | 学生回答问题,对本课内容产生亲切感。<br><br>听讲。 | 虽然我校离巢湖较近,结合"长江水学校"的课题研究,学生有所了解,但去过的同学还不多,这种设计,可以引起学生对巢湖的亲近感。 |
| 走近巢湖,疑问顿生 | 【投影】有关巢湖的风光图片,并进行解说。<br>【播放视频】"焦点访谈"。(中央台记者对巢湖水污染的实地调查。)<br>【设问】巢湖怎么了?<br>通过前后这迥异的景象,你有什么问题想探究?<br>【投影展示】我们班的陈××等一行十多名同学来到了巢湖边实地考察并取回了水样的情况。 | 欣赏、感受巢湖的美。<br>对巢湖的污染情况有了初步了解,并产生疑问。<br>学生思考,提出问题:巢湖水的污染原因是什么?<br>怎样解决这一问题? | 引起学生情感上的冲击和共鸣,产生急切地想探究的欲望,为后续保护巢湖水资源的意识的培养埋下伏笔。 |
| 实验初探,悬疑初解 | 【设问】巢湖水究竟与其他水样有什么区别呢?我们通过实验来看一看。<br>【投影】水样检测小实验:<br>1. 取水样观察它的颜色,闻气味。<br>2. 用pH试纸测定水样的pH值。<br>3. 用水质检测仪测水样的总溶解性固体 | 学生学习基本操作并对照学案以小组合作的方式进行实验,并填写学案。 | ①初步体验化学实验探究的方法。感受化学学习的特点,培养学生热爱化学、勇于探究、实事求是的科学精神和态度。 |

续表

| 教学环节 | 教师活动 | 学生活动 | 设计意图 |
| --- | --- | --- | --- |
| 实验初探，悬疑初解 | 的含量，并进行比较。<br>【提问】<br>1. 汇报实验结果。<br>2. 比较上述水样的检测结果，你有什么发现？<br>合肥市环保局沈××处长现场指导巢湖水的污染及检测方法。 | 在教师的引导下分析学案表格中的实验结果。并初步得出结论。<br>听讲并了解。 | ②学习提出问题、观察与收集、分析与论证、交流与合作、总结与评估等科学方法。 |
| 原因分析，深入探讨 | 【设问】那么蓝藻到底是怎样的一种生物呢？请欣赏程××等同学在提前了解了蓝藻后，为我们精心编排的舞台剧《蓝藻暴发　湖泊之痛》。<br>【提问】通过刚才的舞台剧，你对蓝藻的危害有什么认识？<br>【设问】蓝藻的暴发是由湖水中的氮、磷超标引起的。那么为什么氮、磷会超标呢？<br>【播放视频】合肥市环保局副局长在焦点访谈上的话。<br>【提问】根据前面的分析，我们可以采取哪些方法来预防和根除蓝藻问题呢？<br>【提问】我们学生作为公民的一分子，能为解决巢湖污染问题做些什么呢？<br>【投影】《合肥日报》8月30日报道。讲述合肥在环境治理方面所取得的成果。<br>【投影】用吴××书记的话进行总结。 | 部分学生表演。<br>学生观看表演，并思考。<br>依据刚才的表演内容分析、回答问题。<br>观看视频并思考。<br>学生分组讨论、分析原因，进行汇报。<br>依据前面的分析和课前的学习，自由发言。 | ①采用汇报舞台剧、阅读资料等不同的形式把知识呈现给学生，培养学生提取信息、分析问题、解决问题的能力。<br>②结合自身进一步分析。<br>③培养学生关注社会的责任感。<br>④培养学生热爱大自然、主动保护环境的意识。<br>⑤渗透热爱家乡合肥的意识，提升自豪感。 |
| 情感升华，展望巢湖 | 【小结】通过今天这节课，你有什么收获？<br>【投影】香港文汇报8月31日的报道《合肥环巢湖建大湖名城》。<br>展望巢湖，教师提出希望。<br>课后作业：<br>1. 整理今天课堂上同学们通过自学讨论所得的防治水污染的建议，作为"长江水学校"的课题资料。<br>2. 结合《巢湖流域水污染防治条例（修订草案）》的修订工作，将建议汇编后上报到有关部门。 | 思考，谈自己的收获。观看图片，产生自豪感。 | ①学生谈自己的收获：不仅了解了巢湖水污染的原因及治理方法，更重要的是亲身经历了多种学习方式，初步了解科学、技术、社会、环境之间的关系，形成互动参与社会决策的意识，热爱家乡，关注社会。<br>②在展望中获得情感上的升华。<br>③将作业与学生所学习到的知识结合起来，使得学习结果更有意义。 |

【板书设计】

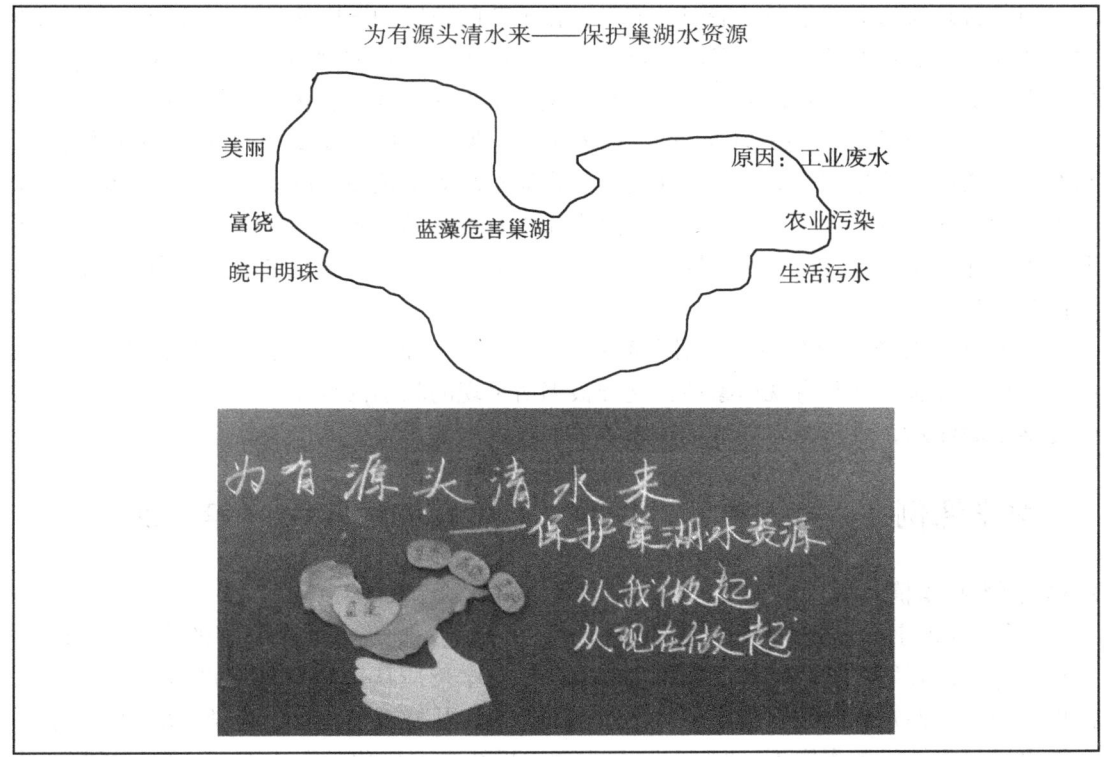

【教案评析】

本课例是安徽省合肥市第四十六中学黄也明老师的一节录像课评比的参赛教案,获得由中央电教馆组织的《2012中国优秀教育电视课例评比》一等奖和安徽省"德育精品课程"一等奖。本节课是黄老师依据课本第四单元课题1"爱护水资源"的教学内容,结合本校濒临巢湖和对巢湖水的研究紧密联系实际所做的一个创新的教学设计,源于课本但不拘泥于课本,采用了访谈、实地考察、情景剧表演等丰富多彩的教学形式,教学内容生动、活泼、富有启发性。值得学习的地方主要有以下几点:

(1) 教学目标科学、合理、全面,符合化学新课程标准,教学要求具体、合理、切合学生实际。

(2) 在教学方法方面,运用多种科学研究,精心设计科学探究活动,学生经历多种学习方式。既运用初中化学重要的实验技能如检测巢湖水样的pH值,又用现代手持技术快捷地检测水样;既有师生亲临巢湖,科学取样调查的方法,又有采访、查阅文献、网上搜索、角色扮演、交流讨论等多种学习方法让学生体验科学探究的过程,充分调动了学生运用多种感官参与学习,极大地激发学生的探究热情,提高学习效率。

(3) 教学过程中不断地创设真实、生动有启迪性的学习情境,多视角渗透社会主义的核心价值观,将课堂不断地推向高潮。本节课中教师先是结合第四十六中学学校濒临巢湖被选为联合国"长江水学校"这一重大课题引入新课,与学生之前的学习经历紧密联系产生亲近感,接着运用图片、视频、实验等多种形式的探究和对比使学生产生了迫切的探究欲望，然后用一部舞台短剧将教学活动推向高潮，这时用数据说话，用最新的新闻报道说明了解政府的治理巢湖的措施及成果，在不断的情感冲突中使学生了解家乡巢湖水资源的情况，认识到保护家乡水资源的重大意义，产生了强烈的"从我做起，从身边做起"保护水资源的参与意识和社会责任感，有效激发学生热爱社会、热爱家乡的情愫。

（4）在教学理念上也有所创新，建设新型的课堂文化。改变了封闭式的课内学习，与开放式的课内外相结合的学习，通过学生表演小品等新颖独特的形式，营造和谐的课堂氛围，民主的师生对话、真实的师生情感交流以及专家的现场指导等多种元素相结合，提升学生在课堂中的参与性、互动性和主动性，创造了科学、民主、平等、协商、合作的新型课堂文化。

（5）运用线条式地图突出巢湖水资源的污染等，并配合必要的文字来组织教学内容的板书设计方法，具有直观形象性，这种板书所呈现的教学内容让学生一目了然，很容易引起学生的注意，使其饶有兴致地探求学习内容，理解内容中的深层含义。

## 教学课例4：第五单元　课题1　质量守恒定律（第1课时）

**【教学内容和学情分析】**

"质量守恒定律"是化学学习中最为重要的定律之一，有着承上启下的作用。"承上"是指对从本课开始，学生将对已经学过的重要的化学反应从"量"的角度重新进行认识，慢慢地由形象性知识的学习转为抽象性知识的学习，从微观角度找出化学反应的实质，从而得出质量守恒的根本原因。"启下"是为学生后续学习用化学方程式表示化学反应，正确书写化学方程式打下良好的理论基础，认识"质量守恒定律"在化学学习中的重要性，并能自觉运用这一规律解释身边的化学现象。

初三学生正处于化学学习启蒙阶段，生物课上他们学习了生态平衡，物理课上学习了能量守恒，即化学反应前后能量的总和是相等的。但是他们对身边的化学现象不敏感，只是初步学会分辨化学变化和物理变化，没有解释这些化学变化的能力，更不知道化学反应前后各物质的质量总和有什么关系。他们的思维方式正从形象思维向逻辑思维转移，他们习惯于依靠感性知识来认识事物。要让学生体验科学探究的过程，在原有的基础上发展新知。创造条件让学生自己去学习，让学生通过自主学习、探究学习、合作学习，达到发展思维、提高能力的目的，培养实事求是、勇于探究的创造精神。

**【教学目标】**

**1. 知识与技能**

通过实验认识化学反应前后原子的种类、数目没有改变，了解质量守恒定律。

**2. 过程与方法**

通过学生分组实验、探究，培养动手实验能力及观察分析能力；通过对化学反应实质的分析及质量守恒原因的分析，培养研究问题能力和逻辑推理能力。

**3. 情感态度与价值观**

通过实验探究，激发学习化学的兴趣，培养良好的合作意识及辩证唯物主义观点。

## 【教学重、难点】

**1. 重点**

探究认识质量守恒定律。

**2. 难点**

化学反应前后质量守恒的原因及其运用。

## 【教学方法】

实验探究、小组讨论与讲授相结合。

## 【教学媒体】

**1. 仪器**

托盘天平、锥形瓶、小试管、小烧杯、气球、橡皮塞、药匙。

**2. 药品**

$CuSO_4$ 溶液、铁钉、$Na_2CO_3$ 粉末、稀盐酸。

**3. 多媒体课件**

略。

## 【教学设计思路】

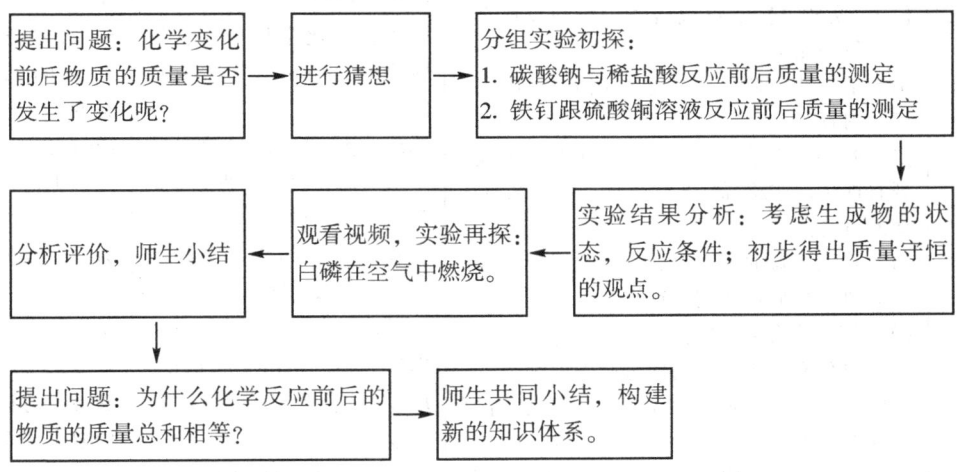

## 【教学过程】

| 教学环节 | 教师活动 | 学生活动 | 设计意图 |
| --- | --- | --- | --- |
| 创设情境，提出问题，导入课题 | 创设情境，引发问题：蜡烛在燃烧的过程中发生了什么变化？<br>【提出问题】化学反应的本质是生成了新的物质。可知反应前、后物质的种类发生了变化，那么，化学反应前、后物质的总质量是否发生变化？请按照科学探究实验的方法进行猜想。 | 学生讨论。<br>学生大胆猜想假设：<br>1. 大于<br>2. 等于<br>3. 小于 | 从学生生活实例入手，激发兴趣。<br>设疑，激发求知欲。 |

续表

| 教学环节 | 教师活动 | 学生活动 | 设计意图 |
| --- | --- | --- | --- |
| 分组探究 | 【过渡】三种不同的意见，那么哪一种是正确的呢？下面我们用实验来探究。<br>分组：把全班同学分两组，指导学生分别进行分组实验。<br>【分组实验1】碳酸钠与稀盐酸反应前、后质量的测定。<br>1. 设计方案<br>2. 实验探究<br>3. 汇报结果<br>【分析评价】为什么会出现这样的情况？怎样改进实验？（引导学生考虑生成物的状态及反应环境。）<br>小结反思：如果用有气体参加或有气体生成的实验来探究反应前后物质质量的关系，首先应考虑在密闭装置中进行实验。<br>【分组实验2】铁钉跟硫酸铜溶液反应前、后质量的测定。<br>引导学生从实验事实中总结出质量守恒定律的内容。<br>【实验探究3】白磷燃烧前、后质量的测定。观看视频，注意观察实验现象、实验装置。<br>交流讨论：<br>（1）白磷燃烧时可以观察到什么现象？<br>（2）锥形瓶底部为何要铺细沙？<br>（3）玻璃管有何作用？<br>（4）气球有何现象？为何有此现象？<br>分析评价：与前两个实验进行对比，有哪些优点及改进之处？<br>汇总结论：参加化学反应的各物质质量总和与生成的各物质质量总和相等。<br>【板书】<br>一、质量守恒定律<br>1. 定律内容（略）<br>出示练习：<br>2. 几点说明<br>（1）参加化学反应；<br>（2）总质量（沉淀或气体）；<br>（3）审题时要注意关键的字词，如"充分反应""恰好完全反应""足量反应"等所表示的意义。 | 1. 学生通过教师提供的实验用品，根据PPT中的操作步骤自行设计实验方案。<br>2. 积极分工协作，观察并记录。<br>3. 学生代表分析、交流讨论实验现象和结果。<br>各小组对自己得出的结果感到意外，议论纷纷。<br>进行深入思考，通过讨论、交流、提问、反驳逐渐达成共识：实验中有二氧化碳气体生成，由于没有完全称量生成物的总质量，因此质量减少。<br>结论：在化学反应中，反应物的总质量等于生成物的总质量。<br>描述实验现象，归纳实验事实，试着总结分析。<br>学生代表分析、交流讨论实验现象和结果。实验的结论是：反应前后物质的总质量不变。<br>学生回答总结出实验结论：反应前后物质的总质量不变。<br>学生回答自己的见解。<br>记忆定律内容。<br>学生回答：<br>（1）下列变化可用质量守恒定律进行解释的是（　）。<br>A. 10g水变成10g冰<br>B. 物质升华时要吸收热量<br>C. 9g水完全电解成1g氢气和8g氧气<br>D. 5g糖放入25g水中总得到30g糖水 | 1. 让学生自己动手，通过实验进行探索，培养学生的实验设计能力。<br>2. 培养操作能力以及研究问题的科学态度。<br>3. 体现合作精神。<br>4. 初步形成科学探究能力。<br>5. 培养学生严谨的治学态度。<br>通过对比，提高学生设计实验方案的能力，以及创新能力。<br>初步记住定律。<br>通过练习初步理解定律中关键字的含义。 |

续表

| 教学环节 | 教师活动 | 学生活动 | 设计意图 |
| --- | --- | --- | --- |
| 分组探究 | 想一想：为什么化学反应前后的物质的质量总和相等？<br>试用分子、原子的观点解释。<br>多媒体演示：电解水微观过程演示，通过讲解，引导学生从化学反应的微观实质认识化学反应前、后质量守恒的原因。<br>【板书】<br>二、质量守恒的原因<br>（三个不变） | （2）100g水和100g酒精混合，质量等于200g，这是否符合质量守恒定律？为什么？<br>领会定律中关键字词的意义。<br>学生在观察基础上，认识化学反应前、后质量守恒的本质原因。<br>归纳：原子的种类不变；原子的数目不变；原子的质量不变。 | 通过形象的动画分析，引导学生从微观的角度认识质量守恒定律，从而使学生的思维从宏观到微观，从现象到本质。 |
| 知识巩固 | 练习与应用：投影 | 思考并回答 | 知识的运用 |
| 讨论与交流 | 反思评价：通过本课题，你获得了哪些知识？认识上有什么提高？能力有什么长进？学得快乐吗？把你的认识和体会与大家分享。 | 学生自由发言。 | 学习的反思是一个知识内化、认识提高、情感升华的过程。 |
| 课后练习 | 布置作业 | 1. 课本P96第2、3题。<br>2. 撰写小论文《质量守恒定律在生活中的应用》。 | |

【板书设计】

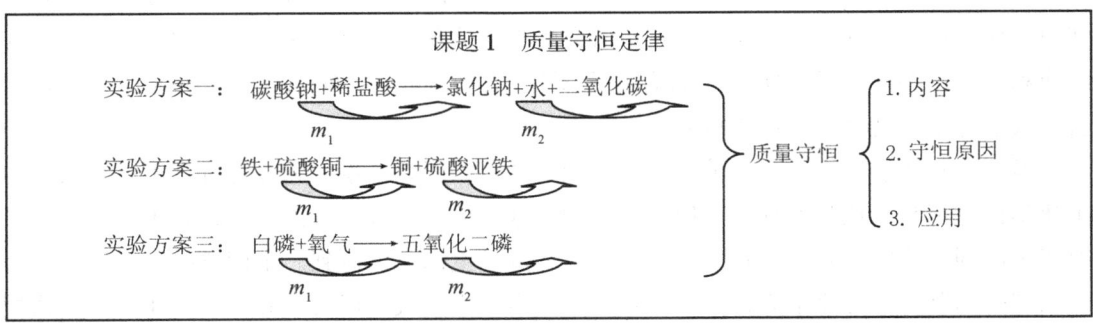

【教案评析】

本课也是一节全国优质课一等奖获得者的参赛课教学设计，是一节比较经典的实验探究课例。本课按照"提出问题—作出猜想—设计并进行实验初探—实验再探—得出结论—进一步分析"的实验探究环节进行的。本课的主要优点有以下几点：

（1）教学目标明确、具体，知识与技能、过程与方法、情感态度与价值观相辅相成，贯穿始终，体现了教学素质教育的要求和新课程理念，致力于提高学生的探究能力。

（2）在教学内容上，创设以质量守恒定律的发现为载体的实验探究活动，探究历程和活动是本课的主线。教学设计中问题线索清晰，在学生已有认识的基础上，以问题探究的形式，鼓励学生积极参与探究活动。生活情景引发问题，提出假设设计方案，修正假设重新验证，总结规律揭示本质。

（3）在教学理念上，强调学生是学习的主体，充分体现了新课程理念下课堂中的师生关系。在课堂上教师是一个引导者，是与学生共同学习、平等对话的学习伙伴。教师不断地引导学生怎样以实验事实为依据，以及创设活动并指导学生亲自动口、动手、动脑参与到实践活动中，既有视频演示实验，也有小组个人参与实验，让每一个学生无论水平高低都有参与学习的机会，培养了学生与人合作、交流的能力和学习的信心。

（4）在教学方法上，将科学方法渗透到教学环节中去，教学设计中有学生亲身经历和体验科学探究活动，实验过程中有体验质量守恒定律的形成过程，这种设计使学生增进对科学的情感，领悟从宏观到微观、从现象到本质的认识方法。

（5）在教学手段上，恰当地使用多媒体素材，帮助学生搭建起宏观物质和微观世界的桥梁。质量守恒定律的微观本质是学生较难理解的内容，在这里，该老师用动画直观展现电解水的微观变化过程，建立起学生想象的桥梁，帮助学生认识宏观现象的微观本质，初步领悟从宏观到微观、从现象到本质的认识方法。

## 教学课例5：第五单元　课题3　利用化学方程式的简单计算

**【教学内容和学情分析】**

"利用化学方程式的简单计算"是九年级化学上册第五单元课题3的内容，上承质量守恒定律及化学方程式，是化学中定量研究的真正体现和具体应用，也是化学计算的重要组成和基础，在理论联系实际方面有着重要作用，并能为后面有关含杂质等计算做好准备，故学好本节内容知识极为重要。

本课题只要求学生学习有关纯物质基础的计算，所以，本课题计算难度不是很大。初中化学计算都是以化学方程式为依据进行的，这种计算对数学方面的知识要求并不高，只要能正确列出比例式并求解就可以了，绝大部分学生都可以做到。本课题的学习中学生容易出现的问题是书写化学方程式，特别是学生由于方程式掌握得不好，未将化学方程式配平，把几个分子的相对分子质量之和计算错误，列比例式求算等计算错误，另外学生容易忽略化学过程，不重视化学反应的实际意义，忽视利用化学方程式进行计算的前提，只重视数学计算结果，把化学方程式的计算简化为数学列比例式的计算。

【教学目标】

**1. 知识与技能**

（1）在正确书写化学方程式的基础上，进行简单的计算。

（2）从定量角度理解化学反应。

**2. 过程与方法**

（1）通过创设学习情境的方法，调动学生的积极性。

（2）通过由易到难的题组和一题多练的训练，开阔思路，提高解题技巧，培养思维能力，加深对化学知识的认识和理解。

（3）通过解题格式和解题方法的训练，培养学生解题能力。

**3. 情感态度与价值观**

（1）培养学生按照化学特点进行思维及审题、分析、计算的能力。

（2）通过有关化学方程式的含义的分析及计算，培养学以致用、联系实际的学风。

【教学重、难点】

**1. 重点**

（1）由一种反应物（或生成物）的质量求生成物（或反应物）的质量。

（2）根据化学方程式计算的书写格式。

**2. 难点**

训练和培养按照化学特点去思维的科学方法。

【教学方法】

引导探究、自主探究、归纳发现。

【教学媒体】

多媒体。

【教学设计思路】

本节课根据建构主义学习理论，利用必要的学习资源，通过相关视频与有关知识点、投影使学生主动获得新知识。强调学生对知识的主动探索、主动发现和对所学知识意义的主动建构。教师来组织、指导、帮助和促进学生的学习。利用媒体来创设情境、进行协作学习和会话交流。在这种思想指导下按照知识点的顺序和逻辑性分类归纳提供给学生，让他们充分地学习，进行知识的收集、加工、分析和整理，以达到教学目的，完成教学目标。

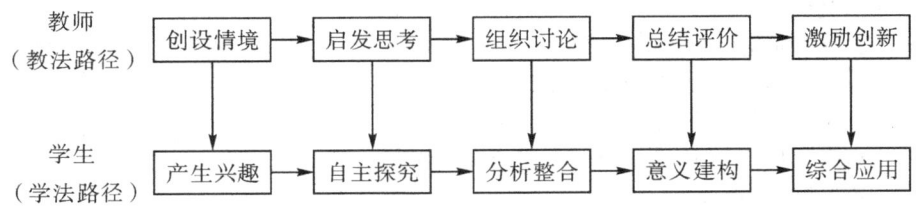

## 【教学过程】

| 教学环节 | 教师活动 | 学生活动 | 设计意图 |
|---|---|---|---|
| 情景引入 | 【情景一】展示实验室制取三瓶氧气,有时出现制取的氧气过多或过少的图片,如何既满足实验用量又能节约药品呢?这就需要我们进行计算。<br>如果说实验室里我们可以重来的话,我们再看一段视频。<br>【情景二】"神舟九号"用火箭发射升空时,若火箭的燃料是液态氢,助燃剂是液态氧,当确定火箭需要5t液态氢时,需要多少吨液态氧来满足这些液态氢的完全燃烧?也是5t吗?过多或过少会有什么后果?这可怎么办呢?生活实际需要进行定量化学计算,今天我们就专门探究一下利用化学方程式的简单计算。<br>【板书】<br>利用化学方程式的简单计算。 | 观看图片、视频 | 根据情境素材提出相关问题,能使学生体验到知识与技能的实用性,同时很好地激发学生的求知欲。 |
| 探究发现<br><br>探究活动一:引领探究解题步骤 | 【设疑】火箭点燃时,发生了什么反应?写出反应方程式,从这个方程式能看出哪些方面的信息?<br>我们一起来对这个化学方程式提示的数量关系作一些数学变换。<br><br>| 反应方程式 | $2H_2+O_2 \xrightarrow{\text{点燃}} 2H_2O$ |<br>|---|---|<br>| 根据方程式计算的物质质量比 | 4　　32　　36 |<br>| 已知、未知 | 4t　　　? |<br>| 已知、未知 | 40t　　　? |<br>| 已知、未知 | 2t　　　? |<br><br>1. 第一组根据方程式计算的各物质的质量比与后三组已知、未知之间的质量比有什么关系?<br>2. 未知量用什么表示?<br>3. 氢气和水的质量比有没有必要计算?<br>例1　下面请同学们也做一回科学家来尝试解决一下刚才的问题:5t液态氢完全燃烧需要多少吨液态氧? | 思考相关化学方程式并书写化学方程式<br><br><br><br><br><br>观察<br><br><br><br><br><br><br><br>归纳 | 利用上面化学方程式信息过渡到利用化学方程式进行计算,顺理成章,学生易于接受,同时培养学生的探究能力。巩固对质量守恒定律的理解,明确实际生产中各物的质量比一定等于根据方程式算出的质量比,为后面解题确立理论依据。 |

续表

| 教学环节 | 教师活动 | 学生活动 | 设计意图 |
| --- | --- | --- | --- |
| 探究活动一：引领探究解题步骤 | 【投影】展示一位学生的解题过程（学生一般写为：$\dfrac{4}{32}=\dfrac{5t}{x}$）：<br>这样的解题步骤完整吗？未知量怎么来的？代表什么？比例式根据什么列的？<br>【解题步骤】师生整理根据化学方程式计算的格式和解题步骤。<br>解：设液态氧的质量为 $x$。　　"设"<br>$2H_2 + O_2 \xrightarrow{\text{点燃}} 2H_2O$　　"写"<br>　4　　32　　　　　　　　"算"<br>　5t　　$x$　　　　　　　　"标"<br>$\dfrac{4}{32}=\dfrac{5t}{x}$　　　　　　　　"列"<br>$x=\dfrac{32\times 5t}{4}=40$　　　　"解"<br>答：需要40t液态氧。　　"答"<br>【小结】解题步骤"设、写、算、标、列、解、答"。 | 尝试用正比例关系的数学计算方式，结合化学方程式内涵解决实际问题<br><br><br>整理归纳掌握解题步骤 | 学生自己设计解题格式能加深理解。<br><br><br><br>吸纳学生参与策划的教学进程，高度尊重学生的劳动成果，以"身教"感染学生。规范解题格式。 |
| 探究活动二：合作探究，根据解题步骤辨析改错 | 【辨析】加热分解1.58g高锰酸钾，可以得到多少克氧气？（先独立思考并标注在学案上，然后小组交流，找到5处以上举手示意与老师交流。）<br>解：设加热分解1.58g高锰酸钾可以得到氧气的质量为 $x$。<br>$KMnO_4 \xlongequal{\ \ \ } K_2MnO_4 + MnO_2 + O_2$<br>　158　　　　　　　　　　　32<br>　1.58g　　　　　　　　　　$x$<br>$\dfrac{158}{32}=\dfrac{1.58}{x}$<br>$x=0.32$<br>【讨论】我们正确解题的关键点在什么地方呢？<br>【小结】解题关键是正确书写化学方程式并正确列出比例式。 | 小组竞赛：看谁找的错误多、快、准，更正得快 | 通过有趣的活动组织学生采用指错、纠错、交流的形式，引导学生关注解题过程中应注意的问题。清晰、明确地掌握解化学计算题的基本格式，培养严谨的治学态度。 |
| 练习与交流 | 下面利用我们刚才所学解决一下我们刚上课时的一个困惑：实验室用加热氯酸钾和二氧化锰混合物的方法制取氧气。若制取4.8g氧气，需要氯酸钾多少克？<br>【展示学生解题过程】<br>【小结】根据实际参加反应的一种反应物或生成物的质量，可以计算出另一种反应物或生成物的质量。 | 学生练习 | 通过练习进一步规范学生的解题步骤。 |

续表

| 教学环节 | 教师活动 | 学生活动 | 设计意图 |
| --- | --- | --- | --- |
| 应用 | 下面我们看一下化学方程式的计算在工业上的应用。<br>例2 工业上，用高温煅烧石灰石（主要成分为 $CaCO_3$）可制得生石灰氧化钙（$CaO$）和二氧化碳。如果要制取112kg氧化钙，需要 $CaCO_3$ 多少千克？同时生成多少千克的二氧化碳？化学反应方程式为：<br>$CaCO_3 \xrightarrow{\text{高温}} CaO + CO_2 \uparrow$ （相对原子质量：Ca—40、C—12、O—16）<br>【评价】完成后同位同学交换一下，评价一下他或她的解题过程，在评价时有什么拿不准的可以参考大屏幕或是举手与老师交流。<br>【思考】例1和例2有什么不同？<br>【小结】反应物与生成物中只有一种物质未知时可用质量守恒定律求解。 | 学生练习 | 培养学生自己获得知识的能力；体会化学方程式及质量守恒的意义；规范一题多问时版面的安排。 |
| 练习与交流 | 为保持长时间潜航，在潜水艇中要配备氧气再发生装置，其制氧气的方法是利用过氧化钠（$Na_2O_2$）与二氧化碳在常温下生成碳酸钠和氧气而制得。其反应的化学方程式为：<br>$2Na_2O_2 + 2CO_2 = 2Na_2CO_3 + O_2$<br>若要得到48g氧气，需过氧化钠多少克？需消除多少克二氧化碳？（相对原子质量：Na—23、O—16、C—12） | 学生练习 | 通过练习加强学生对知识的应用，使学生学以致用，有利于提高学生应用所学知识解决问题的能力。 |
| 拓展提高 | 下面看一下这道题与前面有什么不同。刚才已知量直接告诉我们了，而这里没有直接告诉我们实际反应量，那我们怎么办？<br>把干燥纯净的氯酸钾和二氧化锰混合物19.6g放入大试管，给试管加热来制取氧气，待反应不再发生后，等试管冷却，称量，得14.8g固体物质，问：<br>(1) 制得氧气多少克？<br>(2) 14.8g固体物质里含有哪些物质？各为多少克？ | 思考后请一位学生分析解题思路，然后同学们练习 | 加强拓展创新性习题的练习，可使学生开阔眼界，加深对知识的应用和理解。同时可增强学生的创新意识，培养学生的创造能力，提高解题技巧。 |

续表

| 教学环节 | 教师活动 | 学生活动 | 设计意图 |
|---|---|---|---|
| 本课小结 | 1. 本节课我学了什么？<br>_____<br>2. 请把本节课自己出错或是容易出错的地方记录下来：<br>_____ | 学生反思 | 学习的反思，是学生自己知识内化、认识提高、情感升华的过程。同时提高学生自己归纳总结的能力。 |
| 布置作业（创新） | 1. 6.2g磷在氧气中完全燃烧生成五氧化二磷，消耗氧气的质量是多少？生成多少克五氧化二磷？<br>2. 加热分解3.16g高锰酸钾所得的氧气，若改用过氧化氢制同质量的氧气，需分解多少克过氧化氢？<br>3. 请自编一道题目，并按正确步骤解出来。 | 学生思考、编写习题并完成 | ①加深对知识的应用和理解，巩固落实本课重难点。<br>②认识根据化学方程式计算在生产、生活中的意义。<br>③同时可增强学生的创新意识，培养学生的创造能力。 |

【板书设计】

课题3　利用化学方程式的简单计算

例1

| 解题格式 | 解题步骤 |
|---|---|
| 解：设液态氧的质量为 $x$。 | "设" |
| $2H_2 + O_2 \xrightarrow{\text{点燃}} 2H_2O$ | "写" |
| 　4　　32 | "算" |
| 　5t　　$x$ | "标" |
| $\dfrac{4}{32} = \dfrac{5t}{x}$ | "列" |
| $x = \dfrac{32 \times 5t}{4} = 40$ | "解" |
| 答：需要40t液态氧。 | "答" |

【教案评析】

本节课是全国优质课比赛的一节现场课教案。"利用化学方程式的简单计算"是学生学习了化学方程式后，具体感受到它与实际生活的联系和作用的重要一课，本节课的设计充分体现了这一特点。其主要优点有：

（1）在教学内容上，从学生熟悉的身边现象入手，提出问题，解决问题。不论是引入，还是例题、习题的选择，都创设了具体的真实情景，增强了学生利用化学方程式解决计算问题的欲望。

（2）从教学方法上来看，注重学生学习知识的层次性和发展性。在教学设计中采用了探究的方法，由学生自己设计解题格式能加深理解。同时采用观察对比法，让学生先观察例1的计算步骤，然后自己动手实践，再对比交流，将感知上升为理论。特别是通过有趣的活动，组织学生采用指错、纠错、交流的环节，引导学生关注解题过程中应注意的问题。清晰、明确地掌握解化学计算题的基本格式，更是让学生加深了印象，产生了思维的冲击，促进了学生的自我评价，培养严谨的治学态度。

（3）一方面从学生已有的知识背景出发，教学活动的设计要在学生最近发展区，要有针对性；另一方面还要给学生充分的时间和空间，引导学生探索与发现，反思与创新，为学生提供充分的参与和交流的机会，在落实"双基"的前提下让他们充分体验、想象和思维。

（4）在教学理念上，体现了学生的主体作用，学生自主学习得到了落实。把课堂还给学生，创置问题让学生讨论，适当点拨指导，使学生的思维不断地处于亢奋状态，水到渠成，在学生的做做、想想、说说、议议中愉快地完成本课研究。

## 教学课例6：二氧化碳性质的探究

安徽省合肥市第四十六中学　黄也明

【教学内容和学情分析】

**1. 教学内容分析**

在初中化学课本中，二氧化碳是学生最熟悉的物质之一。二氧化碳是初中化学教学要求掌握的两种气体之一，也是与生活实际联系极其密切和广泛的一种重要物质。本节教学内容主要讲二氧化碳的物理性质和化学性质，并联系到用途，然后介绍了温室效应及其可能的影响以及应对措施。在知识的编排上有以下几个特点：难度不大，实验较多，联系生活和生产实际的内容也较多，有利于调动学生的学习积极性和主动性。

**2. 学情分析**

从学生的知识储备上来看，学生在日常生活中已经了解了很多有关二氧化碳的知识，例如碳酸饮料中含有二氧化碳，它是植物光合作用的原料，人和动植物呼吸作用产生，在第一单元中还涉及二氧化碳不支持燃烧、能使澄清石灰水变浑浊等，但对二氧化碳的化学知识却知之甚少。从学生心理特征上来看，往往渴望通过自主探究来了解一类物质的规律知识，甚至为此要求进行一些创造性的实验和观察活动。然而，从学生获得知识技能的能力方面看，对于科学实验探究的过程是不熟悉的，因此，在教学中教师要有意识地培养学生的科学探究能力，使学生初步认识科学探究的过程、方法和意义。

【教学目标】

**1. 知识与技能**

（1）掌握二氧化碳的有关物理和化学性质，并能用化学方程式熟练表示二氧化碳的化学性质。

(2) 能解释验证二氧化碳的方法的原理，并学会操作。
(3) 了解二氧化碳的有关用途。
(4) 初步养成探究学习的一般程序和方法，能初步通过自主探究获取知识，并尝试分析具体问题。

**2. 过程与方法**

(1) 通过对二氧化碳的性质、用途等有关知识的探究学习，体会获得知识的过程，学会科学探究的方法，从而培养化学科学素养。
(2) 通过相互交流、探究式的学习方式，产生科学探究的兴趣，从而产生学习化学的强烈愿望。

**3. 情感态度与价值观**

(1) 通过开展探究活动，培养学生严谨、求是及辩证的科学态度。
(2) 了解生活中处处有化学，化学就在我们身边，培养社会责任感。

【教学重、难点】

**1. 重点**

二氧化碳的化学性质。

**2. 难点**

对二氧化碳与水反应的原理的探究、实验操作规范和探究能力的培养。

【教学媒体】

多媒体；实验仪器和药品包括可乐、澄清石灰水、矿泉水瓶、烧杯、拇指试管、试管夹、酒精灯、火柴、阶梯蜡烛、蓝色石蕊试纸等。

【教学方法】

本节课的教学方法主要有：情境导入、启发式、讨论式、多媒体环境下的实验探究性教学。

【教学过程】

| 教学环节 | 教师活动 | 学生活动 | 设计意图 |
| --- | --- | --- | --- |
| 引入课题 | 师生一起做深呼吸。<br>【提问】当我们深深地呼出一口气的时候，我们周围有一种气体的含量大大增加了，它就是二氧化碳。<br>【讲述】今天这节课，我们就将通过几个实验来进一步认识二氧化碳的性质。 | 一起做深呼吸。 | 通过活动拉近师生之间的距离。 |
| 探究 | 探究一：二氧化碳为什么能灭火？<br>【投影】灭火的图片。<br>【提问】二氧化碳能灭火吗？这里利用了二氧化碳的什么性质呢？<br>教师演示倾倒二氧化碳的实验。 | 观察实验，得出结论：使用二氧化碳来灭火利用了其两点性质：<br>1. 不支持燃烧的性质，本身不可燃。<br>2. 密度大于空气。 | 利用鲜明的实验现象，使学生获得直观体验，了解二氧化碳灭火与其物理性质有关。 |

续表

| 教学环节 | 教师活动 | 学生活动 | 设计意图 |
|---|---|---|---|
| 探究 | 探究二：二氧化碳可溶于水吗？<br>【提问】二氧化碳的溶解性如何呢？你能利用所给仪器设计实验来证明吗？ | 学生实验：快速向装有二氧化碳的矿泉水瓶中倒入1/2体积的水，并迅速紧瓶塞，振荡并观察现象，分析原因，得出结论。 | 培养设计实验的能力，为后面的引申探究埋下伏笔。 |
| | 探究三：二氧化碳溶于水时有没有发生其他变化？<br>【提问】二氧化碳溶于水时有没有发生其他变化呢？<br>【追踪提问】是什么使蓝色石蕊试纸变红的？你能设计实验来证明吗？<br>【提示】思考液体中有哪些物质接触到了蓝色石蕊试纸？<br>【小结】二氧化碳在水中，不仅溶于水，还能和水发生反应。 | 学生实验：取少量矿泉水瓶中的溶液，加入蓝色石蕊试纸观察现象。<br>学生思考讨论。<br>学生设计并进行实验：得出使蓝色石蕊试纸变红的是碳酸。 | 培养学生的实验探究能力，渗透探究性实验的思维过程。 |
| | 探究四：怎样证明碳酸饮料中含有二氧化碳？<br>【小结】将产生的气体通入澄清石灰水中，能使澄清石灰水变浑浊，这是检验二氧化碳的方法。 | 学生思考并设计实验，相互评价。 | 结合生活实际，学以致用，将生活和实际联系起来。 |
| 小结 | 【提问】物质的性质决定物质的用途，你能说说你所知道的二氧化碳的用途吗？ | 学生回答并总结，相互补充。 | 思维提升。 |
| 引申探究 | 【过渡】二氧化碳既然用处这么大，那是不是越多越好呢？<br>【讲解】二氧化碳是造成温室效应的主要气体之一。<br>【提问】怎样应对温室效应？通过刚才对二氧化碳性质的学习，你能不能找到吸收空气中二氧化碳的方法呢？<br>【课件展示】<br>(1) 科技前沿：一些国家应对温室效应所做的工作。<br>(2) 低碳生活。 | 学生思考并回答：二氧化碳并不是越多越好，过多的二氧化碳会造成温室效应。<br>依据二氧化碳的性质思考并进行实验设计。 | 培养学生辩证地看待问题的视角。<br>通过运用所学知识，思考解决温室效应的途径，将化学与生活联系起来。 |

续表

| 教学环节 | 教师活动 | 学生活动 | 设计意图 |
|---|---|---|---|
| 总结 | 【提问】通过今天这节课的学习，谈谈你对二氧化碳的认识。<br>请你用"如果空气中没有二氧化碳，就没有……"来说一句话。<br>【讲解】在这个世界上没有绝对好的事物和绝对坏的事物，温室效应的造成来源于人们对自然资源的过度利用，所以我们在做人做事中都要注意对"度"的把握。 | 学生说话并思考。 | 情感上的升华，使学生了解化学对生活有利的方面，从而培养学生热爱化学，乐学化学的情感。 |
| 课后作业 | 请以《二氧化碳的功与过》为题写一篇小论文 | | |

【板书设计】

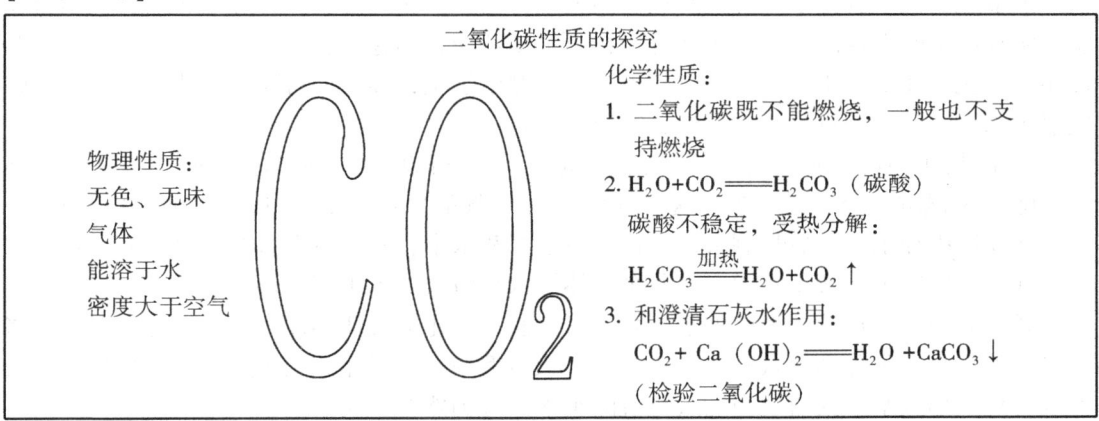

二氧化碳性质的探究

物理性质：
无色、无味
气体
能溶于水
密度大于空气

化学性质：
1. 二氧化碳既不能燃烧，一般也不支持燃烧
2. $H_2O + CO_2 = H_2CO_3$（碳酸）
   碳酸不稳定，受热分解：
   $H_2CO_3 \xrightarrow{加热} H_2O + CO_2\uparrow$
3. 和澄清石灰水作用：
   $CO_2 + Ca(OH)_2 = H_2O + CaCO_3\downarrow$
   （检验二氧化碳）

【教案评析】

本节课是合肥市第四十六中学黄也明老师上的"包河区十年课改展示课暨省级课题研讨课"，这节课受到了许多专家的一致好评。黄老师能根据初中化学课程自身的特点，针对学生的年龄特征和认知规律，深入钻研教材，对教材透彻分析，对学生学情细致了解，立足学生已有的知识和经验创设问题情境，使学生的求知欲望始终非常强烈，在教学过程中通过对问题的设置，引导学生很好地进行科学探究，积极主动地参与其中，感受化学学科的魅力。可以这样说，本堂课完全符合学生的认知特点，三维目标得以体现，是一堂成功的展示课！本课有以下优点：

（1）导入课程独具匠心。

当黄老师走上讲台，面对学生，用平缓自然的语气向学生袒露自己内心的兴奋和激动：这是我第一次来到第六十五中学，为你们上课，为你们这个优秀的集体上课，如何缓解你我心中的紧张呢？让我们深深吸一口气，然后，我们再尽力地将心中这口气呼出来。同学们，我们呼出的这口气中主要含有什么气体？孩子们异口同声地回答"二氧化碳！"

"对！二氧化碳。今天这节课就让我们一起来探究二氧化碳的相关性质！"这样的导课自然、轻松，在有着很多人听课的情境下，更加显得贴切和有效，让学生一下子从繁杂的环境中沉静下来，走进老师的课堂，注意力集中，激起他们的思维。教学设计理念先进，探究活动求真务实，目标有效达成，学生的兴趣很高。

（2）把学生引入了积极的探索状态中。

本节课在老师的设计下，一共提出了四个问题，分别是：二氧化碳为什么可以灭火？二氧化碳能溶于水吗？二氧化碳溶于水时有没有发生其他变化？怎样证明碳酸饮料中含有二氧化碳？学生带着这些问题逐一分析、讨论、实验，最后归纳、总结得出结论。教学过程中注重师生间、学生间的互动、交流与合作，达到师生共享，使教师成为教学活动的组织者，并充分体现了学生的主体作用，让学生由"学会"到"会学"。教学过程中结合学生已有的知识结构（即前面对二氧化碳性质的认识），通过有关二氧化碳用途的归纳，使学生对学好本课题内容的重要性有了一个比较清晰的认识，在潜移默化中培养学生解决问题的能力。

（3）教师的教学以学生为主体。

本节课的教学选择了分组实验探究的教学方法，大胆地设疑，并环环相扣，让学生在实验实践中不断发现问题、提出问题，积极主动地探索问题的答案。例如，如何设计实验证明二氧化碳能溶于水时，老师自然地把问题抛给学生，你们能有哪些方法证明二氧化碳能溶于水呢？学生经过思考、讨论，很快得出：

①用燃着的小木条插入到加水溶解后的瓶中，看是否熄灭？（显然这位同学将目光聚焦在二氧化碳不能燃烧且不能支持燃烧这个知识点上，遗憾的是老师没有现场进行分析和点评。）

②在瓶中加水，然后将剩余气体通入澄清石灰水中，看是否浑浊？（学生不了解二氧化碳气体不能完全溶解于水中，将剩余气体导入澄清石灰水中应该还会浑浊。）

③在充满二氧化碳的瓶中加水溶解，另一瓶二氧化碳气体不加水，然后通过对比，将一只燃着的小木条分别插入其中，比较其熄灭的程度。（学生很好地理解了对比实验法，但没有想到加入水后的瓶中当插入燃着的小木条时仍然会熄灭。）

教师引导学生产生了这些问题，再加以讨论，分析实验设计的不足（不足之处是教师引导分析时有点小欠缺），然后启发学生在矿泉水瓶中加入一定量水，盖紧瓶盖，摇晃，观察现象。学生们兴奋地动手实验，自然地看到现象，之后教师一句简单的提问：为什么矿泉水瓶会瘪呢？由于学生身临其中，亲自实践，因此轻松地用所学的知识回答问题。显然，这种课堂教学行为明显优于传统做法，学生的问题意识增强了，同时也提高了解决问题的能力。

（4）学生的情感、态度得到了充分尊重。

学生已不再是被动地接受知识，而是一个有独特见解的"学习者"。例如，在课堂的最后总结这个环节，教师在大屏幕上展示了这样一个问题：请你用"如果空气中没有二氧化碳，就没有……"来说一句话。当抛出这个问题的时候，作为教师，明显可以感受到学生内心的骚动和兴奋，他们纷纷站起来表达自己的观点，学习化学的情感得以升华，通过对二氧化碳的描述，让学生感受到化学和生活的关系，培养了学生热爱化学，乐学化学的情感。又如，在导课环节，教师将自己的心境自然地表露出来，让学生感受到老师跟他们一样，更让学生感受到老师和学生有着同样的心情，体现了对学生人性上的充分尊重，这样教师也赢得了学生的尊重。

(5) 绿色化学、环保理念的自然渗透。

教师在本课堂中，运用了微型实验，可谓是独特创新。用拇指试管，将所需要做的实验让每一个学生体会，感受到用很少的量也能清楚地观察到实验现象，对学生思维进行再一次的撞击。

(6) 板书设计独特。

首先是黑板上一个大大的二氧化碳，体现本节课的主题，围绕这个主题进行辅助板书，让学生对本堂课有一个清楚的认识。特别是引导学生对板书进行评价环节，并请学生对板书进行补充，充分体现出教师尊重学生，更让学生有一种批判的、敢于向权威挑战的思想。新课程理念下的课堂就应该让学生的个性得以充分张扬。另外，本堂课中老师的语言流畅、自然、从容淡定，这也是本堂课能成功展示的不可或缺的因素。

## 教学课例 7：第六单元 课题 2 二氧化碳制取的研究

【教学内容和学情分析】

本节课安排在学生学习了碳的单质和化学性质之后，起着由浅入深的作用。它是培养学生在实验室中制取气体时，形成药品的选择、装置的设计、实验的方法及实验改进等思路的最佳素材。上好本节课对学生今后学习元素化合物知识、提高化学基本实验技能及实验探究能力都有着深远影响。

学生已有了实验室制取氧气的知识基础和相应的实验操作技能，已具备了研究如何制取二氧化碳的先决条件。通过活动和探究的方式来研究实验室中制取二氧化碳的装置及其改进，并利用设计的装置制取二氧化碳这一教学目标是能够实现的。

【教学目标】

**1. 知识与技能**

(1) 了解实验室中制取 $CO_2$ 的反应原理，探究实验室中制备 $CO_2$ 的装置。

(2) 掌握实验室中制取气体的基本思路。

**2. 过程与方法**

能合理使用教学用具，会利用这些用具设计和改进实验方案，并设计装置制取和收集 $CO_2$。

**3. 情感态度与价值观**

(1) 通过实验、问题的讨论，培养求实、创新、合作的科学品质。

(2) 通过师生间、学生间的交流合作、研究性学习，体验探究成功的乐趣，激发求知欲。

【教学重、难点】

**1. 重点**

(1) 探究实验室制取二氧化碳的药品、反应原理和实验装置的选择，并利用设计装置制取二氧化碳。

(2) 通过分组实验，对实验现象进行对比分析，从而确定实验室制取二氧化碳的药品和反应原理。

### 2. 难点

（1）探究实验室制取二氧化碳的实验装置。

（2）通过回忆实验室制取氧气的实验装置图，分析对比两套装置，从而确定实验室制取二氧化碳的实验装置。

【教学方法】

启发引导、活动探究、对比研究、合作交流、讨论归纳相结合的教学法。

【教学媒体】

分组实验和演示实验现场教学，多媒体辅助教学。

【学习方法】

通过本节课的教学，引导学生分析、归纳，探究气体制法的设计思路，培养学生在学习中发现、思考一些问题，经分析、探究、总结形成理论，再将理论应用于解决实际问题的能力和实验能力，让学生学会探究学习的方法。

【教学设计思路】

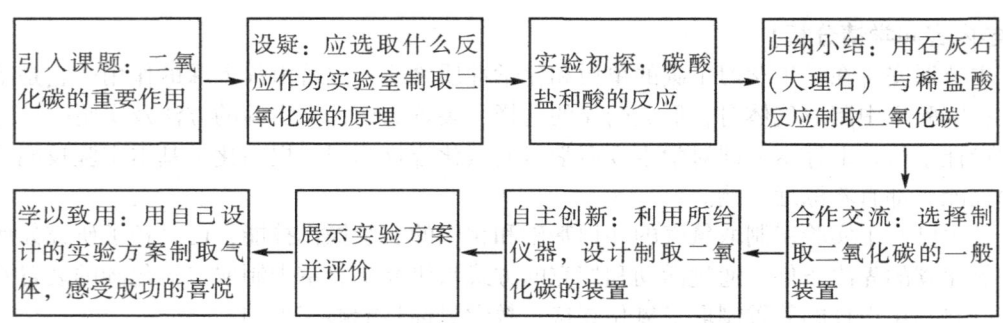

【教学过程】

| 教学环节 | 教师活动 | 学生活动 | 设计意图 |
| --- | --- | --- | --- |
| 创设情境，激发兴趣 | 【课程引入】通过短片让学生感受到二氧化碳虽然在空气中只占0.03%，但在生产生活和科学研究方面有着重要的作用。引出二氧化碳制取课题。<br>【板书】<br>课题2　二氧化碳制取的研究 | 观察，讨论，交流。 | 1. 引起探究二氧化碳制取方法的兴趣，引起学生对学习目标的期待和注意。<br>2. 锻炼口头表达能力。 |
| 讨论交流 | 一、反应原理和原料的选择<br>1. 列举部分可以生成二氧化碳的反应。<br>2. 提问：以上反应中适合实验室制取二氧化碳的反应是什么？<br>3. 反应原理：碳酸盐与酸反应制取二氧化碳。 | 1. 书写有关化学方程式。<br>2. 分析是否适合实验室制取二氧化碳。<br>3. 回答，并说明理由。 | 1. 培养分析问题、评价实验方案的能力。<br>2. 培养绿色化学的理念。<br>3. 初步形成实验室制取气体的反应原料的选择思路。 |

续表

| 教学环节 | 教师活动 | 学生活动 | 设计意图 |
|---|---|---|---|
| 实验与探究，合作与交流 | 1. 介绍实验用品和实验内容。用常见的碳酸盐（碳酸钠、碳酸钙）与常见的酸（稀盐酸、稀硫酸）实验。<br>2. 提示实验观察重点。<br>3. 提示实验基本操作的注意事项。 | 1. 分组完成学案上的实验：探究二氧化碳制取的原料的选择。<br>2. 记录实验现象。<br>3. 分析实验现象，得出结论。<br>4. 小组内交流。 | 1. 认识实验对比观察是科学探究的基本方法之一，更注重学生获取新知的体验学习。<br>2. 练习基本操作。<br>3. 培养合作意识，提高学生通过实验获取化学知识的能力。 |
| 归纳与小结，提高与拓展 | 1. 提问：通过实验，选择什么原料作为实验室制取二氧化碳的原料？<br>2. 多媒体展示药品选用原则：<br>稀盐酸与碳酸钠反应很快，不易控制；稀硫酸与石灰石反应时，生成的硫酸钙微溶于水，覆盖在石灰石表面，阻碍了反应物的接触，反应慢慢停止了，得不到足够的二氧化碳；稀盐酸与石灰石反应，反应速度适中，产生气体较纯净，易制易取。<br>3. 确定。用石灰石（大理石）与稀盐酸反应制取二氧化碳，反应式如下：<br>$CaCO_3 + 2HCl == CaCl_2 + H_2O + CO_2\uparrow$ | 1. 学生回答，并说明理由。<br>2. 观看，思考，对照。<br>3. 识记：实验制取二氧化碳的化学方程式。 | 1. 从感性认识上升到理性认识，从而实现由特殊到一般的转化，潜意识地培养认识规律的一般方法。<br>2. 实现双基目标。 |
| 反馈 | 练习：多媒体出示 | 思考，解答 | 及时巩固新知 |
| 合作交流，自主创新 | 二、实验室制取气体装置的确定<br>1. 出示以下装置。<br><br>　　A　　　B　　　C<br>2. 提问：能用于实验室制取二氧化碳的装置是哪个？<br>3. 总结实验装置的设计思路：<br>依反应物状态及反应条件而定，即固+液，不加热（制 $CO_2$）。 | 1. 观察思考。<br>2. 选择制取二氧化碳的装置，并回答。<br>3. 聆听。 | 1. 初步学会实验室制取气体装置的选择。<br>2. 留下伏笔，为下一步装置的改进预留一定的空间。 |

续表

| 教学环节 | 教师活动 | 学生活动 | 设计意图 |
| --- | --- | --- | --- |
| 拓展提高，合作探究 | 1. 多媒体出示课堂练习：详见学案。<br>2. 全班分10个实验小组，用下列提供的仪器设计制取二氧化碳的装置，每组上交一份设计方案。<br><br>注射器　碱试管　锥形瓶　圆底烧瓶<br>双孔<br>长颈漏斗　导管<br>烧杯　试管　集气瓶<br>钢丝<br>水槽　酒精灯　分液漏斗<br><br>3. 展示台演示各组设计方案，点评。 | 1. 分组讨论。<br>2. 合作探究。<br>3. 绘制装置图。<br>4. 交流，说明本组设计方案的基本思路及操作方法。 | 1. 识别仪器。<br>2. 培养实验装置设计能力。<br>3. 培养发散思维；培养创新思维与能力。<br>4. 培养评价能力。<br>5. 锻炼语言表达能力。<br>6. 体验实验创新的过程。 |
| 拓展提高，反馈交流 | 1. 多媒体展示各种设计方案：<br><br>2. 点评其中几个方案，从控制反应、废物利用、节约药品等方面点评其优点。 | 观察，聆听。<br>思考，识记。 | 1. 再次体验创新学习的快乐。<br>2. 培养绿色化学实验的理念和思路。 |

续表

| 教学环节 | 教师活动 | 学生活动 | 设计意图 |
|---|---|---|---|
| 学以致用 | 用自己设计的装置制取并收集二氧化碳气体。 | 分组实验，交流讨论。 | 1. 实现学生是学习的主体这一理念。<br>2. 培养合作交流的科学品质。 |
| 探究实践 | 【课堂练习】<br>1. 选择合适的实验装置。<br>2. 设计并绘制气体制取装置。<br>3. 家庭小实验。 | 思考讨论，回答问题。 | 巩固本课气体制取的探究思路。 |

【板书设计】

---

课题2　二氧化碳制取的研究

一、反应原理和原料的选择

　　原料：石灰石或大理石和稀盐酸

　　原理：$CaCO_3 + 2HCl = CaCl_2 + H_2O + CO_2\uparrow$

二、实验室制取气体装置的确定

　　实验装置的选择：固体+液体（不加热）

三、分组实验，制取 $CO_2$

　　操作步骤：

　　检查装置气密性→装药品（先固后液）→收集气体。

　　验满：将燃着木条放在集气瓶口，若木条熄灭，则集满。

　　检验：将气体通入澄清石灰水，石灰水变浑浊。

---

【教案评析】

本节课是全国优质课比赛的一节参赛课教学设计。从选题上讲，本节课是一节比较经典的实验探究课程，该老师没有落入探究的"俗套"，而是用步步为营紧密联系的问题将学生思路紧紧抓住并不断创新，挑战学生的思维极限。值得学习的有以下几个方面：

（1）注重对学生作为学习主体的探究思维和能力的培养，搭建研究气体制取思路的平台。该老师一开始给出一系列反应，提出"选择什么样的反应来作为制取气体的原理"这一问题，学生在讨论中，由开始的倾向于选择较为简单的、熟悉的反应到学会考虑反应的难易程度、制取气体的程度以及装置的可行性等，悄悄地为后续讨论装置的选择埋下伏笔。接着学生自然就想到考虑装置的选择和气体的验满及检验等问题，在一步步的实验探究过程中，制取气体的思路和方法悄然渗入学生的心中。

（2）创新的实验设计，挑战学生的思维。学生在制取氧气时就学习过制取气体的一般装置，初步了解了装置的选择依据。这里该老师大胆挑战，在书本给出仪器的基础上又加入了注射器、普通漏斗、具支烧瓶、分液漏斗等实验仪器，使学生的思维充分得到了拓展,在讨论中学生除了学会制取气体的一般装置,还学会了创新使用实验仪器,在开放的思维环境中学会创新,在创新中体验成功的喜悦。

(3) 注重学生的合作交流和评价,实现了真正和谐、民主的课堂。在几个实验探究环节中,该老师引导学生充分交流、讨论、相互评价,在思维的碰撞中科学素养得到提高。

## 教学课例8:第六单元　课题2　二氧化碳制取的研究

【教学内容和学情分析】

本课题为人教版九年级化学,适用于全日制九年级学生,选自人教版九年级化学第六单元课题2,共需1课时。学生主要学习实验室制取二氧化碳的方法,原理以及实验室制取气体的装置的探究。本课题在全书乃至整个化学学习过程中,所占地位十分重要。它是培养学生在实验室制取某种气体时确定药品的选择,装置的设计,收集方法等思路的最佳素材。

九年级的学生之前已经学习过氧气的制取,对气体的制取有了一定的了解,同时,实验技能也已经得到了相应的锻炼,通过平时的训练形成了一定的探究问题的方式方法,对化学这个学科已经充满了强烈的兴趣。通过本课题的学习,学生在总结能力上会有一个比较大的飞跃。

【教学目标】

(1) 探究实验室制取气体的一般思路。

(2) 初步学习实验室制取二氧化碳的方法。

【教学重、难点】

1. 重点

实验室制取二氧化碳的方法。

2. 难点

实验室制取气体的探究。

【教学方法】

启发引导、活动探究、对比研究、合作交流、讨论归纳相结合的教学法。

【教学媒体】

分组实验和演示实验现场教学,多媒体辅助教学。

【教学设计思路】

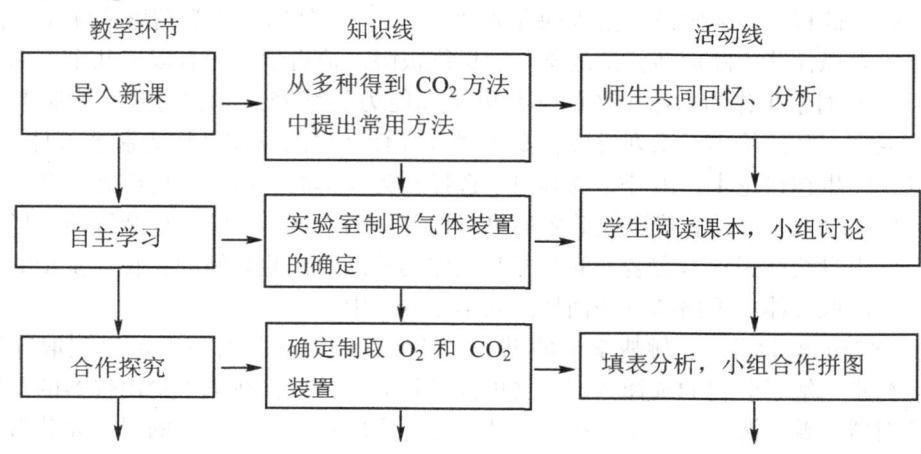

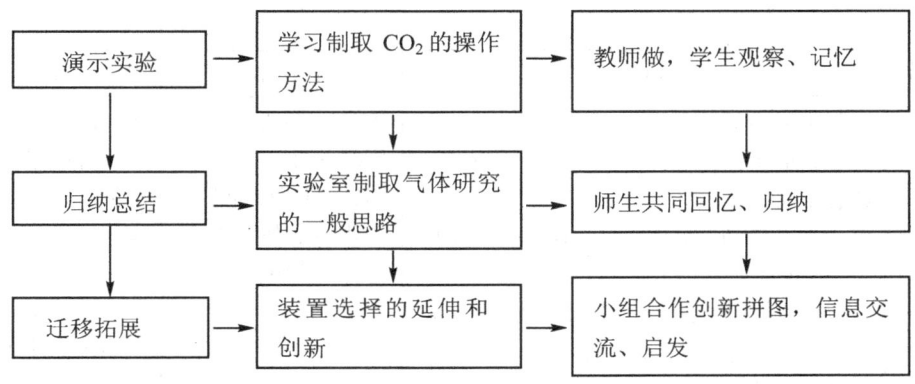

**【教学过程】**

| 教学环节 | 教师活动 | 学生活动 | 设计意图 |
|---|---|---|---|
| 导入新课 | 【导入】<br>①引言。<br>②指导学生了解学习目标。<br>③提出实验室制取 $CO_2$ 的原理。 | 回忆、交流已经学习过的能产生 $CO_2$ 的反应和实验。 | 明确学习目标,从学生已有知识出发学习新知识。 |
| 自主学习 | ①指导学生看课本 P113,提出问题:<br>a. 反应物中有无液体?容器可以一样吗?追问:连接仪器时有什么不同?反应条件是加热与不需加热仪器选择有什么区别?<br>b. 实验室有哪几种收集气体的方法?可以用什么方法收集氢气?说出理由。<br>②指导学生讨论。 | 阅读课本,思考分析,小组讨论,交流问题。 | 通过阅读和问题思考,理解课本中列出的实验室制取气体确定装置需考虑的因素,同时培养学生阅读、理解、分析等能力。 |
| 合作探究 | ①指导学生依据课本上两个表中信息确定制取 $O_2$ 和 $CO_2$ 的装置。<br>②指导学生分组拼图。 | ①填写课本上的两个表,并分析。<br>②小组合作,拼图设计制取 $CO_2$ 的装置。<br>③班级交流、评价。 | ①综合前面的"因素"确定和表中信息探究制取气体的装置。<br>②培养学生分析、处理信息的能力,同时培养学生的合作探究能力。 |
| 演示实验 | 演示主要内容:<br>①气密性的检查。<br>②操作步骤和注意事项(例如:药品的取用、装置的正确连接、操作顺序等)。<br>③$CO_2$ 的验满和检验。 | 观察、回忆、学习、记忆。 | ①为即将进行的学生实验提供示范。<br>②培养观察、模仿能力。 |
| 归纳总结 | 指导学生归纳实验室制取气体研究的一般思路。 | 回忆、归纳。 | 学生比较完整地构建本节课知识。 |

续表

| 教学环节 | 教师活动 | 学生活动 | 设计意图 |
|---|---|---|---|
| 迁移拓展 | ①提供更多的仪器，如：分液漏斗、注射器等，指导学生设计新的制取 $CO_2$ 的装置。②提出问题：a. 过氧化氢和二氧化锰制取 $O_2$ 最好选取哪一类型装置？b. 如果提供碳酸钠和稀盐酸制取 $CO_2$，你打算选取哪组装置？为什么？③分发"礼物"，启发学生用生活中的代用品设计制取 $CO_2$ 的装置。 | ①学生分组交流并修改拼图。②思考并回答问题。③观察、研究教师提供的代用品装置。 | ①对制取气体装置的选择有更深、更广的理解。②用实际创作启发学生自己创新。③分享远方朋友带来的成功与喜悦。 |

【板书设计】

课题2  二氧化碳制取的研究

1. 实验室制取二氧化碳的原理：
   $CaCO_3 + 2HCl == CaCl_2 + H_2O + CO_2\uparrow$
2. 实验室制取气体装置的确定，实验装置的选择：
   固体+液体（不加热）
3. 气体的收集：
   分组实验，制取 $CO_2$。
   操作步骤：
   检查装置气密性→装药品（先固后液）→收集气体。
   验满：将燃着木条放在集气瓶口，若木条熄灭，则集满。
   检验：将气体通入澄清石灰水，石灰水变浑浊。

【教案评析】

本课例是2012年全国初中化学优质课比赛的一等奖获得者的参赛教案。本节课该老师是将人教版第七单元课题1"燃烧和灭火"延伸，所以导入也很有意思，将水火不融演化为水不能灭火，学生感到新奇，从而带领大家进行燃烧新概念的理解和探究。有以下几点值得学习：

（1）教学设计思路清晰，教学环节的设计巧妙地把知识线融合于学生的活动中，整个学习过程轻松愉快。

（2）教学目标明确具体，符合课标及学生实际。重点难点的提出与处理恰当，抓住了问题的关键。

（3）教学过程简洁明快，重难点突出。按照"导入新课""自主学习""合作探究""演示实验""归纳总结""迁移拓展"几个层次，课程设计严谨，知识过渡和衔接自然，课题引入新颖、巧妙，实验探究深入且有序。

(4) 小结不再是具体知识的小结，而是知识交流回顾。教师通过设置的问题，引导学生迅速回顾自己学到了什么知识、什么方法、还有什么疑问等。该老师先让学生根据提供的塑料、泡沫实验模型组装实验室制取二氧化碳的装置，然后将事先准备好的"礼物"作为奖品奖励给学生，激发了学生兴趣，留下悬念，等学生拆开后看到一个个礼物原来是远在重庆的学生利用生活中废弃的物品自制的装置，拉近了师生的距离，同时培养了学生废物利用的价值观念，这种对实验功能的充分开发，不仅起到激发学生兴趣、验证知识的作用，更重要的是利用实验进行探究形成知识、获得方法、体验情感。

## 教学课例9：第六单元 "碳循环"的魅力

**【教学内容分析】**

本节课建立在人教版九年级化学（上册）第六单元《碳和碳的氧化物》课题3中"二氧化碳对生活和环境的影响"的基础上，进一步探究"碳循环"的魅力。学生已经初步认识二氧化碳在自然界中的循环以及二氧化碳带来的温室效应。本节课通过构建碳生物循环再延伸到碳地球化学循环来深入探究自然界中碳循环；通过实验探究二氧化碳和铜绿的转化、"低碳"来探究碳循环在生活中的应用。对课本上的知识进行了拓展探究，同时也拓展了学生的思维和视野。

**【学情分析及学法指导】**

学生已了解了氧气、水及二氧化碳的相关知识，呼吸作用会消耗氧气释放出二氧化碳，但目前学生对这些知识的认识是割裂的，且不善于从不同的化学变化中寻找相同物质，以认识物质之间的联系。另外，学生通过前面的学习，已具备了进行基本实验操作的能力；通过对元素相关内容的学习，已经建立起了元素概念，对化学变化前后元素种类不变已有初步认识；通过生物等学科的学习，也已储备了一定的知识，而且，作为九年级学生，也初步具备了一定的发现和分析问题的能力，但由于接触化学时间不长，对学习化学的方法认识还有一定程度的欠缺。因此，在授课过程中充分体现以学生为主体，全员参与、互动交流的思想，主要采用了观察法、联想法、讨论法。用观察法、联想法来培养学生细致认真的态度，开拓学生的思维空间，激发学生的创造力；用讨论法来培养学生的探究意识，训练思维。在教学中引导学生发现问题→提出问题→搜集整理信息→思考与讨论→表达与交流→得出结论，使学生在探究过程中学会学习。

**【教学目标】**

（1）在复习"二氧化碳在自然界中的循环"基础上，能进一步了解自然界中的碳循环。

（2）能认识到二氧化碳、碳酸、碳酸钙等含碳物质的相互联系。

（3）能认识到"碳循环"途径是含碳元素物质之间的相互转化途径，认识到"碳循环"中的"碳"是指碳元素。

（4）初步学会用图表、化学语言来表述有关碳循环的信息。

（5）初步学会运用"循环"来寻找物质间的相互联系，把握物质存在的规律。

（6）感受循环的趣味性，保持和增强对生活和自然界中化学现象的好奇心和探究欲，发展学习化学的兴趣。

（7）认识循环的复杂性，在大小循环的认识基础上，初步建立"物质是变化的、联系的"等辩证唯物主义观点。

（8）结合低碳生活，逐步树立珍惜资源、爱护环境的观念。同时认识到通过控制循环中某物质的量，可以改善人类生存环境，促进社会进步。

【教学重、难点】

**1. 重点**

建立并认识自然界中的"碳循环"。

**2. 难点**

物质循环的运用。

【教学方法】

启发诱导法、情境设疑法。

【教学媒体】

多媒体，黑板教学。

【药品及仪器】

稀盐酸、石灰水、盆景、投影仪等。

【教学设计思路】

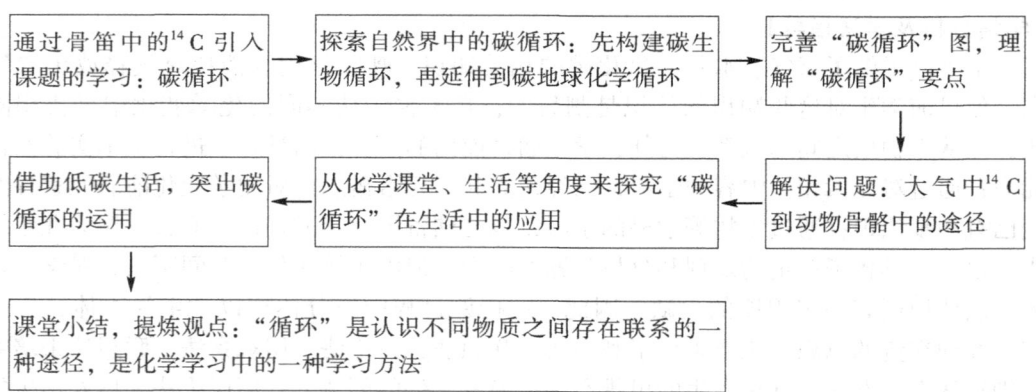

【教学过程】

| 教师活动 | 学生活动 | 设计意图 |
| --- | --- | --- |
| 板块1：引入课题。（播放音乐，同时投影问题：音乐里有什么乐器在演奏？）<br>【情境导入】展示骨笛图片。考古学家通过测定骨笛中$^{14}C$的含量，推算出它们距今已有7000多年。什么是$^{14}C$呢？$^{14}C$原本是宇宙射线与空气中的气体原子发生核反应而产生的，它能与氧原子结合形成二氧化碳。$^{14}C$最初是以二氧化碳为载体存在于大气中。 | 学生欣赏欢快、飞扬的笛子音乐。 | 通过介绍$^{14}C$最初存在于大气二氧化碳，并且呈现介绍骨笛中也含有$^{14}C$，让学生带着"为什么最初存在于大气二氧化碳中的$^{14}C$，经过若干年后 |

续表

| 教师活动 | 学生活动 | 设计意图 |
|---|---|---|
| 【引入课题】最初存在于大气二氧化碳中的$^{14}C$，是通过什么途径到动物骨骼中去的呢？带着这一问题，本节课我们就从化学的视角来认识自然界中的"碳循环"，领略循环的魅力。 | | 能到动物骨骼中"这一问题走进课堂。 |
| 板块2：自然界中的碳循环。（设计思路：先构建碳生物循环，再补充碳地球化学循环。）<br>【提出问题】二氧化碳在自然界中的消耗途径有哪些？光合作用的原料和产物分别是什么？（解释有机物概念。）产生途径有哪些？<br>【板书】在黑板上画出相关路径。<br>【提出问题】通过图片，你能找出$CO_2$有哪些循环途径？<br>【总结归纳】自然界中的六种碳生物循环途径。<br>【资料介绍】除了碳生物循环之外，自然界中还存在碳的地球化学循环。<br>【提出问题】给出碳的地球化学循环之一。二氧化碳能进入海水，说明二氧化碳具有什么性质？二氧化碳溶解于水的过程中，还会发生哪个化学变化？课上我们是通过什么实验知道二氧化碳与水反应能生成碳酸这一酸性物质？加热变红的石蕊试液，又会看到什么现象？为什么红色又变紫色？<br>【学生活动】给出碳的地球化学循环之二。把信息中的相关物质填入括号内。<br>【展示图片】<br><br>【课堂小结】理解"碳循环"的几个要点：<br>1. "碳循环"——碳元素的行走足迹。<br>2. 碳循环就是含碳元素的物质循环。<br>3. 从化学角度看，实现碳循环的途径就是含碳物质转化时发生的化学反应。<br>【提出问题】依据图片，请你找出：最初存在于大气二氧化碳中的$^{14}C$到动物骨骼中去的具体途径是什么？ | 学生回答：植物的光合作用、动植物的呼吸、微生物的分解作用、化石燃料的燃烧。<br><br><br>根据循环图，寻找二氧化碳的循环路径。<br><br><br>能溶于水，与水反应生成碳酸。碳酸分解又产生二氧化碳。<br><br><br>学生根据信息，填写物质。 | 复习生物圈内的碳循环，同时从化学的视角认识循环是一种物质经过若干途径转化后，又重新回到该物质。<br>认识水圈中的碳循环。<br><br>认识岩石圈内的碳循环。<br><br>完善对自然界中的碳循环认识。<br><br>深化学生对碳循环的认识，为后面的运用做好铺垫。<br><br>知识运用，解决课前提出的问题。 |

续表

| 教师活动 | 学生活动 | 设计意图 |
|---|---|---|
| 板块 3：碳循环在生活中的运用。<br>【演示实验】先放置一盆植物。在空气中燃烧一段小树枝（有含碳有机物），然后倒入澄清石灰水（石灰水变浑浊），然后再滴加稀盐酸（浑浊消失）。<br>【提出问题】若把小树枝假定为就是碳，请写出整个过程中的化学反应文字表达式。若能写出符号表达式更好。<br>【提出问题】①实验第 1 步中有碳循环吗？②实验第 2 步中有碳循环吗？<br>【展示答案】<br>① $CO_2 \xrightarrow{\text{光合作用}} 含碳有机物 \xrightarrow{\text{呼吸作用}} CO_2$<br>② $CO_2 \xrightarrow{+Ca(OH)_2} CaCO_3 \xrightarrow{+HCl} CO_2$<br>③ 树枝中的含碳有机物 $\xrightarrow{\text{燃烧}} CO_2 \xrightarrow{\text{光合作用}}$ 树枝中的含碳有机物<br>【课堂过渡】很多出土的铜器表面都会有绿色物质，铜制眼镜时间用久了也会有，查查你们的眼镜上有没有？绿色粉末物质是什么呢？铜锈的主要成分碱式碳酸铜由什么元素组成？<br>【提供资料】在潮湿的空气中，铜能与空气中的水、二氧化碳、氧气反应生成铜锈［即铜绿，碱式碳酸铜 $Cu_2(OH)_2CO_3$］。<br>【提出问题】二氧化碳能变成铜绿，那么铜绿能变成二氧化碳吗？<br>【总结归纳】二氧化碳到铜绿，铜绿再到二氧化碳。原来，铜绿与碳循环也有关。<br>【课堂过渡】"哥本哈根"会议的召开，世界各国都掀起了"低碳生活"的热潮。<br>【提出问题】低碳，主要指的是减少什么的排放？为什么要减少二氧化碳的排放呢？目前，人类的哪些行为导致了二氧化碳含量的增加？要减少二氧化碳的含量，我们能做点什么？为什么大气中二氧化碳气体的含量会剧增呢？（从二氧化碳循环角度分析。）<br>【提出问题】解释下列行为，为何能"低碳"：①开发"零碳"能源代替化石燃料；②装修时，减少木材的使用；③使用能耗低的电器产品；④短时间内不用电脑，关闭显示器；⑤减少使用一次性纸盒、筷子、塑料袋；⑥出行方式由开汽车换为骑自行车等。 | 学生观察实验。<br><br>学生书写文字表达式或符号表达式，然后用实物投影仪投影学生成果。<br>学生回答。<br><br><br><br><br><br><br><br><br>学生根据所学知识进行回答。<br><br><br><br><br><br>学生实验：加热铜绿。<br><br><br><br><br><br>学生回答：减少二氧化碳的排放。防止温室效应等。 | 借助二氧化碳的相关知识，加深对碳循环的认识，并意识碳循环也可以存在于化学课堂中。<br><br><br><br><br><br><br><br><br>借助铜绿的相关知识，突出碳循环在自然界中的运用。<br><br><br><br><br><br>借助低碳生活，突出碳循环的运用。 |

续表

| 教师活动 | 学生活动 | 设计意图 |
|---|---|---|
| 【课堂总结】通过本节课的学习,我们能认识到物质循环:①能给化学学习增添趣味和带来便利。②能通过控制循环中某物质的量,改善人类生存环境,促进社会发展。③物质循环是复杂的。具体体现为:同一循环中有小循环,有大循环;除碳循环外,还存在其他物质的循环。<br>【课后作业】<br>1. 碳循环是含碳元素的物质之间的转化。生活中除碳循环之外,还有许多其他的循环。<br>2. 木炭中有碳元素,水中没有碳元素。你有什么化学方法能把木炭里的碳元素转移到水中,让水中也含有组成木炭的碳元素? | | 提炼观点:循环是认识不同物质之间存在联系的一种途径,是化学学习中的一种学习方法。<br>作业1:把循环作为认识物质间相互联系的一种途径,是学习化学的重要方法。<br>作业2:与碳循环是碳元素的行走足迹相对应。 |

【板书设计】

> "碳循环"的魅力
> 一、自然界中的碳循环
> 1. 自然界中六种碳生物循环
> 2. 碳地球化学循环
> 二、碳循环在生活中的应用

【教案评析】

本课例是全国化学优质课比赛的一等奖获得者的参赛教案。本节课建立在第六单元课题3中"二氧化碳对生活和环境的影响"的基础上,对"碳循环"进行拓展探究。教学目标明确、具体、符合学情。基础性目标与发展性目标协调统一,体现了化学素质教育的要求和新课程理念,致力于提高学生的化学素养和探究能力。在教学内容上,通过"最初存在于大气二氧化碳中的$^{14}C$,经过若干年后能到动物骨骼中"这一自然现象,引入课题;回顾"二氧化碳在自然界中的循环",并在骨笛中含有$^{14}C$的背景基础上,认识在自然界中的六种碳生物循环;同时补充碳的地球化学循环,完善对自然界中的碳循环图,并从开展寻找循环图中的化学反应、探寻反应过程中的物质元素等化学视角来认识自然界中的碳循环,从中找到认识循环的方法;从化学课堂、生活等角度来突出碳循环的运用,彰显碳循环的趣味性,提炼出循环是一种学习化学的方法等。在教学方法方面,该老师根据教学内容的特点精心设计小组合作学习的"问题",为学生提供适当的、带有一定挑战性的学习对象或任务。这些具有探究性、发散性、矛盾性的问题,充分调动了学生的积极性和课堂参与度。学生在自主和合作的学习氛围中,大大开阔了自己的视野,掌握了学习的方法，感悟到知识获取的过程比知识本身更重要。该老师打破传统对"自然界中碳循环"教学方法，以实验探究、小组讨论、构建循环图等方式，增强了课堂的趣味性和探究性，充分体现了学生在课堂中的主体作用。

## 教学课例 10：第七单元　课题 1　燃烧与灭火

合肥市第六十五中学　江乐霄

【教学内容和学情分析】

课标中的内容"燃烧与灭火"隶属课标中第五部分《化学与社会发展》中的"化学与能源和资源的利用"。本课知识是从学生司空见惯的燃烧和灭火现象入手，目的是以学生已有的生活经验作为学习起点，使学生站在化学科学的角度认识燃烧就是一种化学反应，让学生体会到化学就在身边，化学就是生活，激发学生学习化学的兴趣和愿望，使学生自然而然地"从生活走进化学"。通过学习，学生明白，控制燃烧的条件就能控制燃烧的进行；灭火的原理就是破坏维持燃烧的条件；优化燃烧的条件就能促进燃烧的进行，从而达到节约能源、减少环境污染的目的，明白"化学服务于生活"。

燃烧是学生非常熟悉的一种化学现象，学习自己熟悉的东西总是比较容易的，这是好事。但是固有的知识经验有时也会影响我们应该达到的学习效果，先入为主的思想会使学生丧失学习兴趣，怎样扬长避短，既能利用已有的经验，又能激发学生的好奇心，使学生产生积极的求学欲望，是本节课的一个技术难题。

【教学目标】

（1）认识燃烧的条件与灭火的方法。

（2）了解常用灭火器的灭火原理和使用方法。

（3）通过活动与探究，学生对获得的事实进行分析得出结论的科学方法。

（4）通过对燃烧条件的探究，认识到内因是变化的根据，外因是变化的条件，外因只有通过内因才能起作用，初步树立辩证唯物主义的观点。通过对燃烧的研究，学生了解科学是一把"双刃剑"，只有掌握它，才能更好地为人类服务。

【教学重、难点】

1. 重点

围绕课题让学生通过实验探究、讨论交流得出燃烧的条件和灭火的原理，使学生感受到化学知识来源于生活，并应用于生活。

2. 难点

燃烧条件的探究，认识灭火的原理并应用于解决实际生活问题。

【教学方法】

任务驱动法、自主探究法、小组合作法等。

【教学媒体】

多媒体，黑板教学。

【药品及仪器】

演示实验：烧杯、镊子、试管、坩埚钳、气球、薄铜片、手帕、酒精灯等；红磷、白磷、水等。

学生实验：烧杯、镊子、玻璃棒、酒精灯等；蜡烛、煤块、石块、木条、纸条等。

【教学设计思路】

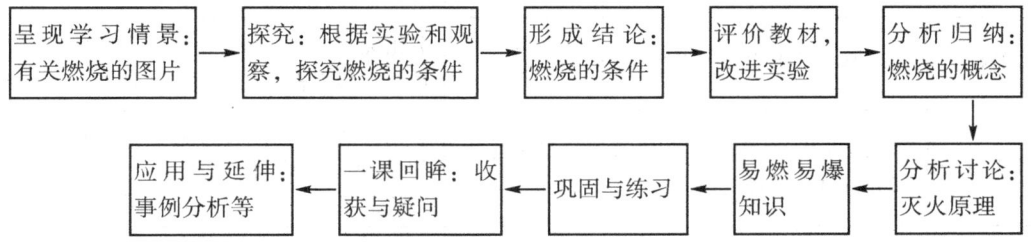

【教学过程】

| 教学环节 | 教师活动 | 学生活动 | 设计意图 |
| --- | --- | --- | --- |
| 引入 | 提问：同学们，今年最让我们中国人自豪的是什么？<br>（播放奥运会开幕式点火仪式） | 观看奥运会影像资料 | 增强民族自豪感；关注燃烧，引入主题。 |
| 过渡 | 燃烧是怎样的一种现象？什么条件下才能燃烧？怎样控制燃烧？ | 学生回忆生活中的燃烧现象，进入学习情景 | 培养观察、归纳的学习方法。学生懂得知识来自于生活，学会如何从生活走进化学。 |
| 任务1 | 探究燃烧需要哪些条件？ | | |
| 问题1 | 所有的物质都能燃烧吗？得出"可燃物"的概念 | 学生提出猜想，说明自己猜想的依据 | 充分利用学生的感性知识，构建新知。 |
| 问题2 | 可燃物要燃烧，还需要什么条件？ | 学生思考 | 培养观察、分析能力，引入燃烧所需要的第二个条件（温度达到着火点）。 |
| 演示实验，提出质疑 | 演示实验：将一次性纸杯剪下一部分点燃，剩下的装上水，在酒精灯上加热，不燃烧。为什么？ | 学生思考、分析、回答<br>（燃烧需要温度） | |
| 学生实验 | 引导学生探究（点燃木条和煤块，哪个容易？），引入着火点的概念 | 学生思考、分析、回答<br>（不同物质燃烧需要温度不同） | |
| 创意大比拼 | 要求每小组设计出实验方案证实自己的猜想（提示学生使用控制变量法）。 | 学生讨论设计实验方案 | 培养实验设计能力、分析能力。 |

续表

| 教学环节 | 教师活动 | 学生活动 | 设计意图 |
| --- | --- | --- | --- |
| 交流与评价 | 引导学生交流实验方案，并可以相互评价。 | 小组展示、分析、相互评价 | 培养评价意识 |
| 实验探究 | 教师巡视学生实验，必要时给予指导。 | 分组完成实验任务，填写实验报告 | 提高实验能力，培养合作精神 |
| 分析讨论 | 组织学生汇报实验现象和结果，并引导大家分析讨论燃烧的条件。 | 学生汇报实验现象和结果，分析讨论燃烧的条件 | 通过"活动与探究"，培养学生分析问题的能力。 |
| 得出结论 I | 引导大家得出结论：<br>①可燃物（内因）<br>②温度达到着火点、与氧气接触（外因） | 学生结合上面的讨论、归纳，总结燃烧的条件 | ①得出知识重点。<br>②培养学生分析问题的能力及辩证唯物主义的观点。<br>③巩固知识重点。 |
| 演示课本实验 | 演示课本实验 | 观察、思考、分析 | 培养观察及分析问题的能力。 |
| 分析课本实验 | 分析（活动与探究）实验的设计意图。<br>引导分析实验结论，得出"燃烧的条件"之间的关系。 | 思考、分析<br>得出"燃烧的条件缺一不可"，总结出"火三角" | 培养观察、分析问题的能力。 |
| 评价课本实验 | 课本的（活动与探究）实验与我们自己设计的实验相比，有何优点？有不足吗？ | 结合课本分析、对比、讨论、归纳优点，分析不足 | 培养思维能力、环保意识。 |
| 改进实验 | 你能设计改进方案吗？ | 分析得出课本实验的不足，讨论并尝试改进 | 培养观察能力、实验设计能力。 |
| 得出结论 II | 引导学生分析燃烧的条件，得出燃烧的概念。 | 分析燃烧的条件，得出燃烧的概念 | 培养归纳的能力。 |
| 任务 2 | 探究灭火的方法 | | |
| 过渡 | 利用多媒体展示燃烧及着火事件、奥运会闭幕式上圣火的从容熄灭。 | 学生观看、思考、分析、讨论 | 构建一个燃烧利和弊的两种情景，进行辩证唯物主义思想教育，使其意识到燃烧是一把"双刃剑"，引发学习的需要和重要性的思考。 |

续表

| 教学环节 | 教师活动 | 学生活动 | 设计意图 |
| --- | --- | --- | --- |
| 引导 | 引导学生回忆课堂上、生活中的灭火方法。 | 学生思考，实验，交流 | 培养关注生活的能力及动手能力。 |
| | 教师记录学生列举的方法，并要求学生将其分类。 | 分类 | 培养归纳的能力。 |
| 得出结论 Ⅲ | （教师板书）灭火的原理：<br>①隔离可燃物<br>②隔绝空气<br>③降低温度到着火点以下 | 学生归纳灭火的原理 | |
| 牛刀小试 | 提供素材，引导学生分析。<br>（你能用多少种方法将燃着的蜡烛熄灭？） | 分析灭火的原理 | 课堂反馈，巩固新知。 |
| 应用延伸 | 展示奥运火炬，引导学生讨论：如何防止奥运火炬熄灭？ | 结合燃烧的条件及灭火的方法讨论，交流 | 学生接触高科技产品，感受科技就在身边，就是基础原理的综合运用。 |
| 任务3 | 易燃易爆知识 | | |
| 投影展示 | 视频一：火灾现场<br>视频二：火灾自救方法 | 讨论火灾自救的方法，总结火灾自救小常识 | 通过视频的专业教学片段，掌握易燃易爆知识。 |
| 一课回眸：收获与疑问 | 教师引导，学生相互答疑。必要时教师给予帮助。 | 学生自我总结本节课的收获，并提出可能的疑问 | 培养总结收获的能力。 |
| 巩固提高 | 布置课后作业 | 学生课后完成 | 课后反馈，巩固新知。 |

**【板书设计】**

课题1　燃烧与灭火

1. 燃烧
燃烧是可燃物与氧气发生的一种发热发光的剧烈的氧化反应。

2. 燃烧的条件
①可燃物（内因）
②与氧气接触（外因）
③温度达到着火点（外因）

3. 灭火的原理与方法
①隔离可燃物
②隔绝空气
③降低温度到着火点以下

4. 易燃易爆知识

## 《燃烧与灭火》学案

一、学习目标
（1）了解燃烧的概念；
（2）掌握燃烧的条件及灭火的原理；
（3）学会运用主动探究，设计实验；
（4）树立辩证唯物主义的观点及环保意识。

二、学习过程

1. 提出问题

2. 实验探究

| 序号 | 实验方案与操作步骤 | 实验现象 | 结论 |
|---|---|---|---|
| 1 | | | |
| 2 | | | |
| 3 | | | |

组长：_____　　记录人：_____　　实验日期：_____

3. 交流与讨论
（1）交流自己小组的实验方案。
（2）学习评价表：

| 项目 | 实践能力 | | | 合作精神 | | | 学习收获 | | |
|---|---|---|---|---|---|---|---|---|---|
| | 是否动手 | 参与次数 | 成功次数 | 是否与人合作 | 合作次数 | 承担的任务 | 学习兴趣 | 获得的知识 | 提高的能力 |
| 自我评价 | | | | | | | | | |
| 小组互评 | | | | | | | | | |
| 教师评价 | | | | | | | | | |
| 签名 | | | | | | | | | |

【教案评析】

本课例是 2008 年安徽省优质课比赛的一等奖（录像课获得全国一等奖）获得者合肥市第六十五中学江乐霄老师的参赛教案。本节课江老师充分利用我国承办奥运会的自豪感，以奥运火炬为兴趣点引入课堂，一下子抓住了学生的学习兴趣，整个课堂气氛活跃，学生参与度极高，在一种愉悦的心境中高效地完成了学习任务。本课有以下几点值得学习：

（1）着眼于生活中的化学，在教学中活学活用教材，使知识源于生活又高于生活。江老师很好地利用了学生已有的感性知识，强调了重点，还利用奥运火炬的设计原理有效地延伸了课堂，却没有加深课程难度，反而让学生意识到许多科技创新原本都是基础知识的巧妙运用，降低了科技的神秘感，更乐于探究。

（2）本节课教学过程中，采用了独立、小组或团体的形式，通过抛出问题，让学生实践、观察、记录和交流分析等，引导学生把问题逐一解决，真正实现了"合作交流、自主探究"的学习模式。学生的参与意识、合作精神、实验操作技能、探究能力、分析问题的思路、对知识的理解和认知水平以及表达交流技能等方面得到了很好的锻炼和提高。

（3）整个教学过程非常紧凑，一气呵成。问题—实验—合作—探究—讨论—结论，这样的教学模式，学生参与性很高，使学生成为学习的主体，让学生通过亲自探究获得知识，更灵活、更有效。

（4）在教学过程中，适当地引用现代教育技术辅导教学，把书本知识与丰富多彩的社会生活联系在一起，扩大了学生的眼界和见闻，打破了课堂学习时空的局限，使学生不断产生浓厚的兴趣和探究科学真谛的热情，并真正成为学习的主人。

（5）巧妙地利用了奥运热点，在学习接近尾声时，展示奥运火炬实物，引导学生讨论：如何防止奥运火炬熄灭？在讨论观察分析中，学生接触高科技产品，感受科技就在身边，就是基础原理的综合运用，从而打破了对科技的敬畏心理，勇于探究创新。

本节课的设计始终把学生放在主体地位，通过引导学生观察、举例、实验探究，得出燃烧的概念、灭火的原理等结论，层层深入，充分调动了学生学习的能动性，激发了学生探索知识的兴趣，培养了学生的探究意识、探究思路等能力，以及创新精神。

## 教学课例 11：再探"燃烧与灭火"

【教学内容和学情分析】

本节课是建立在人教版九年级化学（上册）第七单元《燃料及其利用》课题 1 "燃烧与灭火"的基础上，对燃烧所需要的条件及灭火的原理进行再探究。在学生已有认识中燃烧一定需要氧气，二氧化碳可以用来灭火，本节课通过镁在二氧化碳和氮气中燃烧的实验探究，认识到氧气只是一种常见的助燃剂，在可燃物不同的情况下，也可以有其他的助燃剂，如二氧化碳、氮气都可以支持镁条燃烧，并由此发现燃烧不一定需要氧气，对课本上燃烧的概念进行拓展。

在学习《燃烧与灭火》的基础上，学生已经掌握了燃烧的基本条件及灭火的原理，并且具备了一定的探究能力和实验能力,因此在镁与氮气反应的实验探究过程中,要不断引导学生积极主动地参与探究过程,并且进行大胆的猜想,根据自己的猜想设计实验方案来证明自己的想法。在小组合作的探究过程中,提高实验能力,增强合作精神,在探究中体验学习的快乐。

【教学目标】

(1) 回顾燃烧的条件及灭火的原理,构建"火三角"。通过伦敦奥运会火炬的点燃和上海大楼着火的情境,理解"火"既可以造福于人类,也会给人类带来灾难。

(2) 通过镁在 $CO_2$、$N_2$ 中的燃烧实验,掌握燃烧不一定需要氧气参加,得出燃烧的广义概念。

(3) 通过镁与 $N_2$ 反应实验方案的设计,掌握科学探究的一般步骤,培养探究精神,在实验中,培养动手能力及小组同学间的团队合作精神。

(4) 通过本节课的实验探究,培养敢于质疑,勇于创新的精神。

【教学重、难点】

**1. 重点**

(1) 对燃烧条件及灭火原理进行再探究,掌握可燃物不同的情况下,可以有不同的助燃剂。

(2) 对燃烧的概念进行重新定义。

**2. 难点**

通过 POE 研究策略探究镁条能否在 $N_2$ 中燃烧。

【教学方法】

实验法、对比法、探究法。

【药品及仪器】

镁条、白磷、二氧化碳、集气瓶、烧杯、酒精灯、坩埚钳、火柴、带导管的橡皮塞、镊子。

【教学设计思路】

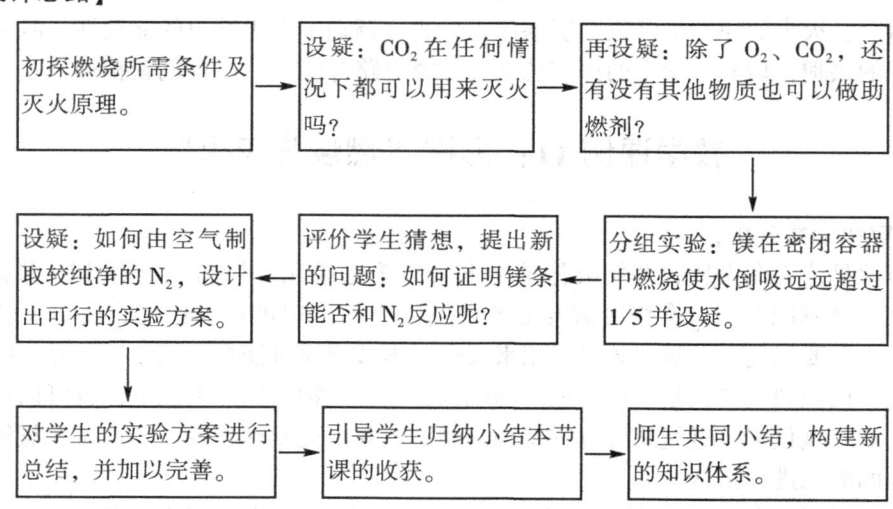

【教学过程】

| 教师活动 | 学生活动 | 设计意图 |
|---|---|---|
| 【引入】火的发现和使用是人类文明进步的重要标志之一。火不仅是人类的朋友，也是人类的天敌。讲"朋友"，是因为火在人们的日常生活以及工农业生产和科研等领域都发挥着重要作用。比如 2012 年 7 月 28 日，伦敦奥运会，万人瞩目的时刻，7 个年轻运动员分别点燃圣火，200 多片花瓣汇聚在一块后升起，凑成一朵玫瑰的样子，十分瑰丽。火炬的点燃是因为具备了哪些必要条件呢？<br>【板书】一、燃烧与灭火<br><br>$O_2$ ／火＼ 温度达着火点<br>　　　　　可燃物<br><br>【小结】这三个条件必须满足什么样的条件才能让火燃烧起来呢？<br>【过渡】但是有的时候，使用不当，火也会给人类带来巨大的灾难。比如：2010 年 11 月 15 日，上海市胶州路的重大火灾，给人们的生命和财产安全造成了重大损失。这时候，我们就要齐心协力去灭火。现在现场来考查一下大家对灭火原理的掌握。<br>【活动】我们就来现场比拼一下，看一看谁是"灭火小勇士"。请同学们用三种不同的方法将燃着的蜡烛熄灭。我为同学们准备了一些小道具，有：水、小烧杯、剪刀。<br>【评价】大家完成得非常好，从大家所使用的方法中，我们可以看出要想灭火，只需要让燃烧的三个条件缺一即可。<br>【过渡】在刚才大家灭火的过程中，使用了一种常用的灭火剂——水，除了水以外，大家在日常生活中还有哪些物质可以用来灭火？<br>【提问】讲到二氧化碳，老师这里刚好准备了一瓶二氧化碳气体，那我们就来看一看二氧化碳到底能不能灭火吧。<br>【演示实验】将燃着的木条放入到盛有二氧化碳的集气瓶中。<br>【转折】如果我现在换一种可燃物呢？ | 倾听，思考。<br><br>回答：可燃物，氧气，温度达着火点。<br><br><br><br><br><br><br><br>同时具备，缺一不可。<br><br>回答：降低温度到着火点以下，隔绝氧气，移除可燃物。<br><br><br><br>积极尝试熄灭蜡烛。<br><br><br><br>二氧化碳，沙土……<br><br><br><br><br><br><br><br><br><br>观察并描述实验现象：木条立即熄灭。 | 联系实际情境，引入新课。<br><br><br><br><br><br><br><br><br><br><br><br>①提出新的疑问，引发学生思考，从而引入新课。<br>②通过灭火小游戏，调动了学生学习的积极性，形成较好的学习氛围。<br><br><br><br><br><br><br>通过现象明显的对比实验，让学生在实验中自己得出结论。 |

| 教师活动 | 学生活动 | 设计意图 |
|---|---|---|
| 【演示实验】将燃着的镁条放入盛有二氧化碳的集气瓶中。（请同学们戴好护目镜）<br>【设疑】镁条既然能在二氧化碳中继续燃烧说明什么问题呢？<br>【小结】看来，课本上的助燃剂只有氧气是不全面的，我们现在可以给助燃剂的大家庭里增加一位新成员了——二氧化碳。<br>【过渡】通过大家的努力，二氧化碳给了我们一个很大的惊喜。现在我们就再接再厉，看看后面还有没有更大惊喜等着我们。<br>下面，我们通过POE的研究策略来看一个实验。 | 观察并描述实验现象：镁条继续燃烧。<br><br>思考并回答：镁能与二氧化碳反应。 | 培养学生的总结归纳能力。<br><br>提出疑问，引发学生思考。 |
| 【分组实验】介绍实验装置：这是个密闭的装置，将集气瓶等分成了六等份，为了避免在燃烧过程中造成集气瓶瓶底炸裂，事先铺了一份水，同学们能告诉我在这个集气瓶中剩余的五等份是什么吗？<br>【评价】同学们回答得都非常好，请同学们将燃着的镁条放入集气瓶中燃烧，待镁条熄灭后，打开止水夹，大家猜一猜会看到什么现象呢？<br>究竟水会倒吸多少呢？现在就请同学们自己通过实验来看一看谁的猜想是正确的。<br>【学生活动】完成镁条在密闭容器中的燃烧实验。<br>【提问】请一位同学来描述一下你在实验中所观察到的现象。<br>【设疑】为什么水会倒吸大于1/5呢？镁条都跟哪些物质发生反应了呢？<br>【过渡】同学们回答得非常好，很多可能的因素导致水倒吸约70%。氮气是一种化学性质比较稳定的气体，镁条究竟有没有与氮气发生反应呢？<br>能不能用具体的实验来证明自己的猜想呢？请同学们分组讨论。<br>【小结交流结果】同学们设计的方案非常完美，现在老师就按照大家设计的方案来完成这个实验。<br>【设疑】介绍实验装置：我们在盛有空气的密闭集气瓶中放入一个小金属盖，金属盖里老师事先放入了足量的白磷。怎样才能让白磷在这个密封的装置中燃烧起来呢？<br>【边实验边讲述】老师现在就给白磷提供温度，将密闭容器放在热水中加热。 | 空气。<br><br>观察实验，仔细分析，认真猜想。<br>仔细观察水倒吸的情况。<br>镁条燃烧发出耀眼的白光，产生白色固体，打开止水夹，水倒吸大于五分之一，接近70%。<br>学生猜想：1. 镁条与氧气发生反应；<br>2. 与二氧化碳反应；<br>3. 与氮气反应；<br>4. 空气受热膨胀逸出导致压强减小……<br>学生分组讨论。<br>将磷放在集气瓶中燃烧，待磷熄灭后，再将燃着的镁条放入，观察其能否燃烧。<br><br><br>学生思考并回答：提供温度。 | 让学生在实验操作中自己发现问题，提出猜想，培养学生敢于质疑的科学精神。<br><br>针对具体问题，积极讨论，发散学生的思维。<br><br>层层设疑，引发学生思考，再让学生自己设计方案解决问题。<br><br><br>通过不断完善实验装置培养学生严谨的科学态度。 |

续表

| 教师活动 | 学生活动 | 设计意图 |
|---|---|---|
| 【提问】同学们看到了什么现象？<br>【进一步提问】白烟的成分是什么？现在，集气瓶中剩余的基本是氮气了，那老师能不能打开橡皮塞放入燃着的镁条呢？<br>【追问】为什么？<br>【继续追问】为了避免对空气造成污染，我们该采取什么样的措施呢？<br>【评价】很好。五氧化二磷可以溶解在水中，老师现在就放水进来吸收五氧化二磷。<br>【讲述】水除了可以吸收五氧化二磷以外，还可以平衡装置内外压强，避免空气进入影响实验结果。<br>【继续完成实验】请学生代表配合完成。<br>【提问】既然镁条能够继续燃烧，说明什么问题呢？ | 白磷燃烧，产生了大量白烟，气球膨胀。<br>思考后回答：不能。集气瓶中有大量白烟。<br>白烟会扩散到空气中污染空气。<br>除去白烟。<br><br>师生配合完成实验并交流实验结果。<br>氮气可以支持镁条燃烧。 | 通过师生配合完成实验，培养学生的观察能力。 |
| 【过渡】我们今天通过自己的探究发现了镁是一种非常活泼的金属，不仅可以在氧气中燃烧，甚至在氮气、二氧化碳中也可以燃烧。只要同学们平时多思考，多尝试，一切皆有可能啊！这样，我们就可以对课本上燃烧的概念重新认识了。<br>【板书】燃烧：燃烧是一种发光、发热的、剧烈的氧化反应。<br>【小结】通过本节课的学习，同学们对燃烧和灭火有什么新的认识吗？<br>【师生共同总结】燃烧不一定要有 $O_2$ 参加，根据可燃物的不同，$CO_2$、$N_2$ 等物质也可以做助燃剂。<br>同理，不是所有火灾都能用水、$CO_2$ 来灭火，要根据火源的种类选择合适的灭火剂。 | 重新构建燃烧概念，对课本上燃烧知识进行升华。<br><br>谈体会，交流收获。 | 由学生概括总结所学内容，并且对所学内容有一个反馈，能很好地反映学生对所学内容的掌握情况。 |

【板书设计】

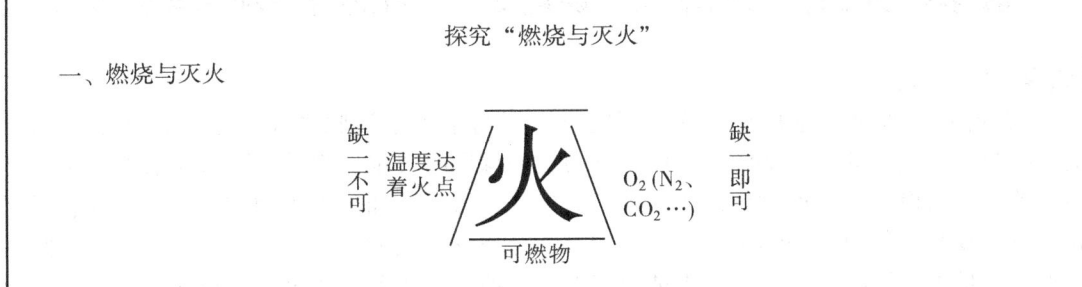

二、再探

1. $2Mg + CO_2 \xrightarrow{\text{点燃}} 2MgO + C$

2. $3Mg + N_2 \xrightarrow{\text{点燃}} Mg_3N_2$

3. 燃烧：燃烧是一种发光、发热的、剧烈的氧化反应。

【教案评析】

本课例是全国初中化学优质课比赛的一等奖获得者的参赛教案。本节课该老师是把人教版第七单元课题1"燃烧与灭火"延伸，所以导入也很有意思，将水火不融演化为水不能灭火，让学生感到新奇，从而带领大家进行燃烧新概念的理解和探究。有以下几点值得学习：

（1）本课题是一节课本内容的延伸课，妙在老师要善于搭建科学探究的平台，着力培养学生发现问题、解决问题的能力。学生通过回忆回答燃烧的条件和灭火的原理后，安排小活动"看一看谁是'灭火小勇士'"，让学生现场比拼，巩固了课本知识。再利用比拼的"余热"，巧妙转折"如果现在换一种可燃物呢？"，完成探究性实验"燃烧的木条插入二氧化碳中熄灭，镁条放在二氧化碳中呢？"从而得出"镁能与二氧化碳反应，二氧化碳也能支持一些物质燃烧，不是所有的火都能用水或二氧化碳熄灭"的结论。整个教学过程的设计像一阶阶的云梯，把学生的思维拓展到发展性空间，不断地猜想→实验→分析→评价→得出结论，有效地培养了学生的能力。

（2）本节课虽然是自主选题，却没有一味地追求新奇，而是在颇具探究性的问题情境下，注重基础知识的运用，巧妙地完成三维目标。教师通过多次追问、小组活动、交流与评价等模式，不但引导学生充分认识到燃烧的条件缺一不可，灭火的方法就是破坏燃烧条件等基础知识，而且在活动中充分运用了科学探究的学习方法，拓展了视野"燃烧不一定要有 $O_2$ 参加，根据可燃物的不同，$CO_2$、$N_2$ 等物质也可以做助燃剂"，同时让学生自主认识到"不是所有火灾都能用水、$CO_2$ 来灭火，要根据火源的种类选择合适的灭火剂"，在运用基础知识的过程中提升了学生的科学素养。

（3）本节课充分体现了学生的学习主体性。整个课堂中，学生观看、倾听、思考、实验、分析、交流、讨论等，一直全身心投入，在教师巧妙设计的框架中积极探究，快乐学习，真正成为课堂的主人。

## 教学课例12：第七单元 课题2 燃料的合理利用与开发

【教学内容分析】

"燃料的合理利用与开发"这一课题是一个与学生生活联系非常紧密，学生有话可说，也非常有兴趣的一个课题。所以在学习这一课题时要根据教学实际来灵活地使用教科书。教学思路设计为：通过介绍燃料——天然气、煤、石油三大矿物燃料，以及煤、石油的用途及其开采年限，让学生知道，煤和石油是非常珍贵的，也是非常有限的，将它们仅用来燃烧是很可惜的，突出对学生情感态度与价值观的培养。通过书写在煤炉中发生的化学反应，可知煤燃烧会对环境造成污染，引出酸雨的危害，通过学生实验更进一步让学生知道，引导学生关注环境、树立环保意识。

【学情分析及学法指导】

（1）认知状态：学生通过前四章的学习（本课学生现在教学进度为结束第四章），对于物质的性质及其变化有了基本的了解，学会研究物质的简单方法和分析能力；从生活经验知道一些有关化石燃料和化石能源危机的知识。本节课知识难度不大，但容量不小，因此对知识进行了重新整合，主干知识作为课堂探究学习，适合学生收集整理型的知识作为课后探究。对于学生已有认知做了充分预设。

（2）技能状态：学生有从实物、课本文字、图片、媒体获取有效信息的阅读理解能力、总结归纳能力；具备合作交流、分析思考、表达质疑、动手实验能力。

（3）情感状态：学生对前几章学习的空气、氧气等化学知识有极大的兴趣，又从物质构成的奥秘的学习看到了微观世界，心理上有强烈的求知欲。对作为与生活密切相连的化石燃料有基本的认知度，会产生深入学习的兴趣和探究意识，会有关注现在和未来的责任意识。

【教学目标】

**1. 知识与技能**

（1）通过探究活动知道物质发生化学变化时伴随着能量变化。

（2）通过小组合作学习知道三大化石燃料的组成、性质、用途、开发利用。

（3）了解化石燃料的不可再生性，认识到合理利用开发能源、节约使用化石燃料的重要性。

**2. 过程与方法**

（1）通过小组合作学习、思考、交流的方法来获取信息，整合资料，形成认知。

（2）运用"实物解说"、实验探究的方法来得出结论。

**3. 情感态度与价值观**

通过对化石燃料的形成、使用年限，对人类所起的重要作用的了解、认识到合理开发的重要性，培养节约利用资源的意识。

【教学重、难点】

**1. 重点**

（1）知道化学反应中的能量变化。

（2）知道化石燃料的形成、合理利用开发和不可再生性，认识它对人类所起的重要作用。

**2. 难点**

培养学生合作交流、思考分析、获取加工信息的能力。

【教学方法】

创设情境、探究活动、小组合作。

【教学媒体】

多媒体设备、幻灯片课件、设计的导学案、煤块多块、石油多瓶、图片多张、镁条、稀盐酸、氢氧化钡晶体、氯化铵固体、试管、小烧杯、锥形瓶、玻璃棒、药匙等。

## 【教学设计思路】

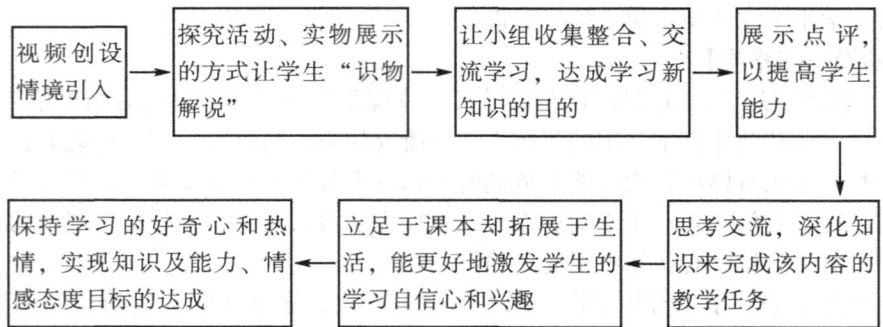

## 【教学过程】

| 教师活动 | 学生活动 | 设计意图 |
|---|---|---|
| 【情境引入】<br>激趣实验：课本实验改进<br>问：生活中产生热量的方式还有哪些？<br>讲述：大家列举的这些物质我们称作燃料，常见的燃料有哪些？有何特点？如何合理开发利用？<br>【板书】课题2　燃料的合理利用与开发<br>【设问】是不是只有通过燃料燃烧才能得到热量呢？<br>通过下面的探究活动感受化学反应中的能量变化（简介今天的分组情况）：<br>探究活动1　（1、2组）在实验仪器中加入几小段镁条，再加入约5mL盐酸，观察现象，并用手触摸仪器外壁。<br>探究活动2　（3、4组）向实验仪器中加入约3药匙氢氧化钡固体，再加入约2药匙的氯化铵固体，并立即迅速搅拌，使之充分反应，观察现象，并用手触摸仪器外壁。<br>【板书】化学反应 $\begin{cases} 放热反应 \\ 吸热反应 \end{cases}$<br>【投影】图片（化学反应中能量变化在生活生产中的应用）<br>探究活动3　"望闻触思　识物解说"<br>1组：煤块<br>2组：石油<br>3组：天然气及相关图片<br>4组：能源危机 | 全体学生观察，联系生活回答<br><br><br><br>回答<br><br>认真倾听活动要求<br><br><br><br>小组合作探究<br><br>记录、汇报、小结<br><br><br>观看、感受<br><br><br>阅读课本文字、图片，思考、归纳、计算、交流 | 用激趣实验拉近与学生的距离，减少陌生感，顺利引入新课的学习。<br><br>顺利引出主题。<br><br>通过亲身实践感受化学反应中的能量变化。<br><br><br><br><br>体现化学的学科特点：实验探究，总结归纳。<br><br>把学习延伸到对生活的关注和实践。<br><br>培养阅读能力、计算理解能力、分析问题能力，学生归纳整合所学的知识，形成新的认知。 |

续表

| 教师活动 | 学生活动 | 设计意图 |
| --- | --- | --- |
| 所有的学习任务都必须参与，但各组汇报任务不同。倾听学生的解说，引导学生倾听、补充、质疑、激励性点评。<br>【过渡】人类对燃料的使用历经千年，煤、石油、天然气要上百万年才能形成，故被称为"化石燃料"。<br>【板书】二、化石燃料的利用<br>1. 煤<br>2. 石油<br>3. 天然气<br>4. 能源危机<br>学生汇报时，教师同步播放 PPT。<br>教师在播放过程中适时提出问题：<br>①三大化石燃料如何合理运用、开发？<br>②在我国农村推广使用沼气池有何现实意义？<br>③天然气与煤相比有何优点？<br>④如何缓解化石燃料危机（即能源危机）？<br>3 组汇报完后，补充演示实验：甲烷燃烧。<br>【小结】我们一方面要合理开采、节约使用，另一方面还要研究和开发新能源。<br>【投影】新能源图片播放<br>引导学生反思评价（自评或互评）："今天我的收获"<br>【作业布置】<br>A 层：课本 P139 中 1、2、3、4 题。<br>B 层：（1）小组组员采用多种方式（如查阅资料、书本、上网等）了解煤和石油的综合利用及可燃冰的相关知识，整理汇总后向全班同学展示交流。<br>（2）对于自己家中或附近工厂燃料的使用进行调查，写一篇相关的调查报告。<br>【总结】全班点评。 | 各小组发言人向全班汇报、展示<br><br>1、2、3、4 组汇报<br><br><br><br><br><br>组员反馈所学所思、补充、质疑、点评<br><br><br><br><br><br>认真观看、记录现象反馈、完善笔记<br>学生小结<br>畅谈自己的收获，从不同角度总结反思 | 学生在交流合作中整合资料、发挥能力、互助互学。<br><br>思考的问题在于引发学生对现实社会、未来发展的关注，做一个对社会有关注、有责任的人，体会化学学习的意义。<br><br>倡导学生自评、互评、评师，多角度地自我总结反思，从知识到生活，从学习到责任，让本节课的学习得以升华。<br><br>作业分层设计，体现作业形式多样、激发兴趣、巩固知识的作用。<br><br>表扬学生积极参与，鼓励学生树立学习的自信心。 |

【板书设计】

课题 2　燃料的合理利用与开发

一、化学反应中的能量变化

化学反应 $\begin{cases} 放热反应 \\ 吸热反应 \end{cases}$

```
二、化石燃料的应用
1. 煤
2. 石油
3. 天然气
（1）主要成分：甲烷（$CH_4$）
（2）甲烷可燃性：$CH_4 + 2O_2 \xrightarrow{\text{点燃}} CO_2 + 2H_2O$
4. 能源危机
```

**【教案评析】**

本课例是2012年全国初中化学优质课比赛的一等奖获得者的参赛教案。该老师依托新课程理念着力打造"生命课堂"，把人教版第七单元课题2"燃料的合理利用与开发"上得有声有色，让学生感到新奇，受到鼓舞，积极投入在探究学习氛围中。有以下几点值得学习：

（1）从教学组织形式来看，本节课的设计主要基于新课程改革下的"生本课堂"教学模式，体现全新的学生学习方式和教师教学方式的转变。《化学课程标准》中指出："让每一个学生以轻松愉快的心情去认识化学，增强学好化学的自信心；让学生有更多的机会主动地体验探究过程，在知识的形成、联系、应用过程中养成科学的态度，获得科学的方法。"为此，该老师设计了这节"探究学习任务型"的课堂，以小组为单位，积极开展探究学习，通过小组多种方式的合作学习、交流展示、质疑点评的教学环节，充分体现师生、生生互帮互学互教，让学生通过观察、查阅、思考、交流、实验、计算、分析、总结等学习方式进行探究学习。

（2）从教学方法来看，本节课新课引入时改进课本实验，创设激趣实验，让学生在不经意中进入新课的学习！三次的探究活动都采取了探究思考、问题分析的教学形式，完全放手让学生利用已有的生活经验、学习技能、思维能力解决问题。通过学生自己的认知能力建构新的知识体系，知道化学反应中的能量变化，化石燃料是人类重要的自然资源，对其要合理利用与开发。从化石能源危机引发学生对未来社会的思考，感受自己的社会责任，体会化学对于社会发展的意义，激发学生学好化学的信心。

（3）从教学情境来看，本节课的理论基础源于建构主义学习理论指导教学，注重学习积累，加大学生自主性学习，提高教学效率。建构主义教学观旨在促进学生学习，不断培养学生对知识、技能的理解、运用以及训练学生的思维能力与品质。为此我努力创设宽松的教学氛围，采取积极互动的教学方式，尊重学生的个性发展。课堂教学中，学生不是"等待装酒的新瓶子"，他们有自己的经验、信息做背景，有社会这个大环境影响着他们。教师应引导学生大胆分析、质疑，提出新的见解，建构起自己的学习知识体系，成为学习的主人。

## 教学课例13：第八单元　再探金属的活动性顺序（复习课）

**【教学内容分析】**

本课题是初中化学教材下册的第一个单元的复习课。从内容上分析，在上册的7个单元的学习中，学生对化学有了简单的认识，对常见化学物质的组成、结构、性质及变化规律有了一定的掌握。但下册是整个初三化学第二学期，知识的难度值和综合性都较强，学生理解、掌握都有一定难度，所以设计有梯度的探究任务，引导学生运用知识，从而达到巩固知识点目的。

**【学情分析及学法指导】**

第八单元的内容与生活关系密切，金属在生活中应用广泛，学生课题的大部分内容与生活密切相连，主要是以了解为主，学生有一定的感性认识，学习起来应比较容易、新型材料的奇妙用途能较大程度地调动学生的兴趣，激发学生联系生活的能力。因此，本节课改变教学过程中过于注重知识传授的倾向，强调学生形成积极主动的学习态度，密切联系学生的生活经验，是获得基础知识与基本技能的过程，同时也是学会学习和形成正确价值观的过程，提高学生的化学素养。

**【教学目标】**

**1. 知识与技能**

（1）复习金属活动性顺序并掌握比较不同金属活动性强弱的方法。

（2）理解金属活动性顺序存在差异的原因。

（3）了解金属活动性顺序的应用。

**2. 过程与方法**

在实验探究的过程中对学生进行实验技能的培养和结果分析的训练，培养观察能力、探究能力、分析和解决问题的能力以及交流协作能力，能用置换反应和金属活动性顺序解释一些与日常生活有关的化学问题。

**3. 情感态度与价值观**

（1）通过亲自做探究实验，激发学习化学的浓厚兴趣。

（2）通过对实验的探究、分析，培养严谨、认真、实事求是的科学态度。

（3）在实验探究、讨论中学会与别人交流、合作，增强协作精神。

（4）感受客观事物的普遍性与特殊性。

**【教学重、难点】**

**1. 重点**

知道常见合成材料的用途，学会区分热固性和热塑性、天然纤维和合成纤维。

**2. 难点**

（1）不同金属活动性存在差异的微观原因。

（2）用置换反应和金属活动性顺序判断反应是否发生，解释某些与生活有关的化学问题。

**【教学方法】**

实验探究、分析讨论、小组合作学习。

**【教学媒体】**

试管、试管架、砂纸、胶头滴管、烧杯、铝丝、铁钉、锌粒、铜片、稀盐酸、稀硫酸、氯化铝溶液、硫酸亚铁溶液、硫酸铜溶液、氯化锰溶液、硫酸锌溶液。

【教学设计思路】

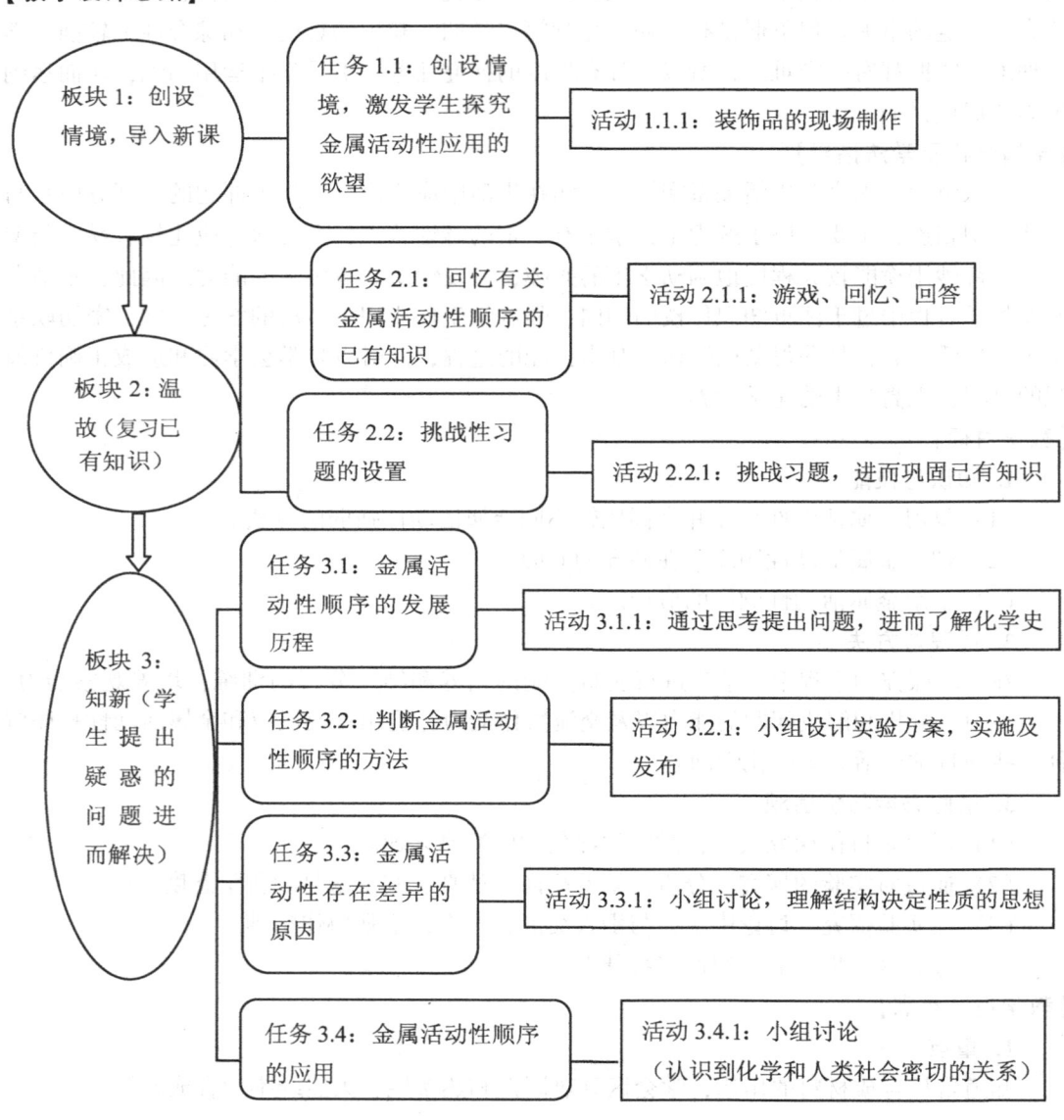

【教学过程】

| 学习任务或教学环节 | | 教师活动 | 学生活动 | 设计意图 |
| --- | --- | --- | --- | --- |
| 板块 | 任务 | | | |
| 板块 1：创设情境，导入新课 | 任务 1.1：产生强烈的学习兴趣 | 【创设情境】现场制作装饰品海洋世界<br>【板书】金属的化学性质 | 活动 1.1.1：配合老师完成制作 | 激发学生对金属的活动性研究的欲望，为本节课的学习做好铺垫 |

续表

| 学习任务或教学环节 | | 教师活动 | 学生活动 | 设计意图 |
|---|---|---|---|---|
| 板块 | 任务 | | | |
| 板块2：温故（复习已有知识） | 任务2.1：回忆有关金属活动性顺序的已有知识 | 【提问】关于金属活动性顺序你都学过什么内容？ | 活动2.1.1：以游戏的形式默写金属活动性顺序表并回忆回答有关内容 | 通过游戏评价学生的掌握情况，激发学生兴趣；通过提问的形式复习已有知识，为新内容做好铺垫 |
| | 任务2.2：挑战习题的设置 | 【提问】如果这两道题你们挑战成功，说明你们这部分内容掌握的非常优秀。<br>【板书】金属活动性顺序 | 学生2.2.1：挑战习题 | 激发学生的求胜欲望，进而提升学生学习能力 |
| 板块3：知新（对学生提出疑惑的问题进而解决） | 任务3.1：问题1 金属活动性顺序的发展历程 | 【讲授】借助多媒体辅助教学讲解发展历程<br>【板书】金属活动性顺序的发展历程 | 活动3.1.1：通过思考提出问题 | 使学生了解化学史的相关内容，培养学生对化学的热爱 |
| | 任务3.2：判断金属活动性顺序的方法 | 【分组实验】两种金属的活动性比较<br>【板书】金属活动性顺序的判断方法<br>【设置问题】比较金属活动性顺序的常用方法：<br>1. 一种金属时<br>2. 两种金属时<br>3. 三种金属时 | 活动3.1.2：设计方案并动手实验<br>需完成任务如下：1. 完成两种金属比较其活动性的常见方法。<br>2. 了解金属与酸反应过程中的注意事项（控制变量法）。<br>3. 通过习题学会比较三种金属活动性顺序。<br>4. 对于一种未知金属如何通过实验确定它在金属活动性顺序表中的位置。 | 培养学生的方案设计能力、动手操作能力、小组合作能力及逻辑思维能力 |
| | 任务3.3：金属活动性存在差异的原因 | 【过渡】决定物质性质的是什么？<br>【板书】金属活动性存在差异的原因<br>【设置问题】<br>1. 分析Na、Mg、Al的原子结构特点。<br>2. 分析K、Na的原子结构特点。 | 活动3.3.1：小组讨论<br><br>得出最外层电子数及电子层数对性质的影响 | 深刻理解结构决定性质的辩证思想 |

续表

| 学习任务或教学环节 | | 教师活动 | 学生活动 | 设计意图 |
|---|---|---|---|---|
| 板块 | 任务 | | | |
| 板块3:知新（对学生提出疑惑的问题进而解决） | 任务3.4：金属活动性顺序的应用 | 【设置问题】以讨论的形式进行<br>【板书】金属活动性顺序的应用<br>讨论题：<br>1. 人类认识和使用金属的顺序为铜、铁、铝，你能分析这个顺序的原因吗？<br>2. 保健医生会推荐缺铁性贫血的病人喝一种补铁麦片，你知道它如何补铁吗？<br>3. 乘飞机时不允许带金属镁，你知道原因吗？你还能推测飞机上不允许带哪些金属吗？ | 活动3.4.1：小组讨论<br><br><br>得出结论 | 认识到化学与社会、生活的密切关系，培养学生对化学学科的强烈兴趣 |
| 布置作业 | | 进一步寻找金属活动性顺序在生产生活中的应用 | | |
| 板书设计 | | 再探金属的活动性顺序<br>K Ca Na Mg Al Zn Fe Sn Pb （H） Cu Hg Ag Pt Au<br>一、金属活动性顺序的发展历程<br>二、比较金属活动性的方法<br>三、金属活动性差异的原因<br>四、金属活动性顺序的应用 | | |

【教案评析】

本课例是2012年全国初中化学优质课比赛的一等奖获得者的参赛教案。本节课该老师是把人教版第八单元的复习课设计得颇具创新。该课有以下几点值得学习：

（1）从教学环节来看，三个板块"创设情境，导入新课""温故（已有知识）""知新（对学生提出疑惑的问题进而解决）"，把枯燥的复习课变成了有序的探究课，三个环节紧凑高效。"温故知新"中最不好处理的是"温故"，弄不好就成了"炒剩饭"，但本课例把这个环节设计成精彩的抢答环节，不仅督促学生积极回忆旧知，还使他们在激烈的竞争中把旧知融会贯通。

（2）从教学内容来看，紧抓"科学探究"这一主题，设计出多个分组实验，让学生运用旧知解决问题。整个课堂学生都在老师设计的三个板块中，自主探究，参与度极高，充分体现了学生的主体作用。

（3）从教学方法来看，综合与归纳效果好。复习课就是要把旧知归纳、综合，以达到复习提高的作用，本课中就在学生合作探究与交流分享中完成了综合与归纳。在课堂中没有一丝"灌输"的痕迹，让学生在探究中完成了复习与提升的任务，学生充分体验到了成功的喜悦，很好地实现了三维目标。

## 教学课例14：第十单元　再探中和反应

合肥市第六十五中学　吴静静

**【教学内容分析】**

本课是对人教版九年级化学第十单元课题2"酸和碱的中和反应"的拓展探究。在学生对酸和碱之间能够发生中和反应的基础上，从判断反应的发生、反应过程中溶液酸碱度的变化、反应进行的程度三个方面，对中和反应进行再探究。先通过对"稀盐酸和氢氧化钠溶液是否发生反应"的探究，讨论归纳出判断化学反应发生的一般思路。然后改变通常的对化学反应起点、终点的关注，深入到对化学反应过程的探究，并且创新地融入现代化实验技术，通过数据和图像将化学反应的过程和微观世界直观地呈现出来。最后通过对反应后溶液酸碱性的自主探究，复习巩固酸、碱的性质，分析化学反应进行的程度，并渗入环境保护意识。将对化学反应的探究由反应前后的点深入到反应的过程，对中和反应的认识由表及里、由现象到本质，使知识得到深化。

**【学情分析及学法指导】**

学生对常见的酸和碱的性质已经有了一定的认识，知道酸和碱之间能够发生中和反应，不过这些认识仅仅停留在表面。学生比较容易判断化学反应的某一点（如反应前和反应后）的特征，而对于其过程及微观实质认识尚浅。通过手持技术深入到化学反应的具体过程，化隐性为显性，将微观世界可视化；通过科学探究，让学生在主动参与和互动过程中，拓宽思维，培养动手能力及分析问题的能力；通过小组合作模式，发挥集体的智慧，更加有效发现问题、解决问题，让每个学生充分发挥自己的价值。

**【教学目标】**

（1）复习中和反应和溶液酸碱性的检验。

（2）了解手持技术和现代仪器在化学实验中的应用。

（3）通过科学探究培养分析问题和解决问题的能力、实验设计及动手操作能力；通过图像分析，培养数据处理能力。

（4）培养协作精神、探究和创新精神，提高学生科学素养。

（5）通过传统实验和手持技术实验的比较，体会手持技术的先进性。

**【教学重、难点】**

**1. 重点**

判断中和反应的发生以及反应进行的程度，溶液酸碱性的检验。

**2. 难点**

中和反应过程中pH变化。

【教学方法】

实验探究法、分组交流讨论法、多媒体及现代实验技术辅助法。

【教学媒体】

（1）多媒体。

（2）温度传感器、pH 传感器等手持技术。

（3）氢氧化钠溶液、稀盐酸、锌粒、酚酞溶液、石蕊溶液、碳酸钠、pH 试纸、点滴板、药匙、胶头滴管、玻璃棒、镊子、玻璃片、烧杯、试管、酒精灯。

【教学设计思路】

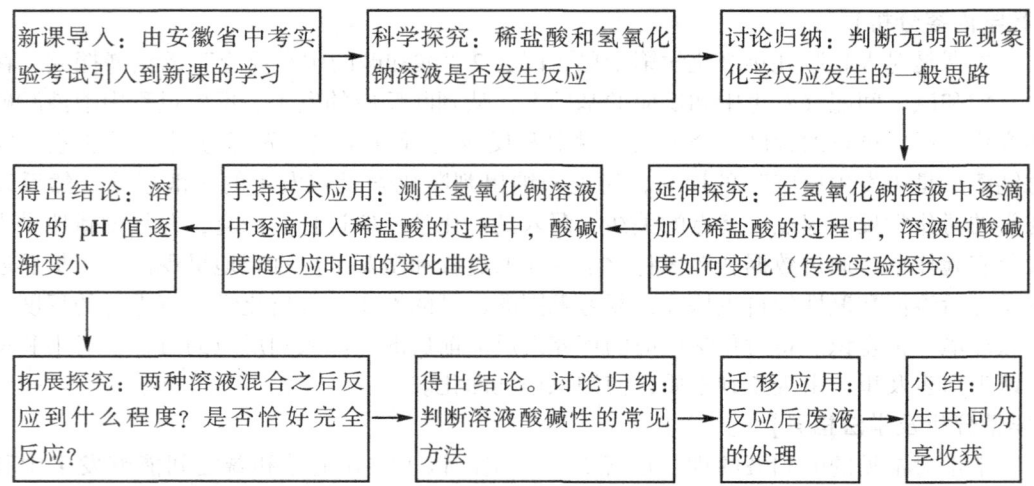

【教学过程】

| 教学环节 | 教师活动 | 学生活动 | 设计意图 |
| --- | --- | --- | --- |
| 导入 | 回顾2013年安徽省中考实验考试，将学生引入中考化学"溶液酸碱性的检验"实验的情境，将 A、B 两种溶液混合 | 听讲 | 贴近学生心理，激发探究兴趣 |
| 探究活动一：两种溶液是否发生反应 | | | |
| 探究 A、B 两种溶液之间是否发生反应 | 提出问题：两种溶液混合后是否发生反应呢？如何证明反应的发生？ | 倾听，思考 | |
| | 提出猜想：发生反应 | 讨论，提出猜想 | |
| | 设计方案：引导学生设计方案（利用酸碱指示剂、测温度、蒸发反应后的溶液等方法化隐性为显性） | 小组讨论，制订实验方案 | 培养学科思维 |

续表

| 教学环节 | 教师活动 | 学生活动 | 设计意图 |
|---|---|---|---|
| 探究A、B两种溶液之间是否发生反应 | 学生分组实验探究：巡视学生实验 | 分组实验 | 巩固实验操作能力 |
| | 倾听、评价学生汇报 | 汇报，得出结论 | |
| | 交流与归纳：判断无明显现象化学反应发生的一般方法（反应物的消失、新物质的生成、酸碱性的变化等） | 讨论，归纳 | 培养归纳学习思想 |
| 延伸探究：在氢氧化钠溶液中逐滴加入稀盐酸的过程中，溶液的酸碱度如何变化 | 提出问题：稀盐酸向氢氧化钠溶液中滴加的过程中，溶液的酸碱度如何变化呢？ | 倾听，思考 | 拓展思维 |
| | 猜想与假设：逐渐变小 | 讨论，提出猜想 | |
| | 指导方案的设计（逐滴加入，不断用pH试纸测pH） | 设计方案，汇报，分享各自不同的实验设计 | 知识迁移应用 |
| | 学生分组实验探究：巡视，指导 | 分组实验 | 培养学生实验操作探究能力 |
| | 得出结论：pH逐渐变小 | 汇报结果 | 培养语言组织能力 |
| | 开阔视野：介绍现代实验技术中的手持技术 | 倾听 | 感受先进的科技 |
| | 演示实验：pH传感器、温度传感器测定中和反应中pH、温度随反应时间的变化曲线 | 观看 | 加强对数据的分析能力，感受新科技的力量 |
| 活动探究二：两种溶液反应的程度 | | | |
| 拓展探究：混合后的A、B溶液是否恰好完全反应 | 提出问题：两种溶液混合之后反应到什么程度？是否恰好完全反应？ | 讨论，回答 | |
| | 引导学生猜想与假设 | 讨论，提出猜想 | |
| | 指导方案的设计（检验反应后溶液的酸碱性，用酸碱指示剂、活泼金属、金属氧化物、碳酸盐等） | 学生汇报，分享各自不同的实验设计 | 知识迁移应用 |
| | 学生分组实验探究：巡视，指导 | 分组实验 | 培养学生实验操作探究能力 |

续表

| 教学环节 | 教师活动 | 学生活动 | 设计意图 |
|---|---|---|---|
| 拓展探究：混合后的A、B溶液是否恰好完全反应 | 倾听，适当评价 | 分组汇报，交流分享 | 分享探究和成功的喜悦 |
| | 得出结论 | | |
| | 迁移与应用：实验后废液的处理 | 思考，回答 | 培养环保意识和解决问题的能力 |
| 交流与收获 | 学完本节课谈谈自己的收获 | 说自己的收获与感悟 | 培养语言表达能力和学习反思能力 |
| 课外探究活动 | 石灰石和稀盐酸反应后废液的探究 | | 将化学学习和探究由课内迁移到课外 |

【板书设计】

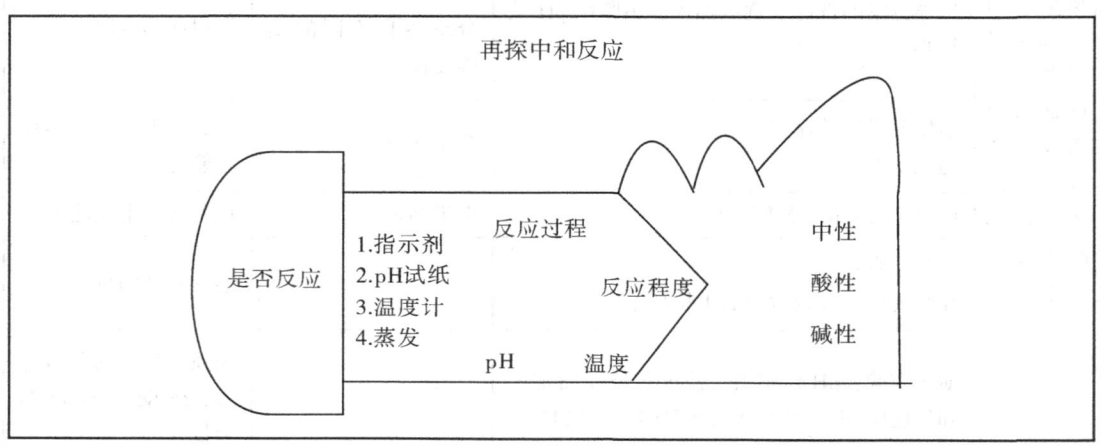

【教案评析】

本课例是安徽省合肥市第六十五中学省级课题"现代实验技术在初中理化生教学中的应用研究"立项课，同时也是一节酸碱知识的复习课。吴老师在九年级化学第十单元《常见的酸和碱》基础上对中和反应进行拓展探究，并创新地在教学中融合手持技术，将基本实验技能和手持技术有机结合。本课是在安徽省内首次将手持技术融入初中化学的教学中，具有一定的意义。本课有以下特色：

（1）从教学内容来看，探究的内容具有一定的深度和广度。通过之前的学习，学生已经学会将一些没有明显现象的中和反应化隐性为显性方法，如通过加入酸碱指示剂后观察颜色的变化、通过测反应前后温度的变化等。但对中和反应的认识，学生依然停滞在反应前和反应后的点、反应中的现象，吴老师带领学生深入到具体的反应过程和反应原理，使学生对中和反应有了更加深入的认识，激发了学生的探究欲。

（2）从教学方法来看，通过手持技术化抽象为具体，提高了实验精确性。对于化学反应的过程，比较抽象，学生只能靠自己的想象力去想象。手持技术通过精确的数据和具体的曲线将结果直观地呈现在学生面前。与传统实验对比，利用手持技术可快速测出精确的结果，提高了课堂效率，同时也淡化了一些繁杂的传统操作，避免了因为不规范操作带来的误差，体现了现代化学教学的"宏观、微观、符号、曲线"四维表征，培养了学生对数据、图像的分析处理能力，使初中实验教学由定性延伸为定量。对于中和反应，我们之前一直进行的是"某些因素改变后，引起酸碱性如何变化"的定性探究；若涉及酸碱度变化的定量分析，只能靠学生的想象力。本节课吴老师设计的探究活动延伸到了酸碱度的定量探究，激发学生的学习兴趣，提高学生分析问题和解决问题的能力，培养学生的创新欲望和创新能力。

（3）从教学板书来看，本课的板书设计也是一大亮点。一开始的板书看似普通，但课程小结时吴老师边带学生回顾课程内容，边加上"边框"，"一把带知识点的钥匙"跃然板上，揭示了科学在生活中的意义，意味深长。

## 教学课例 15：第十二单元 课题 3 有机合成材料（第 2 课时）

【教学内容分析】

本课题是初中化学教材的最后一个单元的最后一个课题，重点介绍有机合成材料。从内容上分析，在前面十一个单元的学习中，学生对化学有了简单的认识，对常见化学物质的组成、结构、性质及变化规律有了一定的掌握。有机合成材料放在整个初三化学的最后一节，其用意是联系化学与生活，化学改变生活。从学科价值角度而言，通过对有机合成材料的学习，开阔视野，增长见识，建立起化学与生活的桥梁，使学生认识学习化学的重要性。从社会价值的角度而言，通过有机合成材料在生活各个方面的广泛应用及造成的危害，让学生体会合成材料既方便了人类的生活，但也带来了环境问题，培养学生关注自然和社会的责任感。

【学情分析及学法指导】

本课题的大部分内容与生活密切相连，主要是以了解为主，学生有一定的感性认识，学习起来比较容易，新型材料的奇妙用途能较大程度地调动学生的兴趣，激发学生联系生活的能力。因此，本节课改变教学过程中过于注重知识传授的倾向，强调学生形成积极主动的学习态度，密切联系学生的生活经验，是获得基础知识与基本技能的过程，同时也是学会学习和形成正确价值观的过程，提高学生的化学素养。

【教学目标】

（1）知道常见的塑料、合成纤维和合成橡胶的性能及其应用。

（2）了解使用合成材料对人和环境的影响，认识"白色污染"及其危害、解决的方法。

（3）通过塑料性质的探究实验和区分棉纤维、羊毛纤维、合成纤维的实验，知道区分不同塑料、不同纤维的简单方法，进而发展科学探究的能力。

（4）通过认识有机合成材料对人类社会进步所起的重要作用，体会学习化学的价值，强化学生对化学学习的兴趣。

（5）通过"白色污染"的认识，培养学生关注生活、关注社会、关注人类生存环境的情感，也增进学生对"事物是一分为二的"辩证唯物主义观点的认识。

【教学重、难点】
 1. 重点
知道常见合成材料的用途,学会热固性和热塑性、天然纤维和合成纤维的区分。
 2. 难点
认识部分有机合成材料的结构特点和其性能,从而知道物质的结构、性质和用途之间的关系。

【教学方法】
探究法、体验法、自学法、情景教学法等。

【教学媒体】
棉线、羊毛线、聚乙烯塑料片、电玉插座碎片、酒精灯、坩埚钳、火柴、石棉网、试管夹、试管等。

【教学设计思路】

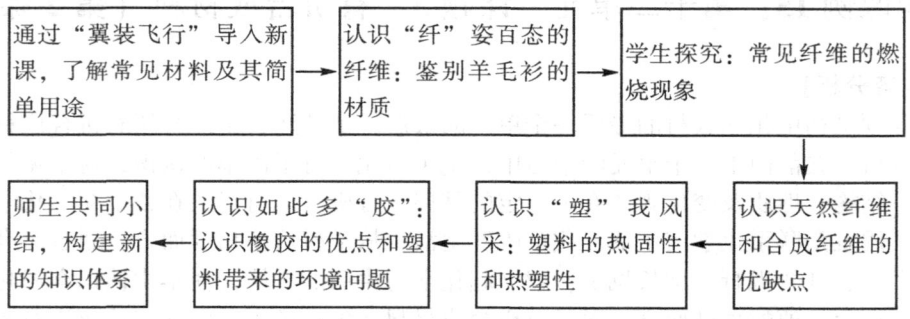

【教学过程】

| 教师活动 | 学生活动 | 设计意图 |
|---|---|---|
| 【新课导入】翼装飞行<br>让学生亲身感受翼装鸟人飞行的精彩瞬间 | 观看、感受 | 通过视频让学生感受到人类在不断地实现自己的梦想,感受新材料对社会发展的作用。 |
| 【我了解,我憧憬】问题:结合视频"翼装飞行"里涉及的材料,以及生活经验说说你了解的材料有哪些?<br>【过渡语】学习课题3 有机合成材料(2)<br>【讲解】讲解有机合成材料<br>天然有机高分子材料<br>介绍:棉花、羊毛和天然橡胶<br>合成有机高分子材料<br>介绍:塑料、合成纤维和合成橡胶<br>【过渡语】同学们最想先知道哪种材料呢?<br>(按照合成纤维、塑料、合成橡胶的顺序)<br>认识"纤"姿百态的合成纤维。 | 思考、交流、倾听<br>倾听<br>倾听、记忆<br>学生回答<br>倾听 | 学生从生活经验出发,寻找并说出自己知道的材料,了解材料的简单用途。<br>认识常见物质的构成。<br>学生明确学习的内容。<br>通过老师的讲解,学生知道有机合成材料、天然有机高分子材料和合成材料以及常见的材料,对材料有一个印象。<br>学生去选择学习的内容,更好地利用外界非智力因素的作用。 |

续表

| 教师活动 | 学生活动 | 设计意图 |
|---|---|---|
| 【我实践，我展示】问题：入冬之前，我买了一件羊毛衫，大家看后说法不一，有的说是羊毛纤维的，有的说是合成纤维的，你可以帮我鉴别一下吗？<br>【过渡语】这样的方法可行吗？先让我们感受一下几种纤维燃烧时的现象。<br>【我实践，我展示】活动内容：探究常见纤维燃烧时的现象<br>【过渡语】看来刚才的同学提出的方案是可行的，让我们来尝试一下。<br>【我实践，我展示】让提出方案的同学来完成实验，教师协助<br>【讲解】介绍常见的天然纤维和合成纤维以及制成的不同制品<br>【我实践，我展示】问题1：你知道自己穿的校服是用什么纤维做的吗？你认为这种布料有什么优点？有什么缺点？<br>问题2：要是换成天然纤维制校服，你有什么意见？<br>介绍：天然纤维和合成纤维的优缺点<br>问题3：如果你是设计师，你如何设计纤维的使用？<br>介绍：混合纺织的优点<br>认识"塑"我风采<br>【我实践，我展示】活动内容：1. 连接折断的学生尺（材质：塑料）<br>2. 给塑料袋封口（材质：塑料）<br>问题：是所有的塑料制品坏了之后，都可以用加热的方法进行简单的修补吗？<br>教师和学生一起做对比实验，老师连接折断的插座，学生连接折断的学生尺<br>【过渡语】想知道是原因导致的吗？<br>【我自学，我感悟】请阅读课本P106第四、五段和P107第一、二段。阅读自学之后请告诉大家你知道了什么。 | 分析、思考<br>交流自己的方法<br><br><br><br>参与活动<br>观察现象、记录现象<br><br>汇报、交流收获<br>倾听<br><br>观察、倾听<br><br><br><br>倾听<br><br><br><br>分析、思考<br><br><br>交流、倾听<br><br><br><br><br><br>参与活动<br>观察现象并记录<br>汇报、交流收获<br>分析、思考<br>实验<br><br><br>阅读、自学、记忆 | 从生活中常见的问题入手，利用生活经验解决问题，体现化学与生活密不可分，突出化学学习的价值。<br><br>学生感受、知道不同纤维燃烧时的不同现象，掌握区分常见的不同纤维方法。<br><br>学生自己动手实践自己的设想，体验成功的喜悦；同时老师做好协助工作，突出学生的主体地位。<br>了解常见的纤维。<br>从学生的生活体验中总结天然纤维和合成纤维的优缺点，让学生认识更深刻；同时让学生去设计材料，学习化学的价值，收获学习成功的快乐。<br><br><br><br>学生在实践中感受塑料的性质，认识塑料。<br><br><br>经过对比，学生知道不同的塑料性质是不同，渗透因用途不同、需要不同而使用不同的塑料，因结构不同而性质不同的观念。<br><br>通过阅读，学生学会通过不同的途径去学习，学会学习知识的方法。<br>学生对合成材料的构成有一定的了解，知道是结构不同导致不同的塑料有不同的性质。 |

续表

| 教师活动 | 学生活动 | 设计意图 |
|---|---|---|
| 【讲解】简单讲解合成材料的微观形成。<br>链状结构——热塑性<br>活动：撕保鲜膜塑料<br>网状结构——热固性<br>【我了解，我憧憬】介绍生活、生产中塑料的应用<br>认识如此多"胶"<br>【视频】一起走进橡胶厂了解合成橡胶<br>【如此多"胶"】让学生认识身边合成橡胶的应用，感受合成橡胶的突出优点<br>【我感叹】合成材料的应用与发展，大大方便了人类的生活。但是合成材料废弃物的急剧增加也带来了环境问题。你了解吗？<br>【我建议，我行动】解决"白色污染"问题你有什么好的建议？<br>问题：回收废弃塑料遇到分类的困难？<br>【我了解，我憧憬】因为环境问题，我们就不使用合成材料了吗？科研人员逐渐向环境友好的方向发展新材料。<br>知识反馈：以NBA赛场为情境，让学生查找我们熟悉的材料？<br>【我来谈】在教学活动即将结束的时候，请你结合本节课的学习，谈谈你的收获或你还需要解决的问题！<br>【请你继续学习】作业：上网查阅关于"塑料"材料，下节课我们进行——使用塑料利与弊的辩论！ | 汇报交流<br>倾听<br><br>撕塑料<br><br><br><br>观看<br><br><br>观看<br><br><br><br>分析、思考<br><br><br><br>分析、思考<br>交流、倾听<br>分析、思考<br>看矿泉水瓶，找答案<br><br>体验新材料的应用<br>观看、查找<br>交流<br><br>小结、交流 | 学生回到生活中，体验塑料的存在，了解塑料的应用。强化性质主要决定用途的渗透。<br>通过视频，学生知道合成橡胶的应用以及特点。<br>学生学会使用教材，学会信息的查找与处理。<br>增进学生对"事物是一分为二的"辩证唯物主义观点的认识。<br>认识白色污染。<br><br>给出解决白色污染的自己的建议。<br>培养学会解决问题。知道塑料的分类。<br>学生辩证地看问题，从预防角度入手，利用化学原理发展材料，渗透化学的价值。强化学习化学的兴趣。<br>体现学有所用。<br><br>学生明确自己的收获与希望进一步解决的问题，激发对继续学习产生兴趣。 |
| 板书设计 | 课题3　有机合成材料（第2课时）<br>1. 认识"纤"姿百态的合成纤维<br>2. 认识"塑"我风采<br>3. 认识如此多"胶" | |
| 预测与应对 | 本节课的教学内容与生活、生产联系紧密，学生已有的认知，可以帮助学生自己很好地完成本节课的教学。 | |
| 反思与感悟 | | |

【教案评析】

本课例是2012年全国初中化学优质课比赛的一等奖获得者的参赛教案。本节课该老师是把人教版第十二单元课题3 "有机合成材料" 演绎得精彩万分,得到专家和同行的一致好评。有以下几点值得学习:

(1) 精彩的导课是成功的一半。该老师就是以 "翼装服" 飞行视频及身着自制 "翼装服" 来引入,且自制了一件到课堂,并当场撕坏,直接引发了布料不同而导出有机合成材料,真是别具匠心,引人入胜。好的导课可以拉近师生距离,使学生的向师性更强,积极参与教师的教学活动,提高课堂学习效率。

(2) 充分尊重学生,展现人文课堂。"同学们最想先知道哪种材料呢?""你知道自己穿的校服是用什么纤维做的吗?""我实践,我展示""我自学,我感悟""我了解,我憧憬",处处体现对学生的尊重,使学生在浓厚的民主平等的氛围中,快乐学习。

(3) 注重板书的设计与书写。近几年,由于多媒体课件的使用,老师的板书也好像置于被人遗忘的角落。但是,课件是不能完全代替板书的,课件的呈现具有瞬时性,板书固化的总结,恰当的板书能整节课巩固核心知识。该老师的板书与他的课题呼应,最后连成一个 "合" 字,设计精妙,画龙点睛(如下图)。

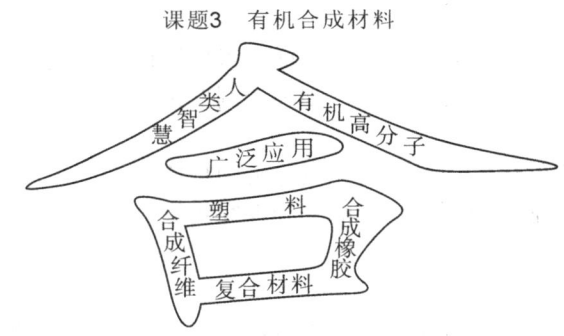

## 教学课例16:再探加快过氧化氢分解的物质

合肥市第四十六中学 刘亮荣

【教学内容分析】

本课内容是在学习过实验室制取氧气之后为贴合新课标要求开设的实验探究课,围绕义务教育阶段化学教学的核心内容——实验室制取气体展开深入探究。通过对过氧化氢在二氧化锰的催化下可以制备氧气的性质在生活中的应用,以及影响催化效果的因素探究,旨在充分认识催化作用和过氧化氢分解速率的影响因素。

【学情分析及学法指导】

早在本课时的学习之前,学生就已学习了实验室制取氧气之过氧化氢制法,也已经明白了二氧化锰在氧气制取过程中的催化作用,但是对过氧化氢的相关性质以及催化原理没有深刻理解,在结合本课时的学习之后,能够更好地理解过氧化氢的相关性质,并加深印象。在实验探究的过程中深化理解加快过氧化氢分解的物质。

【设计思路】

实验室制取气体的探究是义务教育阶段化学教学中的核心内容。过氧化氢在二氧化锰催化下制取氧气是实验室制氧气最理想的方法,但生活中有无可以加快过氧化氢分解的其他物质呢?它与二氧化锰相比哪个更好呢?本课题围绕以上两个问题,引导学生展开讨论和实验探究,使学生学会设计探究实验的方法,理解对照性原则和控制变量。在学习中体验成功和快乐,感受学习化学的重要意义。

【教学目标】

**1. 知识与技能**

(1) 进一步了解催化剂的概念及催化作用。

(2) 知道铁锈、过氧化氢酶都可以加快过氧化氢分解的速率,并会比较哪种效果更好。

**2. 过程与方法**

学会实验探究的一般过程,即:提出问题、猜想与假设、设计方案、实验验证、得出结论、交流评价。

**3. 情感态度与价值观**

学会小组合作学习,体验探究成功乐趣,形成持续不断地学习化学的兴趣。

【教学重、难点】

**1. 重点**

(1) 学会设计实验方案,并进行实验验证,得出结论,交流评价。

(2) 了解设计实验过程中的对照性原则和控制变量。

**2. 难点**

(1) 探究生锈的铁钉中能加快过氧化氢分解的物质。

(2) 铁锈与二氧化锰比较哪个更好的实验探究指导。

【教学媒体】

**1. 分组实验用品**

5%过氧化氢溶液、二氧化锰粉末、生锈的铁钉、缝衣线、光亮洁净的铁钉、铁锈粉末、新鲜猪肝、生土豆片、大小试管各3支、小木条、火柴、镊子、药匙、酒精灯、托盘天平、抹布、废液缸。

**2. 教学用品**

多媒体课件、摄影机。

【教学方法】

任务驱动法、实验探究法、小组合作法、多媒体课件辅助法。

【教学流程】

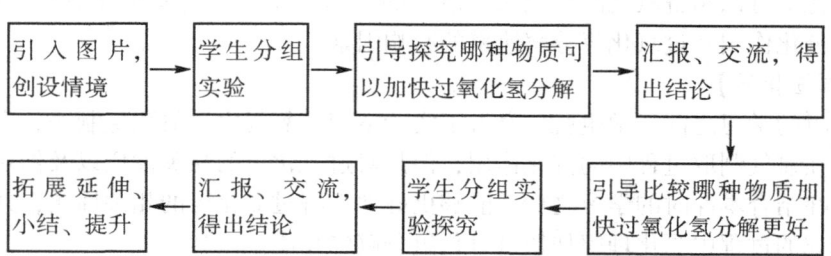

## 【教学过程】

| 教学环节 | 教师活动 | 学生活动 | 设计意图 |
| --- | --- | --- | --- |
| 创设情境，导入新课 | 展示 PPT 图片。<br>运动受外伤怎么办？<br>你知道有哪些处理措施？医疗上用 3% 的过氧化氢溶液消毒，同时产生很多气泡，这就是血液里过氧化氢酶催化的结果。 | 观察图片，联系生活思考。 | 激发兴趣，引入课题。 |
| 提出问题，完成实验，得出结论 | 1. 提出问题：前面已经学了二氧化锰做它的催化剂，还有其他加快过氧化氢分解的物质吗？<br>2. 学生分组实验：生锈铁钉与过氧化氢溶液作用。 | 学生分组实验、观察。 | 引入核心内容。 |
| | 【任务一】生锈铁钉中什么物质加快过氧化氢的分解？<br>1. 引导学生猜想是什么物质加快过氧化氢分解？<br>2. 师生共同完成设计实验和验证猜想。<br>3. 得出结论：铁锈能加快过氧化氢的分解反应速率。 | 师生共同设计实验探究哪种物质可加快过氧化氢分解。 | 回顾已学知识，在教师指导下学会设计实验方案，明确实验目的，了解实验步骤、方法。 |
| | 【过渡】从以上实验可以得出，生活中还有其他物质也能加快过氧化氢分解。铁锈跟二氧化锰相比哪个更好呢？ | 思考。 | |
| | 【任务二】比较铁锈与二氧化锰哪个更好？<br>1. 引导设计比较哪种物质做催化剂更好的实验方案。<br>2. 指导遵循对照性原则和控制变量。（PPT 展示）<br>3. 引导学生汇报交流实验方案、实验步骤、注意事项等。展示实验小贴士。<br>4. 展示实验记录表。引导实验探究。巡视学生实验，指出操作可能存在的问题。<br>5. 引导汇报交流、评价。<br>6. 得出结论：二氧化锰的催化效果更好。 | 1. 小组设计实验方案、讨论实验步骤、注意事项等。<br>2. 小组合作分工、实验探究、观察记录现象。<br>3. 学生对达成共识的实验探究方案进行实验。<br>4. 汇报实验现象，比较，评价。 | 充分发挥小组成员的智慧和潜能，并在实验中体验到合作和成功的快乐。 |
| 分组实验 | 【化学与生活】<br>1. 分组实验：新鲜猪肝、生土豆片等与过氧化氢溶液作用。<br>2. 生活中运用催化剂的例子图片。 | 观察、思考。 | 将化学与生活紧密结合，感受生活中处处有化学。 |

续表

| 教学环节 | 教师活动 | 学生活动 | 设计意图 |
|---|---|---|---|
| 交流与讨论 | 【小结、交流】<br>1. 引导学生通过这节课的学习，你学到了什么？<br>（知识……方法……感悟……）<br>2. 你还有什么疑问？ | 交流、讨论、回答。 | 学生经历探究过程，思维得到发展，学会小组分工合作、学会设计实验要遵循对照和控制变量原则，在学习过程中体验快乐和成功的喜悦，为进一步学习化学奠定良好基础。 |
| 课后作业 | 【作业】<br>写一篇今天课堂学习后的感悟体会。 |  | 通过学生对本节课的学习，进一步总结归纳，关键是要掌握科学的思维方法，体验合作学习，学会分享成功的快乐。 |

【板书设计】

| 再探加快过氧化氢分解的物质 | | |
|---|---|---|
| 一、提出问题： | 什么物质加快反应速率？ | 铁锈与$MnO_2$谁的效果好？ |
| 二、猜想与假设： | 1. 铁  2. 铁锈  3. 其他 | 1. 铁锈    2. $MnO_2$ |
| 三、设计方案： | 略 | 略 |
| 四、进行实验： | 分工合作 | 分工合作 |
| 五、得出结论： | 铁锈 | $MnO_2$>铁锈 |
| 六、反思与评价： | 定性 | 定量 |

【课后反思】

略。

## 《再探加快过氧化氢分解的物质》学案

一、学习目标

（1）进一步了解催化剂的概念及其催化作用。

（2）知道铁锈、过氧化氢酶都可以加快过氧化氢分解的速率，并会比较哪种效果更好。

(3) 学会实验探究的一般过程，即：提出问题、猜想与假设、设计方案、实验验证、得出结论、交流评价。

(4) 学会小组合作学习，体验探究成功乐趣，形成持续不断的学习化学的兴趣。

二、探究实验记录

比较二氧化锰和铁锈谁的催化效果更好？

| 方案 | 步骤 | 现象 | 结论 |
| --- | --- | --- | --- |
| 一 | | | |
| 二 | | | |

三、作业

写一篇《再探加快过氧化氢分解的物质》学习后的感悟体会。

【教案评析】

本课例是2010年安徽省优质课比赛的一等奖获得者合肥市第四十六中学刘亮荣老师的参赛教案。本节课是一节创新的实验探究课，基于人教版九年级化学第二单元课题3"氧气制法"设计的课题再探加快过氧化氢分解的物质，是教材的创新性使用，有许多亮点：

(1) 导入情境，贴近生活。

该老师充分利用生活中的事例：运动受外伤怎么办？你知道有哪些处理措施？医疗上用3%的过氧化氢溶液消毒，同时产生很多气泡，这就是血液里过氧化氢酶催化的结果。以鲜活的生活场景巧妙地引入课题。

(2) 实验探究，颇具创新。

探究是新课程倡导的主要学习形式，也是转变学生学习方式的主要方法。本课例充分体现了科学探究在化学课中起到的举足轻重的作用。本课在学生已学习了实验室制取氧气之过氧化氢制法，也已经明白了二氧化锰在氧气制取过程中的催化作用，但是对过氧化氢的相关性质以及催化原理没有深刻理解的前提下，引出问题"还有其他加快过氧化氢分解的物质吗？"紧接着在学生的猜想下，选择了三个层层递进的探究："探究一 生锈铁钉中什么物质加快过氧化氢的分解？探究二 比较铁锈与二氧化锰哪个更好？探究三 新鲜猪肝、生土豆片等与过氧化氢溶液作用"。每一个探究都能帮助学生更好地理解过氧化氢的相关性质，并加深印象。在实验探究的过程中深化理解加快过氧化氢分解的物质。

(3) 合作探究，体验成功和快乐。

实验室制取气体的探究是义务教育阶段化学教学中的核心内容。过氧化氢在二氧化锰催化下制取氧气是实验室制氧气最理想的方法，本课题围绕核心问题，引导学生展开讨论和实验探究。小组内同学们共同研究设计探究实验的方法，理解对照性原则和控制变量。在学习中体验成功和快乐，感受学习化学的重要意义。

(4) 学案学习，思路清晰。

本课例特别设计了学案，学习目标明确，学习任务清晰，学习过程有科学的表格记录，这样既能有效地引导学生进行实验，又能吸引学生的兴趣，关注实验过程和结果，强化了学习效果。

总之，本节课刘老师通过巧妙的教学设计，使用简洁明快的教学思路，设置探究任务，完全把课堂交给了学生，通过一个个问题将内容串起来，层层递进。学生很容易进入学习情境，取得了良好的教学效果。

## 教学课例 17：第四章　第一节　无机非金属材料的主角——硅（第 1 课时）

**【教学内容分析】**

本课时位于高中教材的第四章第一节，重点介绍二氧化硅和硅酸。新教材在内容安排上突破传统的物质中心模式，不再追求从结构、性质、存在、制法、用途等方面全面系统地学习和研究有关的物质，而是从学生已有的生活经验出发，引导学生学习身边的常见物质，将物质性质的学习融入有关的生活现象和社会问题的分析解决活动中，体现其社会应用价值。充分体现元素化合物与自然界和社会生活的密切联系，贯彻 STS 教育的观点，有利于激发学生学习的兴趣，促进学生科学素养的提高。

总体来看，本课时在初高中化学学习中起到承前启后的作用：能温习初中已学过有关碳及其化合物的知识，为化学必修 2 的元素周期律以及《物质结构与性质》中化学键与物质性质的学习创造条件。

**【学情分析及学法指导】**

本节课的教学对象为高一学生，具备有一定的收集处理信息能力，同时又都乐于展示自我。因此，本节课的教学着重引导学生自主探究合作学习，消除学生对概念的神秘感与乏味感。另外，从教材内容与初中的衔接上看，初中"科学"中已学过有关碳及其化合物的知识，学生能知道二氧化碳属于酸性氧化物，并能熟练书写特征化学反应方程式，所以，引导学生采用对比的学习方法，可以帮助他们温故而知新。

**【教学目标】**

**1. 知识与技能**

（1）了解硅及其重要化合物的主要性质及相互转化。

（2）了解含硅材料在多领域中的应用。

**2. 过程与方法**

（1）通过对多种含硅材料的认识初步建立从化学角度认识材料，从材料角度学习化学的学习方法。

（2）在以二氧化硅为基础原料制备的其他含硅材料的认识过程中初步学会运用分类、比较、实验、归纳等方法和手段。

**3. 情感态度与价值观**

（1）通过展示含硅材料在生活及社会发展中的重要作用，体会化学在材料科学中的巨大作用，激发学习的热情。
(2) 辩证地看待物质的性质。

【教学重、难点】
1. 重点
以材料为载体学习硅及其化合物的主要性质。
2. 难点
(1) 从材料的角度建立研究物质性质的基本思路。
(2) 在解决实际问题中提高学以致用的能力。

【教学媒体】
(1) 硅酸钠溶液、稀盐酸、饱和碳酸氢钠溶液、大理石、胶头滴管、具支试管 2 支、试管 2 支、分液漏斗 1 个、导管 2 个、单孔塞 2 个、酒精灯 2 个。
(2) 浸透水玻璃的滤纸 1 张、布片 1 张、浸透饱和食盐水的布片 1 张。
(3) 多媒体。
(4) 实验展板。

【教学方法】
探究法、演示实验法、启发法。

【教学过程】

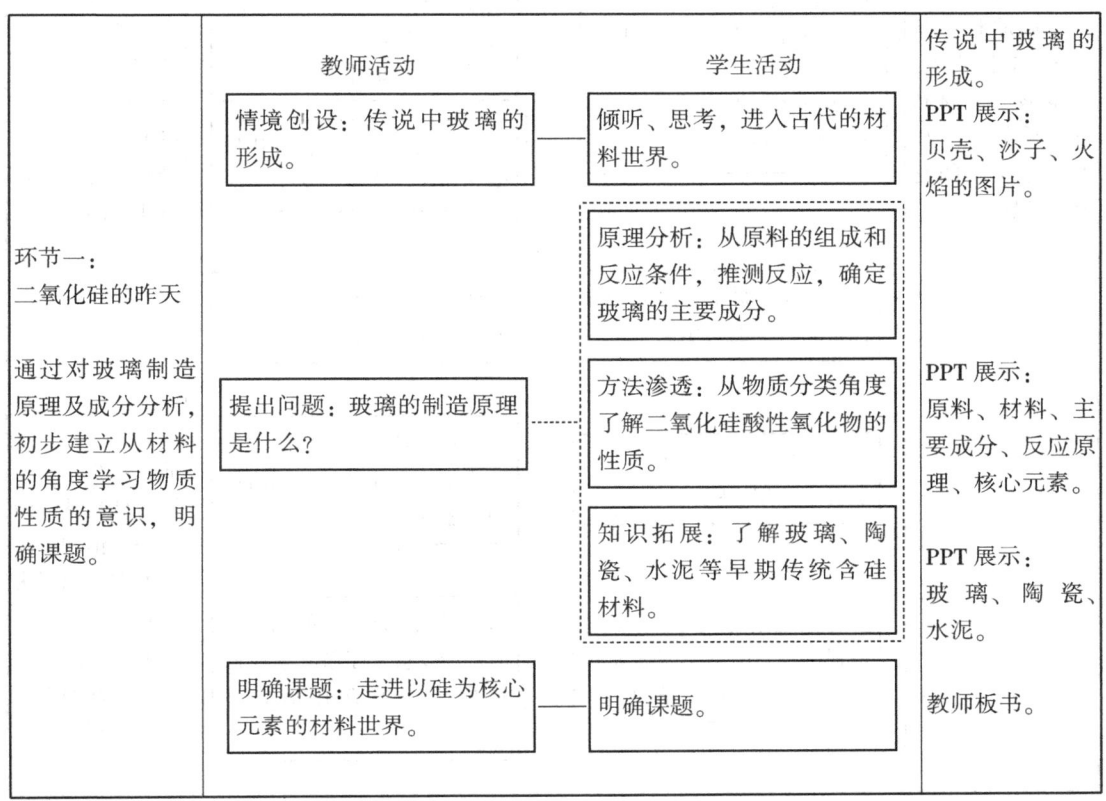

续表

| | 教师活动 | 学生活动 | |
|---|---|---|---|
| **环节二：****二氧化硅的今天**通过以二氧化硅为基础原料制备硅胶和水玻璃，初步形成从材料学性质的研究思路，建立硅的化合物的转化关系。 | 创设情境：当代生活中的含硅材料有哪些？ | 1. 寻找生活中的含硅材料，体会它们在提升生活质量方面的重要作用。2. 明确化学组成。 | PPT展示：生活中的含硅材料及其化学组成。 |
| | 提出问题：如何由二氧化硅制备硅酸凝胶？ | 小组讨论，全班交流，确定合理制备方案。观察演示实验，验证预测。 | PPT展示：硅胶的资料卡片。教师演示实验：硅酸钠溶液和稀盐酸制备硅酸凝胶。 |
| | 引发问题：1. 敞口存放的水玻璃为什么会变浑浊？2. 保存水玻璃为什么用橡皮塞？3. 为什么碱性溶液保存也要用橡皮塞？ | 从空气的主要成分入手推测可能发生的反应。设计实验、评价实验方案、观察演示实验，了解实验是化学研究中的重要方法。从玻璃的成分入手，运用所学知识解决实际问题。 | PPT展示：带有橡皮塞的硅酸钠溶液。实验展板：硅酸钠溶液和二氧化碳的反应。PPT展示：带有橡皮塞的氢氧化钠溶液。 |
| | 方法渗透：硅酸钠溶液的黏性带给我们的启示。 | 辩证、全面地看待物质的性质，扬长避短、趋利避害。 | |
| | 拓展应用：硅酸钠溶液还可能有哪些用途呢？ | 学生和教师合作完成耐火性对比实验，体会硅酸钠溶液的阻燃性。 | 演示实验：浸有硅酸钠溶液和浸有饱和食盐水的布片的耐火性对比。 |
| | 追根溯源：硅酸钠用途如此广泛，它是如何制备的？ | 通过回顾前面涉及的制备硅酸钠的反应，了解二氧化硅在地壳中的存在形式和含量。 | PPT展示：二氧化硅的主要存在形式。 |

续表

| | 教师活动 | 学生活动 | |
|---|---|---|---|
| 环节三：<br>归纳总结<br>含硅物质的转化<br>关系和研究思路、<br>方法。 | 知识落实：完成硅的化合物的转化关系和相关方程式。 | 书写相关的化学方程式。落实以硅为核心元素的含硅物质的转化。 | 学生板书：<br>含硅物质的相互转化和相应的方程式。 |
| | 思路整理：从材料的角度学化学，从化学的角度认识材料的学习方法。 | 研究思路：材料→主要成分→化学性质。<br>研究方法：分类、比较、实验、归纳。 | PPT展示：<br>研究思路和研究方法。 |
| | 研究拓展：如果我想研究电脑芯片这种材料，我想研究什么？想怎么开展研究？ | 确定组成硅，通过查阅资料、访谈、实验等途径了解硅的特性及应用等，运用所学反应规律预测制备硅的反应，拓展研究的思路和方法。 | PPT展示：<br>电脑芯片。 |
| 环节四：<br>二氧化硅的明天 | 展望以二氧化硅为核心的含硅材料在未来推动社会发展中的重要作用。 | | PPT展示：<br>以二氧化硅为基础原料生产的多种新型含硅材料。 |

【板书设计】

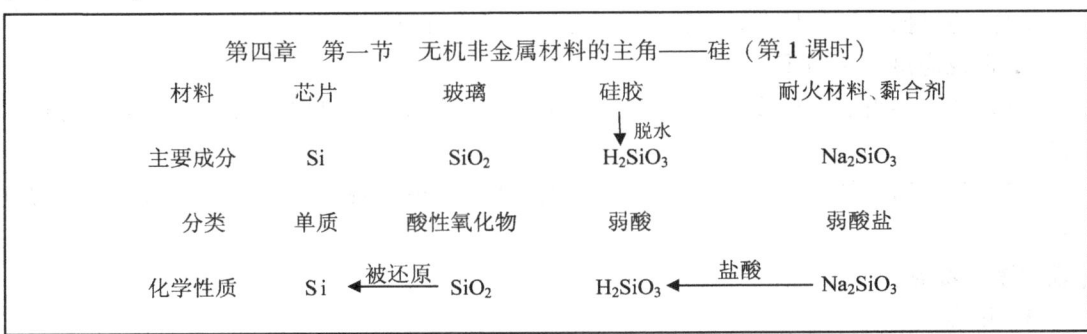

【案例评析】

该节课重点突出，目标全面、准确、具体，体现知识与能力、方法与过程、情感态度与价值观三个维度，布局合理，设计各种教学活动，引导学生自主学习，有条理地将旧知识综合进行运用。课堂结构清晰，运用恰当的教学方法和手段启迪学生思维、解决重点、突出难点。根据班级实际情况，精心设计练习，并在整个教学过程中注重因材施教。

# 教学课例 18：探究补铁药中的铁

合肥市第六中学　方　方

【教学内容和学情分析】

几种重要的金属化合物中铁及铁的化合物是金属的化学性质知识的延伸和发展。在自然界中金属元素基本上以化合物的形式存在，只有既了解金属单质的化学性质，又了解它的化合物的性质才是比较全面地了解了金属。本节课以实验探究的形式研究补铁药中的铁元素的价态，加强学生的探究能力，培养学生的创新意识。

本节课的教学对象为省示范高中的学生，他们基础好，求知欲望强，乐于展现自我。在知识层面上，学生已经掌握了 $Fe^{2+}$ 和 $Fe^{3+}$ 的检验方法以及基本的氧化还原知识，对本节课的学习有较为充足的知识储备。在能力层面上，通过初中和高中阶段的训练，学生具备了一定的实验操作能力和观察分析问题的能力，但严密的逻辑推理和完整的实验探究能力还有待进一步培养和加强。在心理层面上，学生对化学实验、化学现象兴趣浓厚，有较强的探求欲、表现欲和成就欲，有极大的解决实际问题的热情，却不知实际问题的处理远比书本知识复杂。

【教学目标】

**1. 知识与技能**

（1）了解 Fe 元素在生命健康中的作用。

（2）进一步掌握 $Fe^{3+}$、$Fe^{2+}$ 的性质及检验方法。

**2. 过程与方法**

（1）培养学生运用已学知识解决具体问题的能力。

（2）通过探究过程培养设计方案、反思评价方案的能力。

（3）通过探究过程培养动手操作能力、交流合作能力。

**3. 情感态度与价值观**

（1）通过小组实验逐步养成自主、合作、探究的态度和习惯，培养实事求是的科学精神。

（2）学生通过补铁药等常见物质初步学会从化学视角观察生活、生产和社会中的有关问题。

【教学重、难点】

**1. 重点**

（1）$Fe^{3+}$ 干扰 $Fe^{2+}$ 的检验方法。

（2）培养学生运用已学知识解决具体问题的能力。

**2. 难点**

在探究过程中培养设计方案、反思评价方案的能力。

【教学方法】
　　合作学习、实验探究。
【教学媒体】
　　硫酸亚铁片、药片预处理后的滤液、NaOH 溶液、KSCN 溶液、$H_2O_2$ 溶液、酸性 $KMnO_4$ 溶液各 10 组，试管，胶头滴管，滤纸，小刀。
【教学过程】
　　【引入】铁是人体内含量最多的微量元素，成年人体内所含的铁元素大约有 4g，相当于一枚铁钉的质量。如果缺铁会造成很多疾病，如贫血。因此，对于缺铁比较严重的人群，需要科学服用补铁药品。今天我们就来探究一种常用的补铁药。
　　【展示】某种补铁药。
　　【师】这种补铁药中含有什么价态的铁呢？请大家观察药片的颜色，切开药片观察内部的颜色，猜测药品的表面和内部分别含有哪种铁的化合物。
　　【生】观察并描述药片表面颜色，切开药片，描述药片内部颜色。猜测表面可能为氧化铁，内部可能是亚铁盐。提出猜想：这种补铁药片既含三价铁也含二价铁。
　　【师】这是大家的猜测，究竟是不是如此，我们要通过设计科学的实验来进行验证。在设计实验之前，我们不妨先回顾一下三价铁与二价铁的检验方法及它们的性质。
　　【生】回忆三价铁与二价铁的检验方法和性质。
　　【幻灯片展示】$Fe^{3+}$ 和 $Fe^{2+}$ 的相互转化和检验方法。
　　【师】这些检验方法有个共同之处，就是都是在溶液中检验这两种离子，而我们拿到的是药片，怎么办？
　　【生】先将药片溶解变成溶液。
　　【师】非常好。时间关系，上课前我已将药片碾碎，用足量稀盐酸充分溶解，现在大家面前的待测液就是我处理好的溶液。请小组合作，使用老师所提供的试剂，先设计出一个能检验出 $Fe^{3+}$ 和 $Fe^{2+}$ 的实验方案，大家交流后我们再分组实验。
　　【生】分组讨论，设计合理方案。（教师巡视，给予指导。）小组发言，提供实验方案。
　　师生合作：评价优选方案。
　　【生】分组按实验方案进行实验。
　　【师】巡视，给予必要指导。
　　【生】交流实验现象，得出实验结论：待测液中既有三价铁也有二价铁。
　　【师】药片中是不是既有三价铁也有二价铁呢？我们来看看说明书。
　　【幻灯片展示】药品说明书之成分：本品每片含硫酸亚铁 0.3g。辅料为微晶纤维素、蔗糖、淀粉、滑石粉、硬脂酸镁、聚维酮 K30、虫石蜡，着色剂为红氧化铁。
　　【师】确实如此。这种补铁药的主要成分是硫酸亚铁，包衣上的颜色是氧化铁染上去的。下面我们就这个实验来讨论几个问题：
　　1. 在 $Fe^{2+}$ 和 $Fe^{3+}$ 的混合溶液中，如何检验 $Fe^{2+}$ 的存在？

2. 为什么要将硫酸亚铁包裹在包衣内？

3. 说明书中称"Vc 与本品同服有利于吸收"，怎么解释？

4. 实验能证明待测液中的 $Fe^{3+}$ 来源于包衣吗？如果不能，如何验证包衣中含 $Fe^{3+}$？

学生讨论、回答；教师给予必要补充。

【过渡】前面，我们只是定性地检测了药片中铁元素的价态；在高中阶段，我们不仅要关注定性实验，还需要有定量的思想。那么我们怎样才能定量检测出药片中铁元素的质量呢？

学生思考。

【教师提示（如有必要）】我们可以将药片中的铁元素全都转化成一种稳定的化合物，如 $Fe_2O_3$，然后称量 $Fe_2O_3$ 的质量，就可以计算出药片中铁元素的质量了。请大家思考具体的实验操作，完成学案上的流程图。

【生】思考、讨论，并完成流程图。

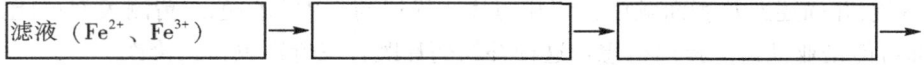

【师生交流】完善流程。

【师】介绍一些定量实验减小误差的方法。

课堂小结。

【板书设计】

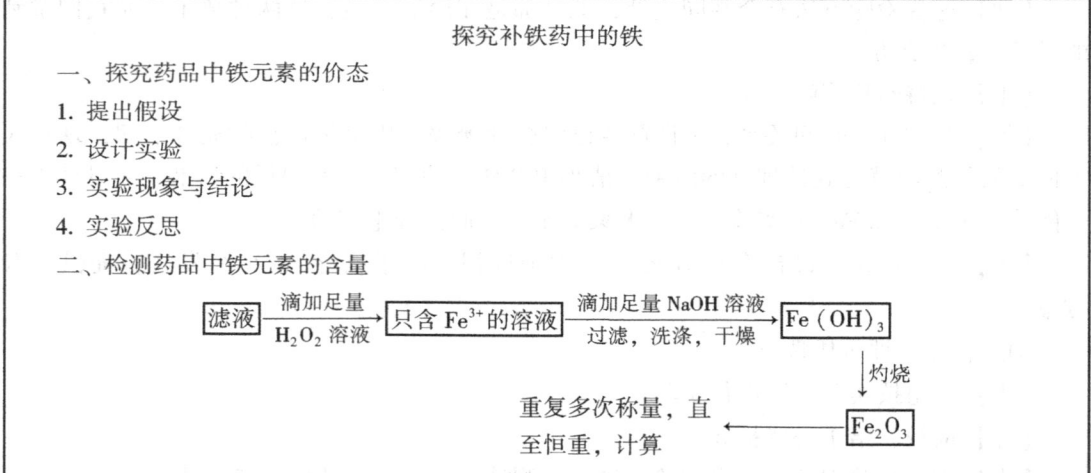

【教案评析】

本节课获得 2013 年合肥市课堂教学评比二等奖。本节课取材生活中的化学药品，情境真实，课堂以探究药品中的铁元素为主线，复习强化铁元素的性质及转化，引导学生利用所学的知识解决实际问题，体现了化学与生活紧密相连的特征。课堂教学过程中以学生为主体，充分调动了学生的思考，能够合理地设置平台，让学生动脑，发散了学生的思维，培养了学生科学探究的思想。教学过程中设置了多种实验，锻炼了学生的实验技能，培养了学生动手操作能力。

# 教学课例 19：物质的分离与提纯

合工大附中　方　明

【教学内容和学情分析】

**1. 教学内容分析**

本节课选自第二单元第一课时，是要让学生明确实验是化学家研究化学物质的重要方法之一。其在学生已经比较系统地学习了过滤和结晶两种物质分离和提纯的方法以后，新增了一种分离方法，体现了知识螺旋式上升的编排方法。而实验是化学的基础，是学习化学的核心所在，学习物质的分离与提纯方法对高一化学乃至整个高中化学的学习都是至关重要的，在金属的冶炼，物质的制备，尾气的处理等都能找到本节课分离与提纯的影子，其又为第二课时做好铺垫，是承上启下的一节课。

**2. 学情分析**

学生在初中已学过一些基础的物质分离提纯的方法，初步学习掌握了过滤和结晶这两种分离方法的原理、操作步骤、一般原则和注意事项。知道某些混合物的分离，掌握了溶解度的概念，但对于蒸馏的知识知之甚少。并且高一学生以形象思维为主，对化学实验及直接感觉的实物感兴趣，同时也热衷于发生在身边的化学现象。

【教学目标】

**1. 知识与技能**

（1）知道常见混合物分离和提纯的实验方法，能够根据混合物的性质选择不同的分离方法进行分离。

（2）初步学会萃取、分液、蒸馏等实验操作技能，能够独立完成一些简单的分离操作。

（3）在初中混合物分离知识的基础上，了解如何运用几种分离方法解决混合物分离的问题。

**2. 过程与方法**

（1）通过几个典型的实例，了解解决混合物分离提纯问题的一般过程。

（2）学会运用比较归纳法对同类事物进行整理。

**3. 情感态度与价值观**

（1）通过污水净化的实验过程，体验物质分离和提纯方法在解决人类生存发展问题中的重要作用，认识化学的价值观。

（2）通过实验探究，能够在解决问题的过程中体验探究的乐趣和成功的快乐。

【教学重、难点】

**1. 重点**

根据混合物的性质选择分离提纯方法。

**2. 难点**

萃取、分液的原理和操作方法。

【教学方法】
　　学案导学→问题解决。

【教学媒体】
　　试管、溴和硫酸铜的混合液、$CCl_4$ 溶液、酒精。

【教学过程】

| 教学内容 | 学法指导 | 设计意图 |
| --- | --- | --- |
| 【问题情境】　中国已"富"得没水喝<br>随着工业化进程的加快，经济迅速增长的背后是严重的水资源污染，"'富'得没水喝"已成为人们对水污染现状的自我嘲讽。统计表明，我国有近3.5亿人无法饮用安全水，以浙江为例，2006年人均GDP为31684元，增长11.6%，而相对应的是浙江运河及运河网水资源100%不合格，近海水源污染严重，城镇自来水厂的不合格饮用水源高达81%。<br>实验室造成的水污染也不容忽视，不少学生将实验中的废液随手倒进下水道，实验室也很少对废液进行处理。"垃圾是错位的资源"，事实上，废水中含有的很多物质，都是珍贵的资源，如果能够加以分离、提纯，将会变废为宝。<br>问题1：某次实验后，得到了一瓶废液，含有一定量的硫酸铜、单质碘和少量铜粉残渣，某研究性学习小组想从中提取铜、碘、蒸馏水，请你为他们设计一个分离和提纯方案。 | 【问题情境】<br>问题1：要明确问题的条件和目标。 | 1. 通过水体污染状况的新闻引入，能够激活学生的已有经验，激发学习兴趣。<br>2. 设计一个从污水中提取物质的问题，可以让学生感受到化学的价值。<br>3. 设计一个真实的驱动性问题，将本节学习内容进行有效整合，可以驱动学生去学习。 |
| 【方案设计】<br>请根据如下流程图的提示设计你的分离方案。<br>解决问题的程序、步骤常用思维导图表示，请在括号中填写加入的试剂和分离方法，在第一栏中填写分离后剩余的物质，第二栏填写分离出的物质。<br>把你设计的方案与别人进行交流、共享，看看谁的更合理。<br>【资料链接】<br>碘的性质：与溴相似，易溶于汽油、四氯化碳等有机试剂。<br><br>废液（　）→□{（　）→□{（　）→□ | 【方案设计】<br>1. 复杂混合物的分离提纯可分步。<br>2. 分离顺序确定：与后面试剂反应的要先提取出来。<br>3. 分离方法只填过滤、结晶、萃取、蒸馏等，不需要写分离操作过程。 | 1. 培养设计分离提纯实验方案的能力。<br>2. 为了降低设计的难度，通过思维导图的形式，进行引导。学生了解如何用思维导图将复杂的思考问题的过程表征过来。<br>3. 资料链接能够给学生提供信息，培养获取信息和运用信息的能力。 |

续表

| 教学内容 | 学法指导 | 设计意图 |
|---|---|---|
| 【活动与探究一】废液中铜粉的分离<br>分离方法：_____。<br>操作注意事项：_____、_____、_____。<br>【活动与探究二】废液中碘的提取<br>实验原理：<br>1. 什么是萃取？<br>_____。<br>2. 萃取的条件是：（1）两种溶剂_____；<br>（2）溶质在所加溶剂中的溶解度_____在原来溶剂中的溶解度。<br>【思考与交流】<br>1. 能不能将 $CCl_4$ 改成酒精？<br>2. 静置后分液时，是不是两种液体都可以从下面放出来？<br>实验记录： | 【活动与探究一】<br>回忆一下过滤操作的要点。<br>【活动与探究二】<br>1. 从是否分层去分析。<br>2. 下层溶液从下面流出后，漏斗颈的壁上沾有下层溶液。 | 1. 学生通过阅读找出每一种分离操作的原理，思考与交流能够帮助学生加深对原理的理解。<br>2. 分液操作注意事项的思考意在引导学生进一步理解实验原理，强化关键操作，确保实验成功。 |
| <table><tr><th>实验</th><th>实验操作</th><th>实验现象</th><th>结论</th></tr><tr><td>实验1：探究 $CCl_4$ 的萃取</td><td>在两支试管中各加入 2~3mL 溴和硫酸铜的混合溶液，其中一支加 1mL $CCl_4$ 溶液，振荡、静置</td><td></td><td></td></tr><tr><td>实验2：探究酒精能不能做萃取剂</td><td>在另一支试管里加入 1mL 酒精，振荡、静置</td><td></td><td></td></tr></table> | 实验记录：<br>1. 重点观察溶液是否分层；若分层，各层的颜色怎么变化？<br>2. 对比观察两者的现象有什么不同？ | 实验记录：<br>增加酒精和溴水的实验，一是为了加深学生对萃取原理的感性认识，二是培养学生对比观察的能力。<br>让学生通过阅读，自己理解蒸馏的原理和装置的关键特征。<br>通过问题设置可以引导学生在阅读时抓住重点。 |
| 【观察与思考】蒸馏水的制取<br>仔细阅读课本 P20 的蒸馏原理内容，并仔细观察蒸馏装置图，回答：<br>1. 蒸馏用来分离两种____的互溶液体，也可以____。<br>2. 蒸馏装置中温度计的水银球位于支管口处，其目的是_____。<br>3. 冷凝管中水往高处流的目的是_____。<br>【观察思考】<br>问题2：观察课本P18 图1-11 的溶解度曲线，设计实验方案提纯混有少量氯化钾的硝酸钾。<br>实验原理：_____。<br>实验方案：_____。 | 【观察与思考】<br>1. 联系蒸馏原理想一想测谁的温度？<br>2. 从冷凝效果去分析。<br>【观察思考】<br>1. 根据曲线，如果在80℃时将混合物溶解，则哪一个溶解的多？再冷却到20℃哪一个析出？<br>2. 如果氯化钾含量很高，冷却时会不会析出？ | |

续表

| 教学内容 | 学法指导 | 设计意图 |
|---|---|---|
| 【交流讨论】如果氯化钾的含量很高，能用这种方法进行提纯吗？应该采取什么方法分离？_____。<br>【归纳整理】你还学过哪些有关混合物分离的方法？对这些方法进行归纳总结。<br><br>| 分离方法 | 混合物性质 | 示例 |<br>|---|---|---|<br>| | 固-液混合物，固体不溶 | |<br>| | 固-液混合物，固体可溶 | |<br>| | 固-固混合物，溶解度随温度变化差异大 | |<br>| | 液-液混合物，互不相溶 | |<br>| | 液-液混合物，互溶，沸点相差大 | |<br>| | 溶液，溶质在萃取剂中的溶解度大于原溶剂 | | | 【归纳整理】注意比较不同分离方法的适用对象，注意可溶、不溶、互溶等性质。注意固、气、液物质的存在状态。 | 【交流讨论】中的问题设计，是让学生认识到混合物组成的变化对分离方法的影响。<br>1. 指导学生学会运用比较归纳的方法对所学的知识进行整理。通过比较可以找出几种分离方法的异同。加深对它们原理和适用对象的理解。<br>2. 列表比较有利于知识的结构化，促进学生对所学知识的内化。 |
| 【目标自测】<br>1. 生活中也常用到物质的分离方法，指出下列生活现象所用到的分离方法：<br>（1）海水晒盐。<br>（2）清洁工戴着口罩工作。<br>（3）医院用蒸汽锅制蒸馏水。<br>2. 在下表中填上相应混合物分离的方法。<br><br>| 实例 | 物质性质差异 | 分离方法 |<br>|---|---|---|<br>| （1）除去食盐中的泥沙 | 溶解度随温度变化的差异 | |<br>| （2）分离汽油和水 | 在不同溶剂中溶解度的差异 | |<br>| （3）分离乙醇（78℃）和水（100℃） | 沸点的差异 | |<br>| （4）用汽油提取碘水中的碘 | 互不相溶 | |<br>| （5）提纯含有少量氯化钾的硝酸钾 | 在水中溶解度的差异 | | | 【目标自测】<br>1. 从要分离的对象的状态、溶解性等去分析。<br><br>2. 将前面归纳整理的知识提取出来，进行类比。 | 1. 本题取材于实际，学生知道生活中离不开分离和提纯的方法。<br><br>2. 此题意在检查学生对几种分离提纯方法的原理掌握的情况。 |

续表

| 教学内容 | 学法指导 | 设计意图 |
|---|---|---|
| 3. 下列混合物能够用溶解、过滤、蒸发三步操作分离的是（　　）。<br>A. 醋酸和水的分离<br>B. 食盐和蔗糖的混合物<br>C. 氯化钾和硝酸钾的混合物<br>D. 硫酸钡和硫酸钠的混合物 | 3. 通过思维练习把实验操作过程再想象一遍。 | 3. 学生认识到实际解决问题的过程，几种分离提纯方法常常综合运用。考查学生综合运用分离方法的能力。 |
| 4. 若氯化钠固体中含有少量的硫酸钡和氯化钙杂质，请设计一个提纯氯化钠的实验方案。 | 4. 确定分离提纯的顺序，运用思维导图的方法把过程表示出来。（注意分离的方法） | 4. 此题是考查学生实验方案的设计能力及综合运用知识的能力。 |
| 5. 在分液漏斗中用一种有机溶剂提取水溶液里的物质时，静置分层后，如果不知道哪一层液体是"水层"，试设计一种简便的判断方法。 | 5. 从水、油性质的不同点去分析。 | 5. 此题为开放性题，意在培养学生的发散思维能力。 |
| 【课堂小结】见板书设计<br>引导学生一起对本节内容进行小结，边小结边多媒体呈现板书设计内容。 | | |

【板书设计】

| 物质的分离与提纯 | | |
|---|---|---|
| 分离方法 | 混合物性质 | 示例 |
| 过滤 | 固-液混合物，固体不溶 | 硫酸钡与水 |
| 蒸发 | 固-液混合物，固体可溶 | 氯化钠溶液 |
| 降温结晶 | 固-固混合物，溶解度随温度变化差异大 | 硝酸钾和氯化钾（少量） |
| 分液 | 液-液混合物，互不相溶 | 汽油与水 |
| 蒸馏 | 液-液混合物，互溶，沸点相差大 | 汽油与四氯化碳 |
| 萃取 | 溶液，溶质在萃取剂中的溶解度大于原溶剂 | 溴水 |

【教案评析】

该节课教学环节清晰、完整、具体，能活化教学内容，使之生活化，课堂教学的开放性、师生关系的民主性、教学模式的多样性，培养了学生良好的学习品质，体现出该教师教学能力非常强。该节课很有特色，通过创设情境，实验设计，完成实验，学生亲自体验、实践、感悟，收集、整理、筛选资料，突出体现了以人为本、以学生发展为本的教育理念。

# 教学课例 20：盐类的水解

合工大附中　鹿钰锋

【教学内容和学情分析】

"盐类的水解"这一教学内容是新人教版《化学反应原理》（选修 4）第三章"水溶液中的离子平衡"的第三节内容。在此之前，学生已经学习了化学平衡特征及移动原理，以及电解质在水溶液中的电离，包括弱电解质的电离平衡和水的电离平衡两个平衡体系，实际都是化学平衡原理的具体应用。学生也初步从微观角度认识了溶液酸碱性的实质。在此基础上再来探究盐类在溶液中的变化规律，以及对溶液酸碱性的影响，这样的安排既能促进学生的认知发展，又能使学生对平衡原理和弱电解质概念进行具体应用和再认识。同时，盐类水解的知识又与后续难溶电解质的溶解平衡紧密相连。从知识结构上讲，盐类水解平衡是继化学平衡，弱酸、弱碱平衡，水的电离平衡体系之后的又一个平衡体系，它们与将要学习的难溶电解质溶解平衡构成了中学化学的完整的平衡体系，通过学习盐类水解，有利于学生构建电解质溶液的平衡体系。

本节内容包括盐类水解和盐类水解的应用两部分，第一部分为重点内容。教材在设计上先是通过活动与探究实验让学生感受盐溶液的酸碱性，获取盐溶液有的呈碱性，有的呈酸性而有的呈中性的感性认知，并通过讨论活动从宏观上认识并概括出盐的组成与其溶液酸碱性之间的关系。在学生完成感性认识后，教材引导学生从微观角度去探究盐溶液呈酸碱性的本质，教材以常见典型的氯化铵、醋酸钠和氯化钠三种盐在水溶液电离出的某些离子能与水电离出的 $H^+$ 或 $OH^-$ 形成弱酸或弱碱的过程，分析了这一过程对水电离平衡的影响，从而更深刻地从微观粒子变化的水平揭示了盐溶液酸碱性的本质。第二部分实际上是讨论平衡移动原理在盐类水解平衡上的应用，及在实际生产生活中的重要意义，进一步使学生认识到化学知识的重要性。

【目标设计】

根据学生已有的知识水平和认知能力，以及课标和教材的要求确立本节的教学目标如下。

| | 层次目标 | 学生分析 | 达成方法 |
|---|---|---|---|
| 知识与技能 | （1）能够知道哪些盐在溶液中发生水解 | 已经掌握弱电解质的概念，熟悉常见的弱电解质 | 通过实验探究和讨论，得出弱酸盐、弱碱盐或弱酸弱碱盐能够水解 |
| | （2）知道盐类水解的本质 | 已经掌握弱电解质电离平衡的知识，能够从微观角度分析水的电离平衡移动情况 | 通过分析，实现从现象到本质，从宏观到微观、从感性到理性的变化 |
| | （3）能够判断盐溶液的酸碱性 | 已经掌握溶液酸碱性的本质是溶液中 $OH^-$ 和 $H^+$ 的相对大小 | 通过概括归纳，认识盐类水解的规律 |

| | 层次目标 | 学生分析 | 达成方法 |
|---|---|---|---|
| 知识与技能 | (4) 能够书写简单的盐类水解的离子方程式 | 学生已经具备了离子反应的知识、离子方程式的书写技能 | 通过示例、练习活动，实现符号表征与微观表征的转化 |
| | (5) 提升逻辑思维能力 | 已经具备了基本的思维方法 | 通过实验探究，理论分析，由宏观现象分析微观本质，揭示原因 |
| 过程与方法 | 实验探究→提出问题→分析讨论→抽象概括得出结论→交流应用的探究方法 | | |
| 情感态度与价值观 | (1) 能在思考分析过程中倾听他人意见，相互启发，体会合作交流的重要与快乐。<br>(2) 体验科学探究的乐趣，学会透过现象看本质。<br>(3) 建立个性与共性、对立与统一的科学辩证观。 | | |

**【教学流程和教学活动设计】**

根据所选择的探究性教学模式，为了更好地落实新课程所倡导的积极探究、自主学习、合作学习，重视过程与方法和情感体验等理念，本节课的教学流程和教学活动设计如下。

| 教学模式 | 教学流程 | 教学活动 | | 设计意图 |
|---|---|---|---|---|
| | | 教师活动 | 学生活动 | |
| 实验探究并提出问题 | 创设情境 | 电脑投影：侯德榜及 $Na_2CO_3$ 相关资料。 | 回忆思考：$Na_2CO_3$ 相关知识及探究呈"碱性"原因。 | 通过已有知识对认识形成认知冲突，激发探究欲望。 |
| | 实验探究 | 电脑投影：六种盐溶液分别呈什么性？ | 实验：四人一组共同对六种盐溶液进行 pH 测定。 | |
| | 提出问题 | 组织学生对观察到的现象进行分析，提出盐溶液可能呈酸性、碱性的假设。 | 思考：对情景问题进行宏观分析，尝试解释，提出可能的假设。 | 培养学生对问题进行质疑、分析的能力；体验科学探究的方法。 |
| 分析讨论 | 分析问题 | 呈现实验结果列表，组织学生进行比较，找出组成和溶液酸碱性的关系。 | 讨论交流：每组间同学讨论后，进行公开交流结果。 | 学习从宏观层面进行分析、比较的研究方法。 |
| | 规律探讨 | 以醋酸钠溶液为例，设置几个层层深入的问题，引导学生从水的平衡移动角度去分析。然后，要求学生叙述醋酸钠的水解过程，共同归纳分析，（方法同理）对 $NH_4Cl$ 溶液的水解过程进行分析。 | 比较归纳：通过对实验结果的比较以及对水解原理的分析，得出盐的组成与溶液酸碱的关系。 | 引导学生学会比较归纳，寻找事物之间的联系和变化规律。 |

续表

| 教学模式 | 教学流程 | 教学活动 | | 设计意图 |
|---|---|---|---|---|
| | | 教师活动 | 学生活动 | |
| 分析讨论 | 原因解析 | 呈现 $CH_3COONa$、$NH_4Cl$ 水解过程的分析图，指导学生对各类盐的水解实质进行概括，得出盐类水解的实质。 | 思考交流：逐渐深入地研究盐溶液中阴阳离子与 $OH^-$、$H^+$ 的结合，对水电离平衡的影响及结果。问题解决：分析 $NH_4Cl$ 溶液的水解过程。 | 通过对循序渐进的问题的思考，既能及时巩固刚刚学习的分析方法，又能培养学生独立解决问题的能力。 |
| 抽象概括 | 归纳概括 | 再现问题情景中的问题，要求学生归纳水解的规律，如有可能，能用口诀表达。 | 比较归纳：分别从水解离子、形成的弱电解质、对水电离平衡的影响等几方面，对给定盐的水解情况进行比较。抽象概括：通过比较，提取水解共同的本质特征，形成盐类水解的概念。 | 通过比较归纳和抽象概括，掌握比较和抽象的思维方法，理解盐类水解的实质，形成概念，并从水解的微观变化过程对水解规律再理解。 |
| 应用与评价 | 目标检测 | 电脑投影：课堂练习 | 应用练习：完成目标检测的练习，对完成情况进行交流、互相评价。 | 由知识与技能目标设置练习能够提高练习的针对性，同时便于目标的达成程度的检测。巩固课堂知识，形成运用盐类水解知识解决问题的能力。 |

## 《盐类的水解》教案设计

【教学目标】

**1. 知识与技能**

（1）能正确分析强酸弱碱盐和强碱弱酸盐的水解原理和规律，正确判断盐溶液的酸碱性。

（2）能用化学平衡原理解释盐类水解的实质。

（3）初步了解盐类水解方程式和离子方程式的写法。

**2. 过程与方法**

（1）通过实验探究的方式探究不同类型的盐溶液呈不同的酸碱性，继而分析 $CH_3COONa$ 溶液呈碱性的原因，感悟科学探究的过程与方法。

(2) 通过实验比较不同盐溶液酸碱性，培养学生实验观察能力和动手能力。

**3. 情感态度与价值观**

(1) 通过对 $Na_2CO_3$ 知识的再认识，感受对事物认知和知识掌握的阶段性和发展性，激发学生不断更新知识的兴趣。

(2) 体验科学探究方法，感受自主学习和合作学习的乐趣。

(3) 在实验探究过程中，使学生体验到透过现象揭示事物本质的成功的喜悦，增强学习的信心和动力。

【教学重、难点】

**1. 重点**

盐类水解反应的概念、规律。

**2. 难点**

盐类水解的实质。

【教学媒体】

仪器：镊子、玻璃棒、点滴板、pH 试纸、标准比色卡、试管若干、试管架、滤纸。

药品：浓度均为 0.1mol/L 的 $Na_2CO_3$、$CH_3COONa$、$K_2CO_3$、$NH_4Cl$、$Al_2(SO_4)_3$、$NaCl$、$KNO_3$ 七种溶液，酚酞试液，蒸馏水。

多媒体：多媒体投影仪、电脑课件。

【教学方法】

实验探究法、小组合作法、讨论学习法。

【教学过程】

步骤 1：创设情境，激发兴趣

【回顾引入】展示：侯德榜的画像。

侯氏制碱法：中国化学家对世界文明所作的重大贡献。

步骤 2：引导发现，蓄势待发

【回顾介绍】纯碱的简介：纯碱是重要的基础化工原料，用途广泛。

【设问】$Na_2CO_3$ 属盐类，为什么会被称为纯碱呢？

【演示实验】取 0.1mol/L 的 $Na_2CO_3$ 溶液少量于试管中，滴入酚酞试液，观察溶液颜色是否变化？

【结论】$Na_2CO_3$ 被称为纯"碱"的原因：$Na_2CO_3$ 的水溶液呈碱性。

步骤 3：设问探究，巡视指导

【设问】$Na_2CO_3$ 的水溶液显碱性，看来并不像我们平时了解的 NaCl 那样，盐溶液都呈中性，那么其他盐溶液的酸碱性又如何呢？

【思考选择】测溶液的酸碱性有哪些方法？——酸碱指示剂、pH 试纸、pH 计。

【活动与探究】每 6 个学生为一小组，共同完成对 $CH_3COONa$、$K_2CO_3$、$NH_4Cl$、$Al_2(SO_4)_3$、$NaCl$、$KNO_3$、$Na_2CO_3$ 七种溶液的 pH 测定，与标准比色卡对照并做好记录（表 1）。

表 1　　　　　　　　　　实验记录：各种不同盐溶液的 pH

| | 小组一 | | | | 小组二 | | |
|---|---|---|---|---|---|---|---|
| 物质 | 物质的量浓度 | pH | 酸碱性 | 物质 | 物质的量浓度 | pH | 酸碱性 |
| $Na_2CO_3$ | 0.1mol/L | >7 | 碱性 | $Na_2CO_3$ | 0.1mol/L | >7 | 碱性 |
| $CH_3COONa$ | 0.1mol/L | >7 | 碱性 | $K_2CO_3$ | 0.1mol/L | >7 | 碱性 |
| $NH_4Cl$ | 0.1mol/L | <7 | 酸性 | $Al_2(SO_4)_3$ | 0.1mol/L | <7 | 酸性 |
| NaCl | 0.1mol/L | 7 | 中性 | $KNO_3$ | 0.1mol/L | 7 | 中性 |

【学生回答并电脑投影】（先学生回答后再投影）
　　步骤 4：交流合作，整合信息
【交流研讨】分组交流、讨论，试用归纳法找出盐的组成（分类）与盐溶液的酸碱性关系，并填表 2。

表 2　　　　实验结果统计分析与推理：盐溶液的酸碱性与盐的类型的联系

| 盐的水溶液 | 盐溶液的酸碱性 | 生成盐的酸和碱 | 盐的类型 |
|---|---|---|---|
| $Na_2CO_3$<br>$CH_3COONa$<br>$K_2CO_3$ | 碱性 | $H_2CO_3$ 和 NaOH<br>$CH_3COOH$ 和 NaOH<br>$H_2CO_3$ 和 KOH<br>（弱酸与强碱） | 强碱弱酸盐 |
| $NH_4Cl$<br>$Al_2(SO_4)_3$ | 酸性 | $NH_3·H_2O$ 和 HCl<br>$Al(OH)_3$ 和 $H_2SO_4$<br>（弱碱与强酸） | 强酸弱碱盐 |
| NaCl<br>$KNO_3$ | 中性 | HCl 和 NaOH<br>$HNO_3$ 和 KOH<br>（强碱与强酸） | 强酸强碱盐 |

【化学术语】纯碱≠碱；酸性溶液≠酸溶液。
【理论探究】为什么不同类型盐溶液的酸碱性不同呢？
【情境分析】（1）上述盐都是强电解质，电离时都不产生 $H^+$ 和 $OH^-$，溶液中的 $H^+$ 和 $OH^-$ 全部来自水的电离：$H_2O \rightleftharpoons H^+ + OH^-$，且由水电离出的 $H^+$ 和 $OH^-$ 数目应该是相等的。
　　（2）某些盐溶液的酸碱性发生变化，表明 $c(H^+) \neq c(OH^-)$，无论盐的电离还是水的电离都不会导致这一结果。
【思维点拨】盐溶液的酸碱性发生变化，只能是溶液中某些离子间相互作用的结果。可以按下列顺序思考：盐溶液中存在哪些离子？哪些离子间可能相互结合？对水的电离平衡有何影响？

【学生讨论】以 $CH_3COONa$ 溶液为例。

（1）$CH_3COONa$ 溶液显碱性说明溶液中 $c(H^+)$ 与 $c(OH^-)$ 的相对大小是什么关系？

（2）$CH_3COONa$ 未溶于水之前的水中 $c(H^+)$ 与 $c(OH^-)$ 的相对大小是什么关系？

（3）是哪些离子引起了 $c(H^+)$ 与 $c(OH^-)$ 的相对大小关系的变化？为什么会引起这种变化？

（4）这种变化对水的电离平衡有何影响？

【分析探究】以 $NH_4Cl$、$CH_3COONa$ 为例进行分析，必要时可进行讨论，把分析过程和结果写下来。

【分析讨论】为什么 $CH_3COONa$ 溶液呈碱性？（学生叙述后用电脑投影演示）

$$H_2O \rightleftharpoons H^+\downarrow + OH^-\uparrow \longrightarrow c(OH^-) > c(H^+)$$
$$+$$
$$CH_3COONa = CH_3COO^- + Na^+$$
$$\Updownarrow$$
$$CH_3COOH（弱电解质）$$

（呈碱性）

化学方程式：$CH_3COONa + H_2O \rightleftharpoons CH_3COOH + NaOH$

离子方程式：$CH_3COO^- + H_2O \rightleftharpoons CH_3COOH + OH^-$

【分析讨论】以 $NH_4Cl$ 溶液为例，说明为什么其溶液呈酸性？（学生回答后用电脑投影演示）

$$H_2O \rightleftharpoons OH^-\downarrow + H^+\uparrow \longrightarrow c(H^+) > c(OH^-)$$
$$+$$
$$NH_4Cl = NH_4^+ + Cl^-$$
$$\Updownarrow$$
$$NH_3 \cdot H_2O（弱电解质）$$

（呈碱性）

化学方程式：$NH_4Cl + H_2O \rightleftharpoons NH_3 \cdot H_2O + HCl$

离子方程式：$NH_4^+ + H_2O \rightleftharpoons NH_3 \cdot H_2O + H^+$

步骤5：合理评价，小结升华

【知识归纳】通过对以上 $CH_3COONa$、$NH_4Cl$ 的水溶液酸碱性的探究，请归纳为何有的盐溶液会显酸性或碱性？

【学生回答】盐电离出来的离子与水电离出来的 $H^+$ 或 $OH^-$ 结合生成弱电解质，从而破坏了水的电离平衡，使溶液中 $H^+$ 和 $OH^-$ 浓度发生改变。

【概括】盐类水解的定义（学生根据上述分析回答）。

【板书】**1. 盐类水解的定义**（用电脑投影）

在溶液中盐电离出来的离子跟水电离出来的 $H^+$ 或 $OH^-$ 结合生成弱电解质的反应，叫作盐类的水解。

【分析讨论】为什么 NaCl 溶液呈中性？（学生回答后用电脑投影演示）

$$H_2O \rightleftharpoons OH^- + H^+$$
$$NaCl == Na^+ + Cl^-$$
$$OH^- + Na^+ \neq NaOH （强电解质）$$
$$H^+ + Cl^- \neq HCl （强电解质） \longrightarrow c(OH^-) = c(H^+) （中性）$$

【概括】因此，盐电离出来的离子有要求：弱酸阴离子或弱碱阳离子。

【归纳小结】1. 盐类水解的条件：弱酸阴离子或弱碱阳离子。

2. 盐类水解的实质（教师提示，学生用简洁的语言表达）：
弱电解质的生成破坏了水的电离平衡，促进了水的电离。

【问题探究】回顾表2：试根据水解原理，找出盐的类型与盐溶液的酸碱性的关系（表3）。

表3　　　　　　　　　　盐的类型与盐溶液的酸碱性的关系

| 盐的类型 | 实例 | 是否水解 | 引起水解的离子 | 对水的电离平衡的影响 | 溶液的酸碱性 |
| --- | --- | --- | --- | --- | --- |
| 强碱弱酸盐 | $CH_3COONa$ | 是（酸弱酸水解） | 弱酸阴离子 | 促进 | 碱性 |
| 强酸弱碱盐 | $NH_4Cl$ | 是（碱弱碱水解） | 弱碱阳离子 | 促进 | 酸性 |
| 强酸强碱盐 | $NaCl$ | 否（无弱不水解） | 无 | 无 | 中性 |

【板书】2. 盐类水解的规律（由学生回答后，用电脑投影）

水解的规律（口诀）："有弱才水解，无弱不水解；谁弱谁水解，谁强呈谁性"。

【练习1】（电脑投影）在溶液中，不能发生水解的离子是（　　）。

A. $ClO^-$　　　　　B. $CO_3^{2-}$　　　　　C. $Fe^{3+}$　　　　　D. $SO_4^{2-}$

【练习2】下列盐的水溶液中，呈酸性的是_____；呈碱性的是_____。

① $FeCl_3$；　② $NaClO$；　③ $(NH_4)_2SO_4$；　④ $AgNO_3$；　⑤ $Na_2S$；　⑥ $K_2SO_4$

步骤6：迁移应用，拓展知识

【投影展示】用盐类水解原理解释 $Na_2CO_3$ 溶液呈碱性的原因。

【课后研究性学习】

活动一　课后思考：若某盐溶液呈中性，能否判断该盐未发生水解反应？该盐可能是什么盐？为什么？（结合 $CH_3COONH_4$ 为例思考）

活动二　课后查阅相关资料，了解盐类水解知识在日常生产、生活中的应用。

【板书设计】

| 盐类的水解 |
| --- |
| 1. 盐类水解的定义（用电脑投影） |
| 2. 盐类水解的规律 |

**【教案评析】**

在"盐类的水解"教学设计中,遵循由宏观到微观、由现象到本质的认知发展规律,首先创设一个激发学生学习兴趣的情境,设计一组实验[将教材实验中的几种盐改为$K_2CO_3$、$Al(SO_4)_3$等六种,全面覆盖了几种不同类型的离子],让学生测定盐溶液的酸碱性,以形成对盐溶液酸碱性的新的感性认识。在此基础上引导学生将盐按强酸强碱盐、强酸弱碱盐、弱酸强碱盐三种类型进行分类,为从微观角度研究盐溶液呈现一定酸碱性的原因打下基础。

本节课的设计上紧紧抓住"某些盐的离子会促进水的电离"这一核心,引导学生根据溶液酸碱性与溶液中$H^+$、$OH^-$浓度的关系,综合运用所学的弱电解质的电离平衡知识,探究盐类水解的原理,由学生自己构建出盐类水解知识的框架,体现了以学生为主体的新课程理念。同时采用实验探究,互助合作讨论的教学模式,充分体现了学生自主学习、互助学习的教学思想,引导学生去动手演示、观察实验、归纳推理、发现问题、解决问题、口头表述、上讲台演示,达成了教学目的,也充分锻炼了学生的能力。